HAND
LESEN

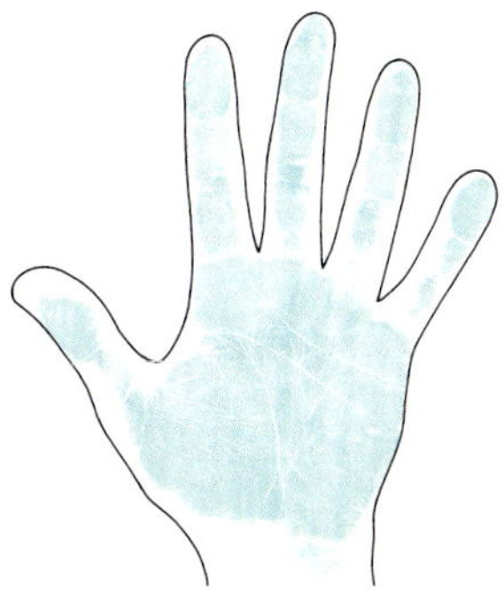

HAND
LESEN

LORI REID

Urania Verlags AG

FÜR FRASER, SOPHIE UND ALASDAIR
IN LIEBE

A DORLING KINDERSLEY BOOK

3. Auflage 1998

ISBN 3-908645-41-7

Titel der Originalausgabe „The Art of Handreading", Dorling Kindersley, London

Urania Verlags AG, CH-8212 Neuhausen am Rheinfall

Übersetzt aus dem Englischen von Martin Rometsch

Satz: Hissek Satz & Litho, Konstanz

Printed and bound in China by Imago

INHALT

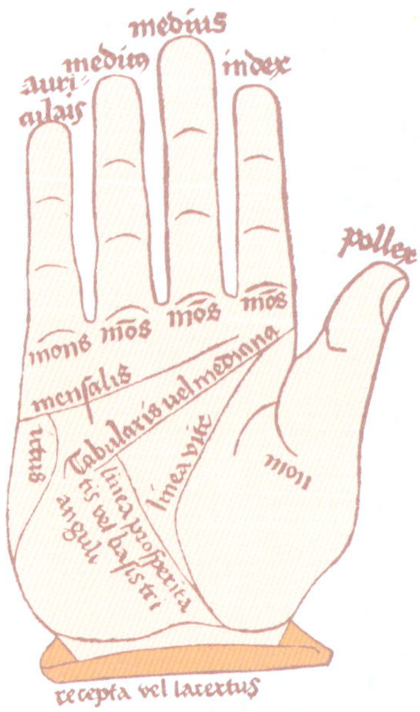

EINFÜHRUNG 7

EIN BLICK AUF DIE HAND 8
DIE HAND STELLT SICH VOR 10
DIE GESCHICHTE DES HANDLESENS 12
DIE HAND BEI DER KOMMUNIKATION 16
DIE ANATOMIE DER HAND 20

DIE HAND 23

SO LESEN SIE DIE HAND 24
DIE FORM DER HAND 26
DIE BERGE 30
Zeichen auf den Bergen 32
MERKMALE DER RÄNDER 34
DIE FINGER 36
FINGERSPITZEN UND FINGERGLIEDER 38
DER DAUMEN 40
Die Position des Daumens 42
DIE FINGERNÄGEL 44
FINGERABDRÜCKE 46
RILLEN UND IHRE MUSTER 48

Die Linien 51

Einführung 52
Die Lebenslinie 54
Ereigniszeichen auf der Lebenslinie 56
Zeitliche Einordnung der Ereignisse 58
Die Kopflinie 60
Die Psychologie der Kopflinie 62
Ereigniszeichen auf der Kopflinie 64
Die Herzlinie 66
Arten von Herzlinien 68
Die Schicksalslinie 70
Anfang und Ende der Schicksalslinie 72
Ereigniszeichen auf der Schicksalslinie 74
Unterschiede zwischen den Händen 76
Die Apollolinie 78
Ereigniszeichen auf der Apollolinie 80
Nebenlinien und Nebenmuster 82
So analysieren Sie Nebenmuster 84

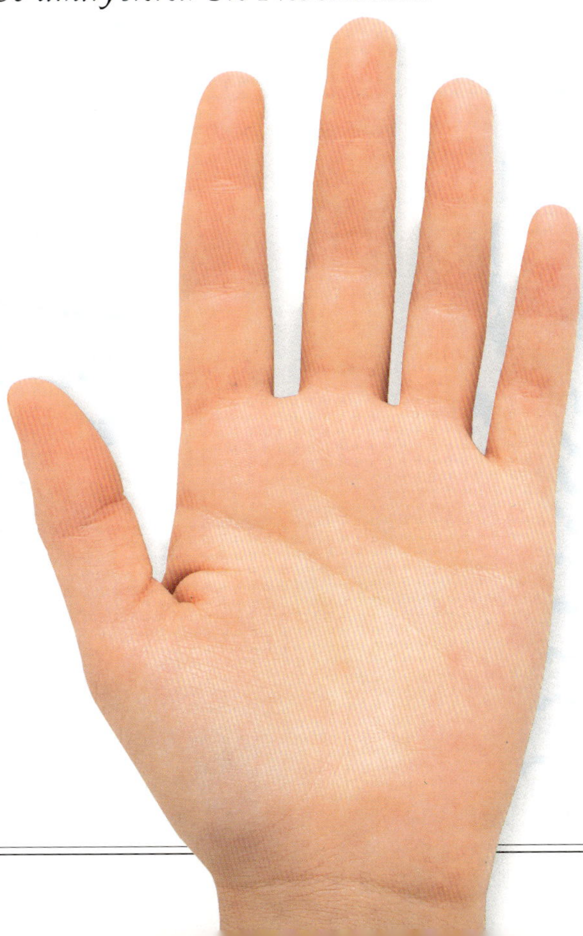

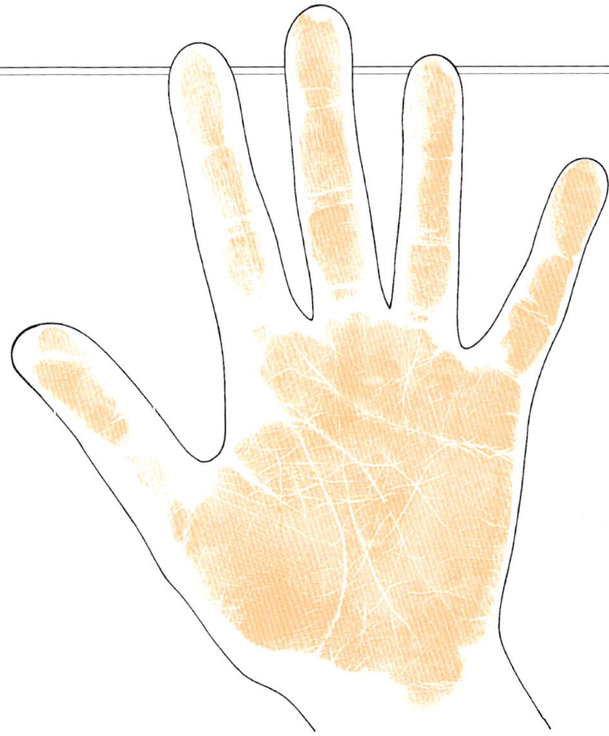

Angewandte Handanalyse 87

Einführung in die Handanalyse 88
Beziehungen 90
Beziehungen in den Linien 92
Passen Sie zueinander? 94
Die Familie 96
Der Beruf 98
Der Beruf in den Linien 100
Der Beruf in den Handflächen 102
Die Gesundheit 104
Hautmuster und Gesundheit 106
Weitere Hinweise auf die Gesundheit 108
Geld und Glück 110
Reise und Bewegung 112
Der Lebensabend 114
Wachstum und Wandel 116

Glossar 118
Register 119
Danksagungen 120

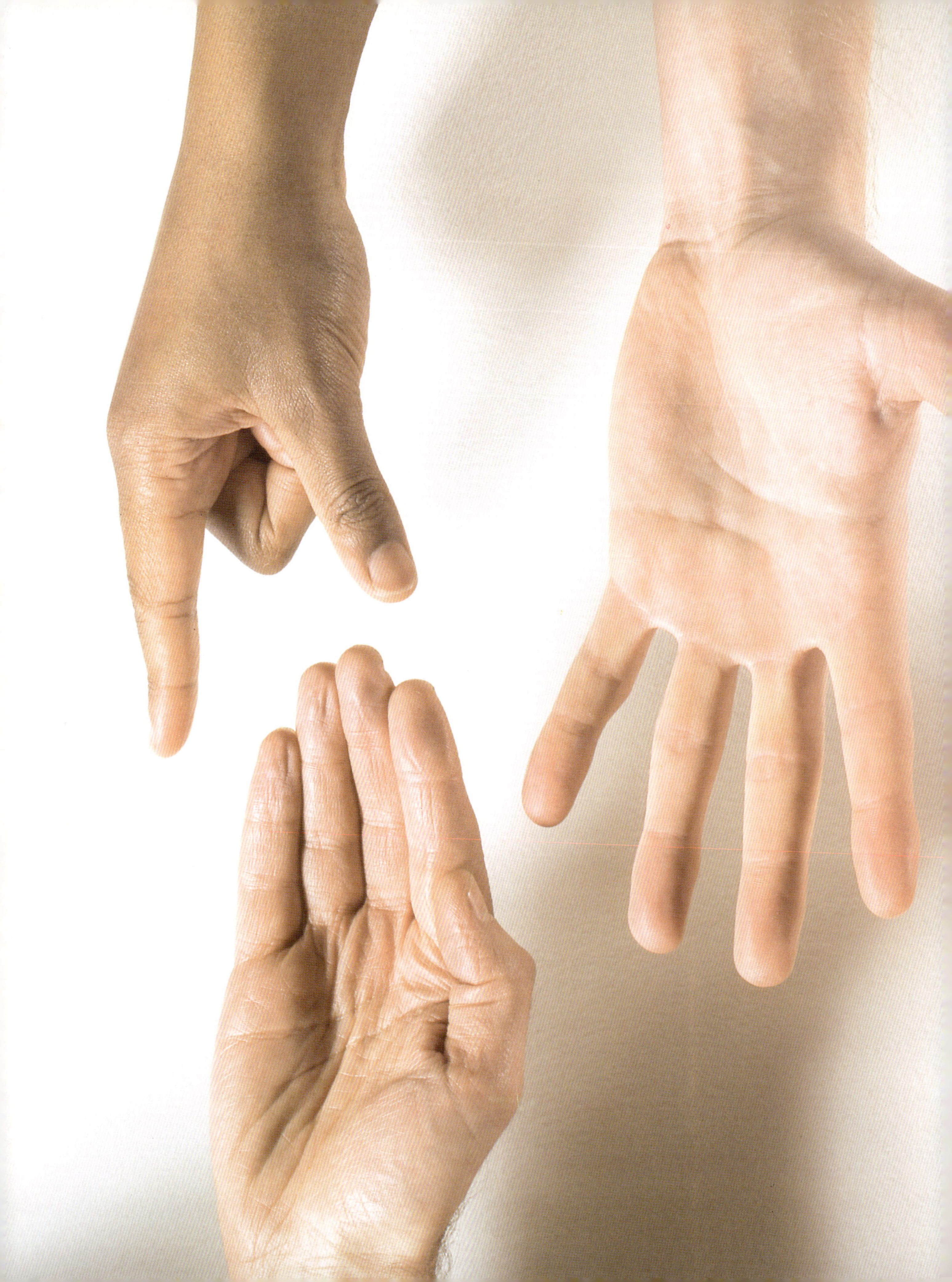

Einführung

Die Kunst des Handlesens hat sich im Laufe von Jahrtausenden entwickelt, von der Neugier des Steinzeitmenschen bis zu den ausgeklügelten Methoden des heutigen Chirologen. Unser wachsendes Wissen über Genetik und moderne wissenschaftliche Verfahren öffnen ein neues Kapitel der Handanalyse. Wir beginnen zu verstehen, daß die Muster an den Händen das körperliche und das seelische Ich widerspiegeln.

Ein Blick auf die Hand • Die Hand stellt sich vor • Die Geschichte des Handlesens • Die Hand bei der Kommunikation • Die Anatomie der Hand

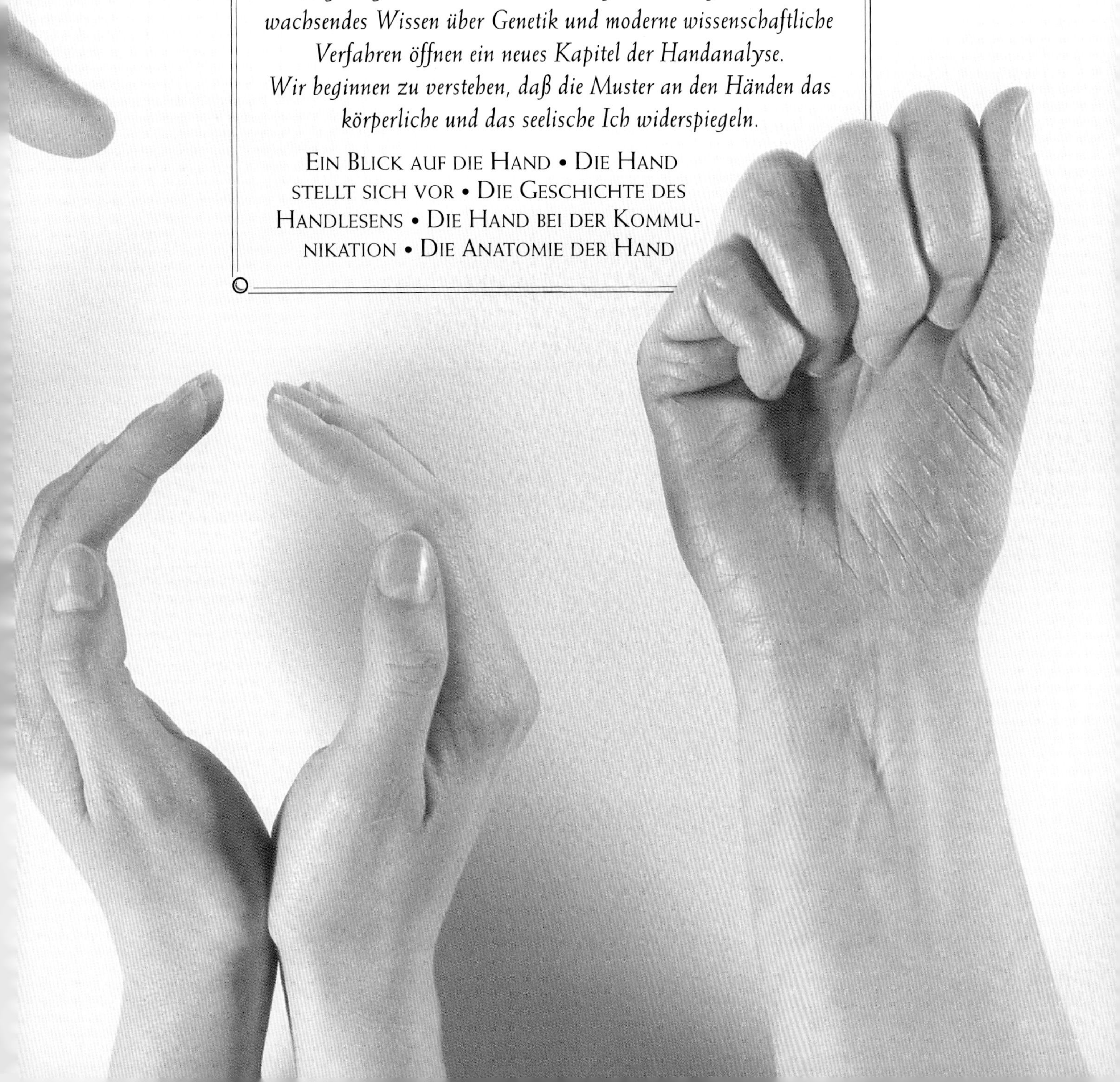

EIN BLICK AUF DIE HAND

WIR alle glauben, wir seien mit unseren Händen vertraut. Hände sind für uns etwas Selbstverständliches, und wir benutzen sie, ohne nachzudenken. Erst wenn wir die Hände mit kritischem Auge betrachten, fallen uns ihre zahlreichen interessanten Merkmale auf. Wenn Sie Ihre Hände verstehen und analysieren wollen, müssen Sie jeden ihrer Teile der Reihe nach prüfen: Form und Struktur der Handfläche, Länge und Form der Finger, Stärke und Beweglichkeit des Daumens, Größe und Form der Nägel, die Muster der Hautrillen sowie die Linien des Handtellers.

Alle diese Merkmale geben Ihnen Hnweise auf Ihren Charakter und Ihre Persönlichkeit, Ihre Neigungen und Abneigungen, Ihre Motive und Wünsche, Ihre Weltanschauung und Lebensweise. Wenn Sie all diese Merkmale analysieren, vertiefen Sie Ihre Selbsterkenntnis und können aus ihnen wie aus einem Puzzle ein vollständiges Bild Ihrer Persönlichkeit zusammensetzen.

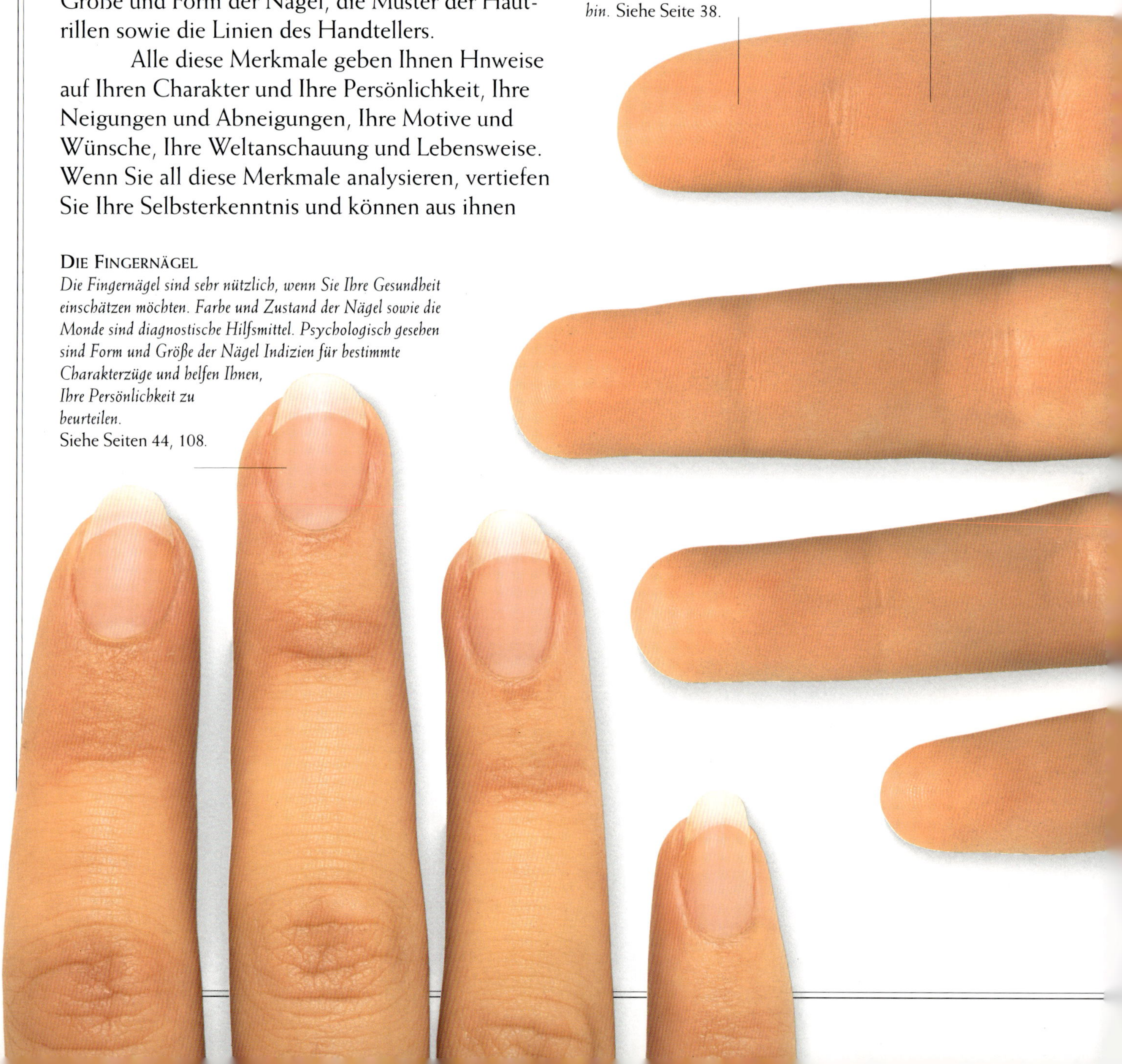

FINGERSPITZEN UND FINGERGLIEDER
Die Form der Fingerspitzen verrät, wie Sie Ihre Talente ausdrücken. Länge und Dicke der Glieder weisen auf besondere Fähigkeiten hin. Siehe Seite 38.

DIE FINGER
Jeder Finger symbolisiert einen Aspekt des Lebens. Form und Struktur zeigen, wie wichtig dieser Aspekt für Sie ist. Siehe Seite 36.

DIE FINGERNÄGEL
Die Fingernägel sind sehr nützlich, wenn Sie Ihre Gesundheit einschätzen möchten. Farbe und Zustand der Nägel sowie die Monde sind diagnostische Hilfsmittel. Psychologisch gesehen sind Form und Größe der Nägel Indizien für bestimmte Charakterzüge und helfen Ihnen, Ihre Persönlichkeit zu beurteilen.
Siehe Seiten 44, 108.

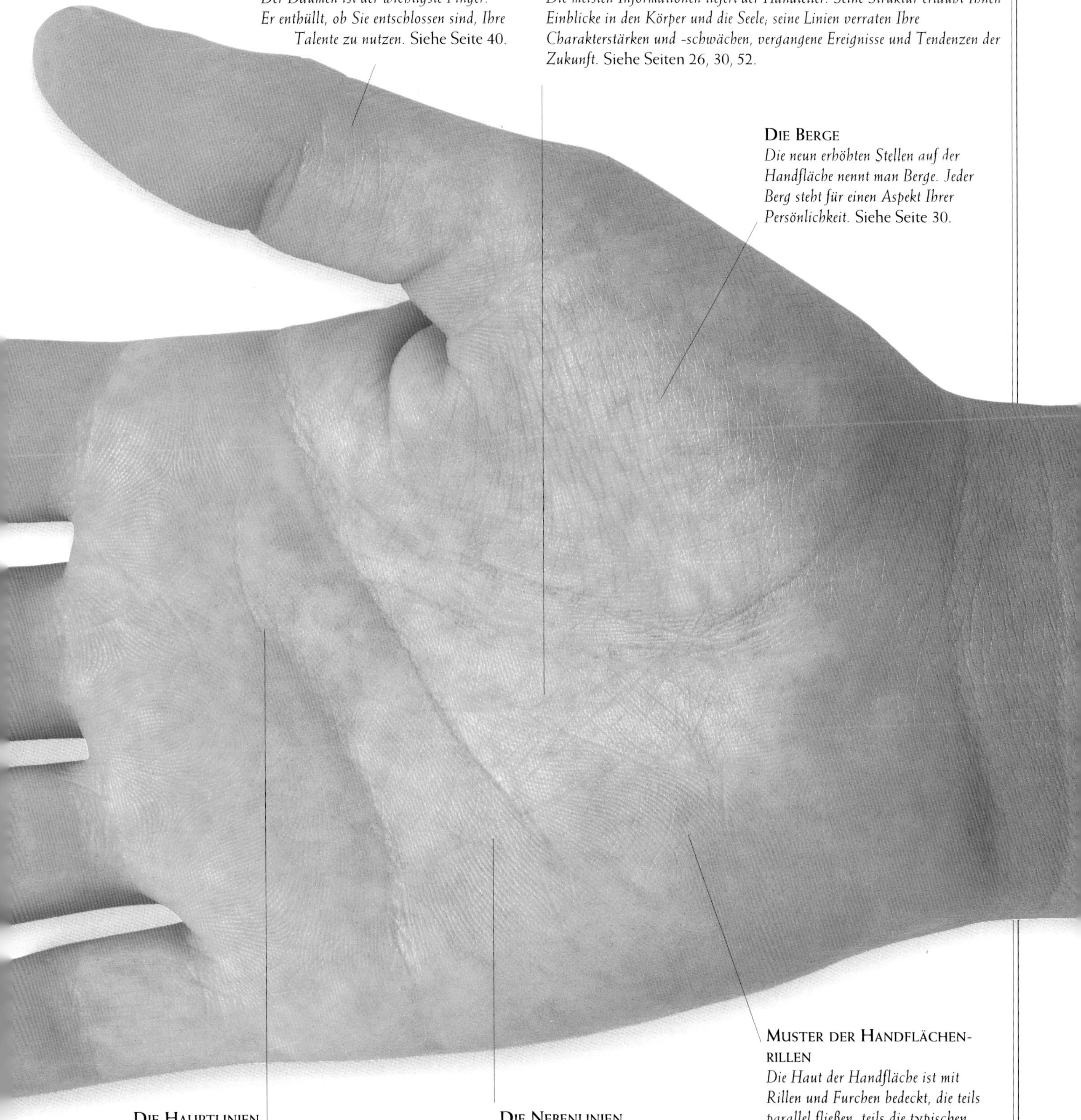

DER DAUMEN
Der Daumen ist der wichtigste Finger. Er enthüllt, ob Sie entschlossen sind, Ihre Talente zu nutzen. Siehe Seite 40.

DIE HANDFLÄCHE
Die meisten Informationen liefert der Handteller. Seine Struktur erlaubt Ihnen Einblicke in den Körper und die Seele; seine Linien verraten Ihre Charakterstärken und -schwächen, vergangene Ereignisse und Tendenzen der Zukunft. Siehe Seiten 26, 30, 52.

DIE BERGE
Die neun erhöhten Stellen auf der Handfläche nennt man Berge. Jeder Berg steht für einen Aspekt Ihrer Persönlichkeit. Siehe Seite 30.

MUSTER DER HANDFLÄCHENRILLEN
Die Haut der Handfläche ist mit Rillen und Furchen bedeckt, die teils parallel fließen, teils die typischen Muster bilden, die wir als Fingerabdrücke kennen. Diese Muster geben wichtige Hinweise auf den Charakter und die Erbanlagen. Siehe Seite 48.

DIE HAUPTLINIEN
Hauptlinien sind die Lebens-, Kopf-, Herz-, Schicksals- und Apollolinie. Jede symbolisiert einen Bereich Ihres Lebens und beschreibt damit verbundene Merkmale und Ereignisse. Siehe Seite 52.

DIE NEBENLINIEN
Nebenlinien ergänzen die Hauptlinien. Sie vertiefen den Einblick in den Charakter. Siehe Seite 82.

Die Hand stellt sich vor

Die Hände sind der beweglichste und komplexeste Teil des Körpers. Mit den Händen wirken wir auf die Umwelt ein und üben täglich unzählige komplizierte Tätigkeiten aus. Wir benutzen die Hände, um den Körper zu versorgen, uns künstlerisch und musikalisch auszudrücken und die Welt zu gestalten. Wir können unser Überleben und unseren Erfolg als Art dem Umstand zuschreiben, daß wir Hände mit Daumen haben, so daß wir damit greifen können. Anatomisch gesehen sind die Hände derart wichtig, daß für sie ein größerer Bereich des Gehirns zuständig ist als für jeden anderen Körperteil. Eine ungewöhnlich große Zahl der etwa 200 Millionen Nervenfasern, aus denen das Gehirn besteht, steuert die Hand. Da die Hände so wichtig sind, ist es keine Überraschung, daß sie so viele Informationen enthalten. Wenn wir die uralte Kunst des Handlesens studieren und die Umrisse der Hand, der Finger und der Hautmuster analysieren, wird die Hand zu einer reichen Informationsquelle. Sie gibt Hinweise auf Charakter und Persönlichkeit; sie spiegelt Temperament und Veranlagung wider; sie registriert unser Potential und die Ereignisse in unserem Leben.

HANDABDRÜCKE
Handabdrücke auf den Wänden der Höhle Wargata Mina in Südwest-Tasmanien sind 15 000 Jahre alt. Die Abdrücke der linken und rechten Hand von fünf Menschen wurden durch Blasen eines mit Wasser vermischten Farbpulvers über die Hände angefertigt. Vielleicht handelte es sich um einen Initiationsritus.

Dominante und passive Hände

Wenn wir die Hand beurteilen, ist die Frage der Rechts- oder Linkshändigkeit von grundlegender Bedeutung. Welche Hand sollen wir studieren? Chirologen wissen seit langem, daß jede Hand verschiedene Aspekte unseres Lebens aufzeichnet und offenbart. Bei Rechtshändern symbolisiert die linke oder passive Hand das intime Selbst – Phantasie, Intuition, natürliche Begabungen und potentielle Fähigkeiten. Sie informiert uns über unsere Kindheit, unsere angeborenen Neigungen und unsere ererbte Gesundheit und steht für das Unbewußte. Die rechte oder aktive Hand zeigt, wie wir in der Öffentlichkeit auftreten, wie stark der Verstand ist, wie wir Talente nutzen und unser Potential entwickeln. Sie symbolisiert das

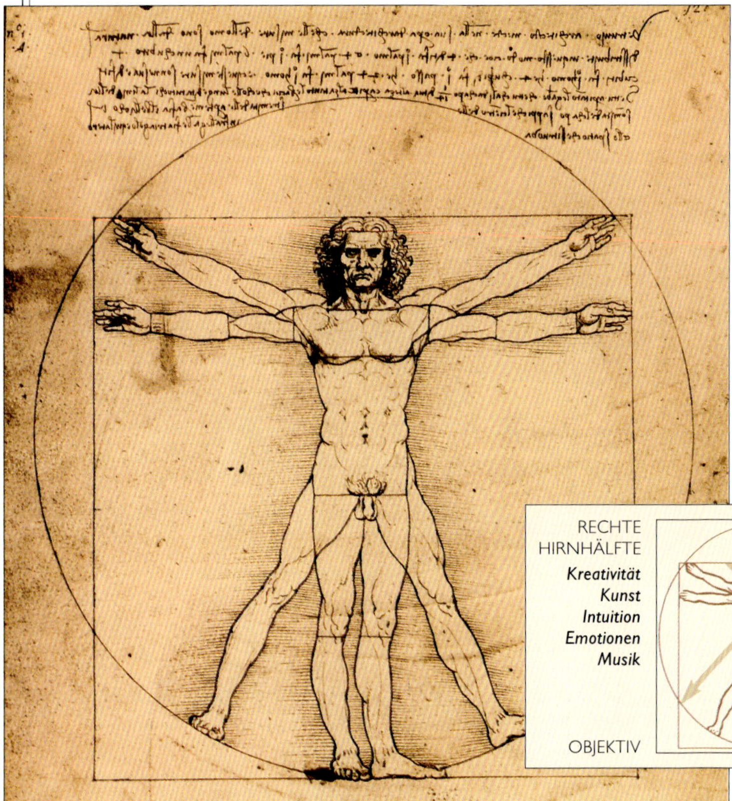

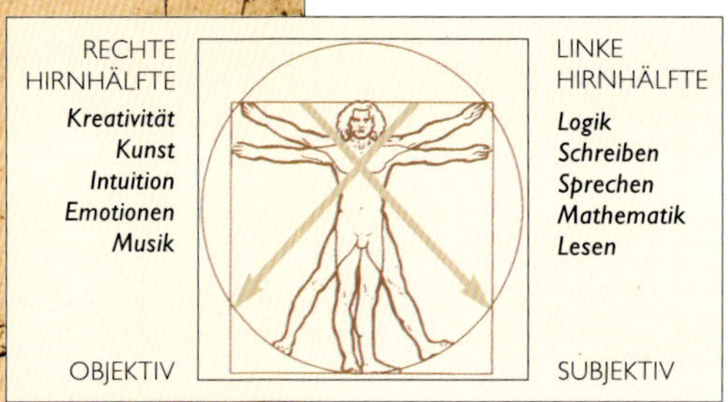

DER VITRUVISCHE MENSCH
Leonardo da Vincis Zeichnung eines Mannes, der in ein Quadrat und in einen Kreis paßt, war von Prinzipien inspiriert, die der römische Architekt Marcus Vitruvius im 1. Jahrhundert v. Chr. aufstellte. Hier illustriert sie Rechts- und Linkshändigkeit. Beim Rechtshänder steuert die linke Gehirnhälfte die Logik und die rechte Körperseite. Für Linkshänder gilt das Gegenteil.

Bewußtsein, den reifen Erwachsenen und liefert Informationen über die Gesundheit und die Ereignisse in unserem Leben.

Linkshändigkeit

10 bis 20 Prozent aller Menschen sind Linkshänder, wobei die Männer leicht in der Überzahl sind. Die Ursache der Rechts- oder Linkshändigkeit verstehen wir erst seit kurzem. Psychologische und physiologische Forschungen bestätigen, was Handleser seit Jahrtausenden glauben: Die beiden Gehirnhälften steuern verschiedene Funktionen. Bei Rechtshändern ist die rechte Seite für logisches Denken (z. B. Lesen, Schreiben, Rechnen) zuständig, während die linke Seite die Emotionen, die nichtverbale Kommunikation sowie Gedächtnis, Phantasie, Intuition und Kreativität steuert. Die Befehle der Hirnhälften kreuzen sich, so daß die linke Hälfte Signale an die rechte Hand schickt und umgekehrt. Das stützt die Auffassung der Chirologen, daß die beiden Hände verschiedene Elemente des Charakters widerspiegeln.

Wenn Sie Linkshänder sind, ist es umgekehrt: Die rechte Hirnhälfte steuert die Logik, die linke die Emotionen. Darum dominiert Ihre linke Hand und symbolisiert Ihr Bewußtsein, während die rechte Hand passiv ist und Informationen über Ihre Kindheit und Ihr Potential liefert.

DIE WAHRSAGERIN
Das Handlesen war im Laufe der Jahrhunderte immer wieder ein Motiv für die Kunst. 1594 malte Michelangelo Caravaggio (1573-1610) eine Zigeunerin, die einem Edelmann aus der Hand liest.

DIE GESCHICHTE DES HANDLESENS

Die Hand fasziniert den Menschen offenbar seit der Steinzeit. Das können wir aus der Zahl der Handabdrücke schließen, die sich an den Wänden vorgeschichtlicher Höhlen befinden, zum Beispiel in Wargata Mina (Tasmanien) und in Altamira (Nordspanien). Archäologen entdeckten Darstellungen der Hand aus Stein, Holz, Elfenbein und Metall, geformt von alten Kulturen auf der ganzen Welt. Die Etrusker bestatteten ihre Toten sogar mit Handskulpturen. Zu allen Zeiten wurde die Hand studiert und abgebildet. Man schrieb ihr heilende und magische Kräfte zu, benutzte sie als Symbol in Riten und trug sie als glücksbringenden Talisman.

DAS WISSEN DER ZIGEUNER
Zigeuner galten überall als Wahrsager und Handleser. Dieser Druck – nach einem Gemälde des flämischen Malers David Teniers (1610 – 1690) – zeigt eine Zigeunerin, die einer Adligen (vielleicht der Frau des Künstlers) aus der Hand liest.

Handlesen in der alten Zeit

Handabdrücke waren in China schon um 3000 v. Chr. bekannt. Damals setzte der Kaiser seinen Daumenabdruck unter Dokumente. Der älteste Beweis dafür, daß die Hand dazu diente, den Charakter zu beurteilen und die Zukunft vorauszusagen, ist jedoch tausend Jahre jünger. In Sanskrit-Handschriften ist vom „Samudrik Shastra" die Rede, einem System zur Deutung von Glücksmalen und Linien auf der Hand. Ähnliche Texte über die Gesetze und die Kunst des Handlesens finden wir in den Veden, in der Bibel und in alten semitischen Schriften werden sie nur kurz erwähnt. Die geographische Verbreitung des Handlesens deutet darauf hin, daß die alten Völker Sumers, Chaldäas und Babylons es kannten, obwohl es dafür noch keine Beweise gibt.

ADELIGE HÄNDE
Dieser Holzschnitt stellt Barthélemy Coclès dar, der einem Edelmann aus der Hand liest. Coclès lebte im 16. Jahrhundert in Norditalien und schrieb mehrere Bücher über Chirologie und Wahrsagen.

Verbreitung des Handlesens

Das Handlesen, traditionell Chirologie genannt, breitete sich zuerst in Persien und Ägypten und von dort in die Türkei und nach Griechenland aus. Angeblich fand Aristoteles (384 – 322 v. Chr.) während einer seiner Reisen durch Ägypten auf einem Altar des Gottes Hermes eine chirologische Abhandlung, in arabischer Schrift und mit goldenen Lettern geschrieben. Man sagt, Aristoteles sei davon derart beeindruckt gewesen, daß er sie

Alexander dem Großen (356 – 323) geschickt, ihren Wert gerühmt und sie allen Gelehrten zum Studium empfohlen habe. Alexander ließ den Text sogleich ins Lateinische übersetzen und machte ihn damit europäischen Gelehrten zugänglich, die ihn sogleich studierten. Im ersten Jahrtausend n. Chr. war das Handlesen auf der ganzen Welt als wichtige Kunst anerkannt. Die Philosophen schätzten es als Methode, den menschlichen Geist zu erforschen, und die Ärzte nutzten es, um Diagnosen zu stellen.

Einflußreiche Chirologen

Aristoteles trug durch seine Schriften und Beobachtungen über die Funktionen der Hand viel zur Verbreitung der Chirologie bei. Sein Werk *Chiromantia* ist einer der ältesten noch erhaltenen Texte über das Handlesen. Der römische Redner Quintilian (35 – 95 n. Chr.) erkannte, welche Rolle die Hand bei der Kommunikation spielt, und war einer der ersten, der sich mit nichtverbaler Sprache befaßte. Die griechischen Ärzte Hippokrates (um 460 – 375 v. Chr.) und Galen (130 – 200 n. Chr.), die als Begründer der modernen Medizin gelten, wußten die Hand bei ihrer Arbeit zu nutzen. Galen schrieb eine Abhandlung über den Daumen, und Hippokrates stützte seine Diagnosen unter anderem auf die Fingernägel. Julius Cäsar (102 – 44 v. Chr.) beurteilte seine Männer nach der Form ihrer Hände.

DIE ALTE ZEIT
Eines der ersten gedruckten Bücher, Die Kunst Ciromantia, *verfaßt von dem Wiener Johann Hartlieb, wurde 1475 in Augsburg gedruckt, obwohl die Kirche die Chirologie verboten hatte. Ironischerweise war Hartlieb ein Mönch.*

Der Niedergang

Trotz ihrer langen Geschichte und ihrer angesehenen Befürworter hatte die Chirologie auch Feinde. Juvenal (60 – 140 n. Chr.) machte kein Geheimnis daraus, daß er Handleser als Scharlatane betrachtete. Den größten Schaden fügte der Chirologie jedoch die Kirche zu, vielleicht weil sie skrupellosen Chirologen das Handwerk legen wollte, die Leichtgläubige ausnutzten.

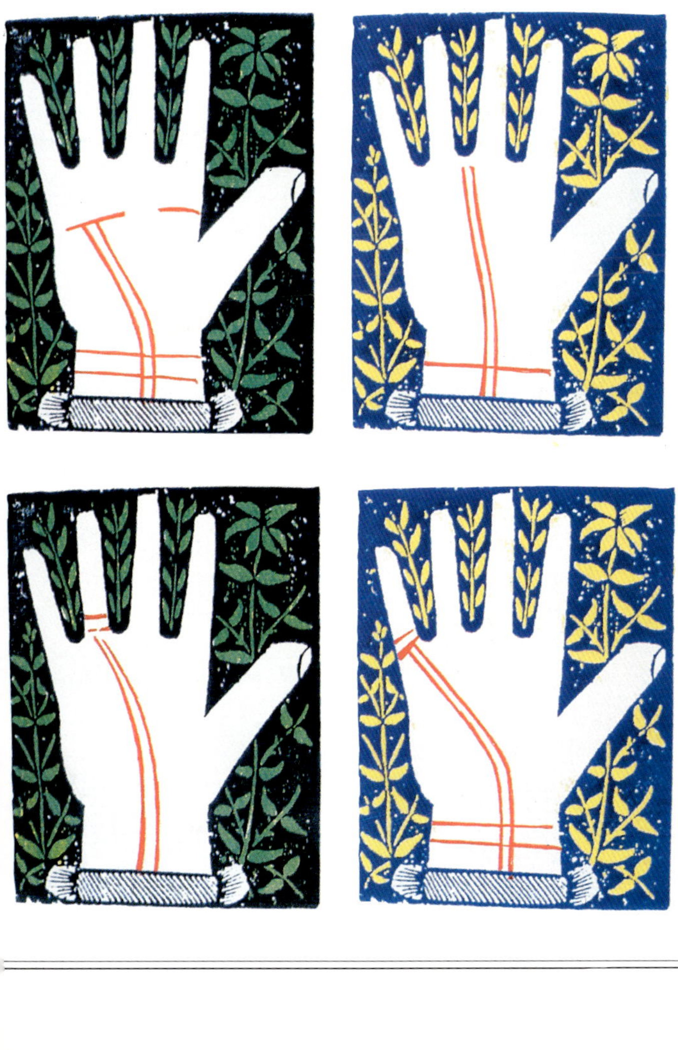

GESCHNITZTE HÄNDE
Eindrucksvoll bemalte Holzschnitte aus Chiromantiae, *das Barthélemy Coclès, ein einflußreicher italienischer Chirologe, in der ersten Hälfte des 16. Jahrhunderts schrieb.*

Die Kirche meinte, die Chirologie sei im Heidentum verwurzelt. Im Jahre 315 n. Chr. trieben ein päpstlicher Bann und die Drohung mit der Exkommunikation die Chirologie in Europa für die nächsten tausend Jahre in den Untergrund. Anderswo, vor allem in Arabien, blühte das Handlesen, besonders in der Medizin.

SCHLECHTE NACHRICHTEN
Ende des 19. Jahrhunderts wurde die Chirologie so beliebt, daß viktorianische Karikaturisten sich des Themas annahmen. Diese Karikatur von George du Maurier erschien am 12. Februar 1887 im Punch. *Sie zeigt einen Mann und eine Frau, die nicht zueinander passen – die Hände haben es gesagt!*

Die Renaissance

Die Renaissance war eine große Zeit der Literatur und der Kunst, aber auch der neuen Ideen über die Natur und das Universum. In Europa erwachte das Interesse an der Chirologie erneut. Berühmte Männer wie Paracelsus (1493 – 1541) und Robert Fludd (1574 – 1637) verliehen dem Handlesen durch ihre Schriften neues Ansehen.

Rückschläge

Während die Chirologie auf dem Kontinent ihre Auferstehung feierte und sogar an deutschen Universitäten gelehrt wurde, erlitt sie in England einen neuen Rückschlag, als das Parlament ihre Anwendung per Gesetz verbot.

Diesmal stellte die aufkommende wissenschaftliche Neugier im 18. und 19. Jahrhundert und vor allem der Wunsch, die Grenzen des Wissens zu erforschen, den guten Ruf der Chirologie wieder her. Sie wurde jetzt als Wissenschaft behandelt und änderte sich dadurch radikal.

Die Wissenschaft und die Hand

Viele haben zur Entwicklung des Handlesens beigetragen und daraus eine Wissenschaft gemacht. Pioniere waren der Arzt Nehemiah Grew, der Fingerabdrücke erforschte und 1684 darüber einen Vortrag hielt, und Jan Purkinje, der 1823 eine Doktorarbeit über Fingerabdrücke schrieb. Stanislas D'Arpentigny (1798 – 1865) und Adolph Desbarrolles (1801 – 1865) teilten die Hände nach ihrer Form ein. Dr. Carl Carus, der Leibarzt des Königs von Sachsen

BERÜHMTE HÄNDE
Graf Louis Hamon, der schillerndste und erfolgreichste Chirologe der Welt, wurde in Irland geboren und leitete seinen Namen Cheiro vom griechischen Wort kheir (Hand) ab. Er lebte um die Jahrhundertwende in England und Amerika, und viele berühmte Leute, darunter Politiker und Mitglieder der Königsfamilie, konsultierten ihn.

Persönlichkeitsmerkmale
In China weiß man seit langem, daß Daumenabdrücke einzigartig sind. Man findet sie als „Unterschrift" auf alten Töpferwaren. Sie inspirierten Kriminalisten, Fingerabdrücke zur Identifizierung zu verwenden.

im 19. Jahrhundert, zog aus der Handform Schlüsse auf die Persönlichkeit. Dr. N. Vaschide, ein französischer Professor der Pathologie, veröffentlichte 1884 eine Abhandlung über die Hand in der Psychologie. Fortschritte in der Genetik, der Psychologie und der Kriminalistik machten aus der Chirologie eine moderne Wissenschaft.

Fingerabdrücke

Die Entdeckung, daß Hautrillen einzigartig sind, und die Katalogisierung von Abdrücken revolutionierten die Arbeit der Polizei auf der ganzen Welt. Seit 1901 benutzt Scotland Yard Fingerabdrücke zur Identifizierung von Kriminellen. Mediziner, die Hautmuster studierten, entdeckten eine Übereinstimmung zwischen genetischen Abnormitäten wie dem Down-Syndrom und ungewöhnlichen Zeichen auf der Hand. Erst vor kurzem bestätigten Forscher, daß zwischen bestimmten Fingerabdruckmustern und Herzkrankheiten ein Zusammenhang besteht.

Der Psychologe Hugo Debrunner, der während des zweiten Weltkrieges Arzt in der Schweizer Armee war, studierte Handformen und Gesten. Seine Kollegin Charlotte Wolff schrieb viele Artikel zu diesem Thema, darunter „Die Hand des Menschen" (1942) und „Die Hände in der psychologischen Diagnose" (1952). Beide beobachteten und dokumentierten den Zusammenhang zwischen dem Verhalten und den Gesten der Hände und Finger.

Ost und West

Die Chirologie des Ostens bleibt im wesentlichen eine intuitive Kunst, die in ihren Traditionen verwurzelt ist. Im Gegensatz dazu legen westliche Handleser großen Wert auf wissenschaftliche Analysen. Das soll die östliche Praxis jedoch nicht herabsetzen; denn wir können viel daraus lernen. Die Kunst des Handlesens genießt im Orient hohes Ansehen. Dort konsultiert man Chirologen täglich in vielen Angelegenheiten, und Staat und Religion verdammen das Handlesen nicht, sondern akzeptieren es als Teil ihres kulturellen Erbes und als Wissenschaft.

Fingertänzerin
Ausdrucksvolle Gesten und Handbewegungen gehören zu den klassischen Tänzen der Thais, die oft religiöse oder mysteriöse Motive haben. Hier erzählt eine Kathak (Geschichtenerzählerin) eine Geschichte mit den Händen. Jede Geste hat ihre Bedeutung, und das Publikum versteht sie mühelos.

Die Hand bei der Kommunikation

Die Kommunikation – die Übermittlung von Informationen von einem Menschen zum anderen – ist im wesentlichen eine erlernte Fähigkeit. Von Geburt an lernen wir zu kommunizieren. Wir lernen sprechen, und wir lernen, Sprache zu verstehen. Wir ahmen nach, was wir sehen, und beurteilen die Wirkung unserer Worte und Taten nach der Reaktion anderer. Wir lernen schnell, daß Kommunikation nicht nur ein Mittel ist, Gedanken in Worte zu fassen, sondern daß wir auch ohne Worte Botschaften übermitteln können, nämlich durch Körperhaltung, Gesichtsausdruck und Gesten.

TRIUMPH
Erhobene Arme sind ein Zeichen des Sieges. Hier heben F. W. de Klerk und Nelson Mandela die Arme in einer Geste, die politischen Erfolg signalisiert. Die verschränkten Hände symbolisieren die Einheit ihrer Nation.

Körpersprache

Wenn wir miteinander kommunizieren, achten wir auf die Worte und registrieren zugleich subtile Signale des Körpers. Das nennt man nichtverbale Kommunikation. Unbewußt informieren wir andere über uns selbst und empfangen Botschaften von anderen.

Obwohl jeder Körperteil stumme Signale aussendet, ist das Gesicht wohl der vielsagendste Sender. Wir drücken damit Liebe und Glück, aber auch Wut und Haß aus. Der Ausdruck des Mundes, der Augen, der Augenbrauen und sogar der Kopfhaltung ist am leichtesten zu steuern. Schwieriger ist es bei anderen Körperteilen, weil wir meist nicht bewußt auf ihre Bewegungen achten. Die Handbewegungen sind ebenso zahlreich und verräterisch wie der Gesichtsausdruck, aber viel schwerer zu verbergen. Wenn ein Widerspruch zwischen den Worten und der Körpersprache besteht, reagiert der andere meist auf die Sprache des Körpers.

Gesten der Hand

Wer die Hände nahe am Körper hält, neigt zu Introversion. Er ist ruhig und eher defensiv. Wer mit den Händen weite, ausholende Bewegungen macht, neigt zu Extraversion und braucht mehr Raum, um seine Persönlichkeit zu

HÄNDEDRUCK
Ein Händedruck bedeutet Dominanz, wenn der Handteller nach oben zeigt, Unterwerfung, wenn er nach unten zeigt, und Gleichheit, wenn beide Hände – hier die von Reagan und Gorbatschow – senkrecht stehen und Respekt und Harmonie ausdrücken.

Der Zeigefinger
Eine Faust mit gestrecktem Zeigefinger ist ein bekanntes Signal. Wir deuten damit auf uns selbst oder in eine Richtung. Wird der Zeigefinger auf einen anderen zugestoßen, so bedeutet das Aggression. Auf diesem Bild unterstreicht er einen Befehl an den Betrachter.

Segnen
Papst Johannes Paul II. segnet Gläubige. Mittel- und Zeigefinger deuten gemeinsam nach oben. Beim traditionellen griechischen Segen liegen Daumen und Ringfinger quer über der Handfläche.

entfalten. Versteckte Handflächen und Hände in den Taschen assoziieren wir mit Heimlichtuerei, Hände mit nach oben gewandten Handtellern dagegen mit Offenheit und Aufrichtigkeit. Einst sollten offene Handflächen wohl zeigen, daß keine Waffen in den Händen verborgen waren. Ausgestreckte Arme haben unterschiedliche Bedeutungen, je nach der Haltung der Hände. Wenn wir dem anderen die Handteller entgegenhalten, so heißt das „Bleib mir vom Leib!". Zeigen die Handflächen nach unten, wollen wir beruhigen und besänftigen. Ein einzelner ausgestreckter Arm mit gewölbtem, nach oben zeigendem Handteller ist eine bekannte Geste. Wenn wir jedoch beide Arme so ausstrecken, wollen wir den anderen willkommen heißen.

Der Lebensfunke
An der Decke der Sixtinischen Kapelle *in Rom malte Michelangelo Gott, der mit dem Zeigefinger den Lebensfunken in Adams unbewegliche Hand leitet. Ähnlich berühren Heiler einen Kranken.*

Die Hand in der Kunst

In allen Zeitaltern wurde die Hand in der Kunst als Symbol dargestellt.

Schon vor uralten Zeiten waren Hände in Höhlenbildern, in Zeichnungen, an Skulpturen und in den schönen Künsten Symbole der Kommunikation. Bestimmte Positionen der Finger oder Gesten übermittelten Botschaften, die Kenner der Symbolik sofort verstanden. In der altägyptischen und semitischen Kunst war eine in den Himmel gemalte Hand das Zeichen der himmlischen Mächte. In der europäischen religiösen Malerei symbolisierten der ausgestreckte Daumen, Mittelfinger und Zeigefinger die heilige Dreifaltigkeit. Es gab sogar Leitfäden, in denen Maler sich über christliche Gesten unterrichten konnten. Der nach oben deutende Zeigefinger symbolisiert oft die Macht Gottes.

FLEHEN
Beim Beten falten wir die Hände. Manchmal kreuzen wir dabei die Daumen und unterwerfen uns damit symbolisch dem Willen Gottes. Außerhalb des religiösen Kontextes bedeuten die aneinanderliegenden Handflächen Bitten oder Betteln.

DAS „V-ZEICHEN"
Das „V-Zeichen", die bekannte beleidigende Geste, stammt aus dem Mittelalter. In der Schlacht von Agincourt 1415 schnitten die Franzosen gefangenen englischen Bogenschützen die Finger ab, damit sie Pfeil und Bogen nicht mehr benutzen konnten. Die freien englischen Schützen winkten den Franzosen mit unversehrten Fingern verächtlich zu.

Die Berührung

Wenn wir einen anderen führen oder seine Aufmerksamkeit wecken möchten, berühren oder halten wir ihn am Arm oder am Ellbogen. Das ist eine sozial akzeptierte Geste. An den Händen halten oder berühren sich dagegen meist nur Menschen, die miteinander vertraut sind. Der Händedruck ist eine Ausnahme. Gewöhnlich ist er eine Geste der Begrüßung; aber er verrät viel über die Beteiligten und ihre Beziehung. Ein schlaffer Händedruck deutet auf eine schwache, unterwürfige Persönlichkeit hin. Ein kräftiger Druck ist typisch für dominante, aggressive Menschen. „Zermalmender" Druck läßt auf Feindseligkeit und Einschüchterung schließen. Dauert der Händedruck länger als normal, so verrät er Interesse und Sympathie.

WINKEN
Wir winken zur Begrüßung oder zum Abschied. In Nordeuropa ist es üblich, den Handteller zu zeigen und die Hand seitwärts hin und her zu schwenken. In Italien dreht man die Handfläche und bewegt die Finger auf und ab.

Gesten der Finger und des Daumens

Die Finger sind an zahlreichen Gesten beteiligt. Was die nichtverbale Kommunikation betrifft, so ist der Zeigefinger am beweglichsten und geschicktesten. Er symbolisiert das Ich, und darum benutzen wir ihn, um zu zeigen oder jemanden auf uns aufmerksam zu machen. Wir „stechen" damit in die Luft, um eine Bemerkung zu betonen, um zu drohen, zu ermahnen, Wut zu zeigen oder zu verspotten. Die meisten groben oder obszönen Gesten werden mit den Fingern gemacht, besonders mit dem Mittelfinger (ruckartiges Bewegen in der Luft ist zum Beispiel eine sexuelle Beleidigung). Der Ringfinger spielt keine so große Rolle, vielleicht weil er sich nicht allein strecken läßt. Das Heben des kleinen Fingers bedeutet oft Zuneigung. Der wichtigste Finger ist jedoch der Daumen. Er symbolisiert Willenskraft, Entschlossenheit und Herrschaft und wird daher benutzt, um Befehle, Bekräftigungen, Beleidigungen oder Überlegenheit zu signalisieren.

Die Sprache der Hand

DIE HAND WURDE SCHON IMMER ZUR KOMMUNIKATION BENUTZT, UND MANCHE MENSCHEN KÖNNEN SICH NUR MIT IHRER HILFE VERSTÄNDIGEN.

Es gibt im wesentlichen drei Möglichkeiten, die Hände für die nichtverbale Kommunikation zu benutzen. Wenn Sie den gestreckten Zeigefinger an die Lippen halten, so verlangen Sie Stille. Das ist eine unmittelbar verständliche Geste. Sie können die Hand auch benutzen, um eine Unterhaltung oder eine andere Interaktion zu steuern, also um den Dialog zu fördern, zu beschleunigen, zu verlangsamen oder – z. B. durch eine erhobene Hand – zu unterbrechen, damit ein anderer sich beteiligen kann. Drittens können Sie mit der Hand Gefühle ausdrücken, etwa indem Sie sich am Kopf kratzen, weil Sie verblüfft sind, oder eine Hand auf den Mund legen, weil Sie schockiert sind. Manchmal verwenden wir diese Gesten unbewußt, und oft erfolgt die Reaktion darauf ebenfalls unbewußt.

INDIANER
Durch Zeichensprache kann man sich über eine größere Entfernung hinweg verständigen. Bei den Indianern bedeutet das Heben und Senken des Zeigefingers eine Bestätigung.

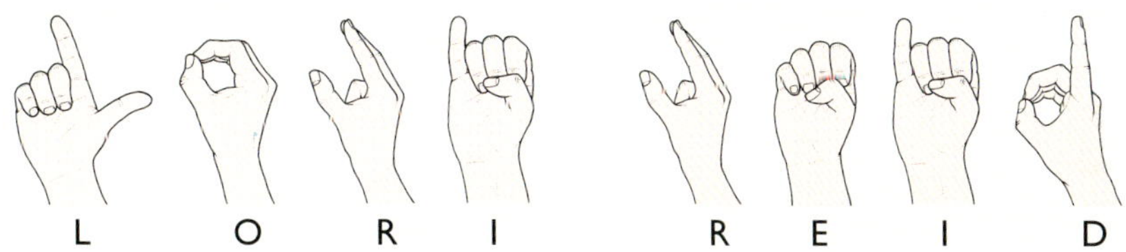

HANDZEICHEN
Bei der Taubstummensprache sprechen die Hände und Arme, entweder durch Gesten oder indem sie Buchstaben formen. Hier ist der Name der Autorin in dieser Zeichensprache dargestellt.

Kulturelle Unterschiede

Wenn wir Gesten und Körpersprache studieren, dürfen wir kulturelle Unterschiede nicht vergessen. Bestimmte Signale und Gesten unterscheiden sich von Volk zu Volk und von Rasse zu Rasse. Der gestreckte Daumen der Anhalter wird beispielsweise in Mittel- und Nordeuropa richtig verstanden; in einigen Teilen Griechenlands ist er dagegen eine schlimme Beleidigung. Nur sehr wenige Zeichen sind überall bekannt; denn sie wurden meist von unterschiedlichen Kulturen hervorgebracht.

SIEG
Churchills bekanntes „V", das Sieg bedeutet, unterscheidet sich deutlich vom beleidigenden „V". Die offene Handfläche zeigt, daß er nichts zu verbergen hat. Auch bei siegreichen Sportlern sehen wir diese Geste des Triumphs.

DER WACKELNDE FINGER
Das seitliche Wackeln mit dem Zeigefinger bedeutet wie das Kopfschütteln „nein". Wird jedoch die ganze Hand mit erhobenem Zeigefinger hin und her bewegt, so ist diese Geste oft mit einer Ermahnung verbunden, vor allem wenn der Adressat ein Kind ist.

DIE ANATOMIE DER HAND

GALEN, der griechische Arzt, studierte und beschrieb die Funktionen der Hand im 1. Jahrhundert n. Chr. Er rühmte ihre erstaunliche Fähigkeit, zu hantieren, zu greifen, zu spüren und zu berühren. Die Hand ist in der Tat der vielseitigste Körperteil. 27 kleine Knochen und 37 Muskeln machen sie zu einem wunderbaren Instrument, das nicht nur kraftvoll zupacken, sondern auch präzise arbeiten kann. Was die Hand wirklich einzigartig macht, ist jedoch der Umstand, daß wir die Fingerspitzen zusammenführen können – das ermöglicht viele verschiedene Bewegungen – und daß die Fingerspitzen überaus empfindlich sind.

DER TASTSINN

DER Tastsinn ist in den Händen besonders gut entwickelt, da sie – vor allem in den Fingerspitzen – viele sensorischen Nerven enthalten. Wir besitzen an jeder Fingerspitze etwa hundert Nervenendigungen pro cm^2; an weniger empfindlichen Körperteilen sind es nur fünf.

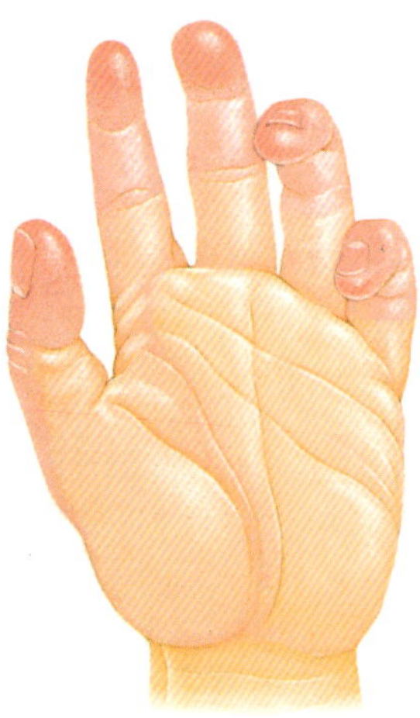

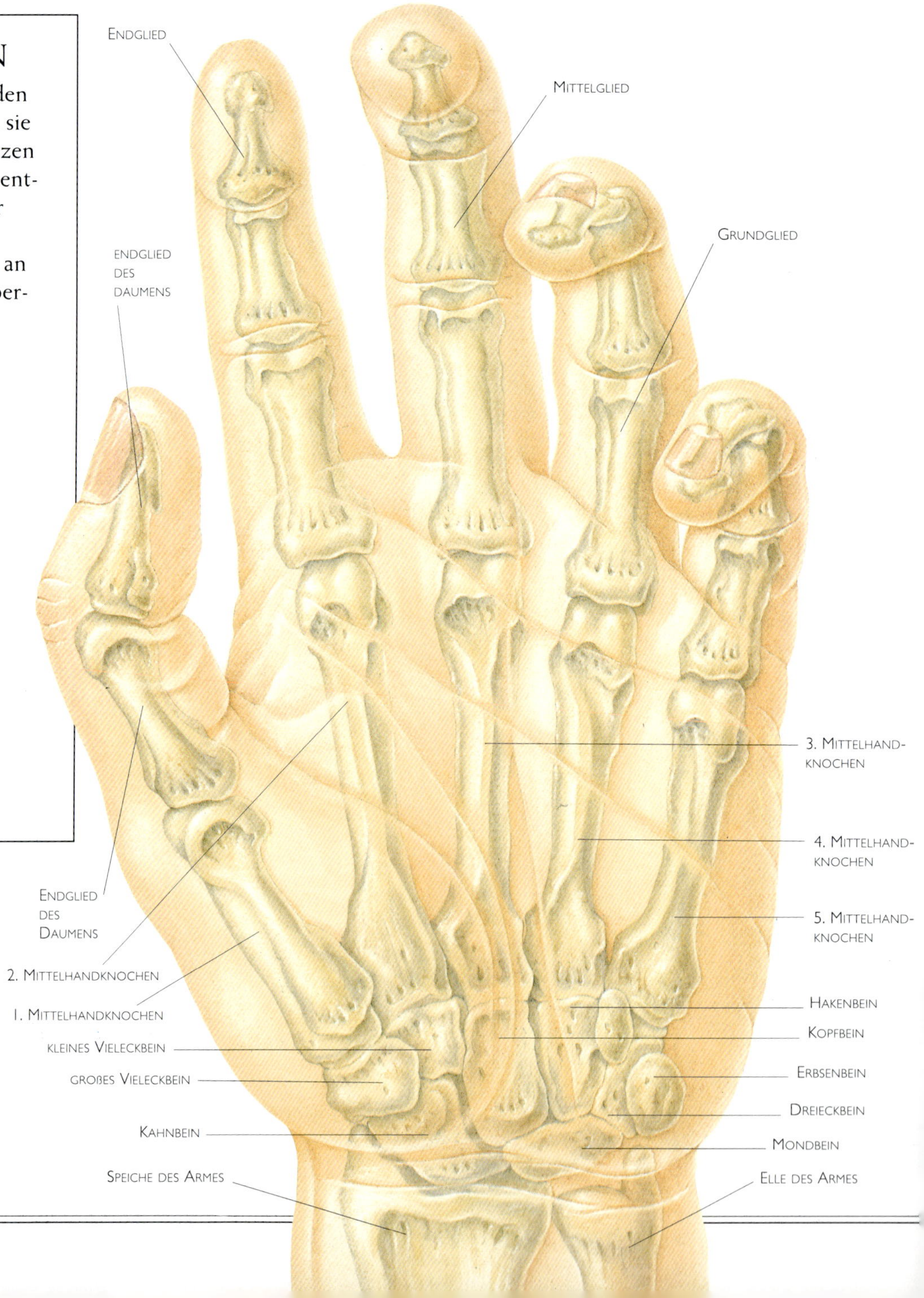

DIE HANDKNOCHEN
Die Hand enthält 27 Knochen. Acht davon sind im Handgelenk (Karpus) in zwei Reihen angeordnet. Sie dienen auch als Stoßdämpfer. Oben am Gelenk beginnen fünf Mittelhandknochen, die sich mit den 14 Fingerknochen vereinigen. Jeder Finger besteht aus drei Gliedern; der Daumen besitzt nur zwei.

DIE HAUTSTRUKTUR

DIE Haut ist das größte Organ des Körpers. Sie besteht aus zwei Schichten, der (äußeren) Epidermis und der (inneren) Dermis. Letztere enthält Blutgefäße, Haarfollikel, Schweißdrüßen und Nervenendigungen. Auf dem Handrücken ist die Haut dünn und mit Haaren bedeckt, auf dem Handteller ist sie viel dicker und enthält die Rillen und Furchen, die wir auf Fingerabdrücken sehen.

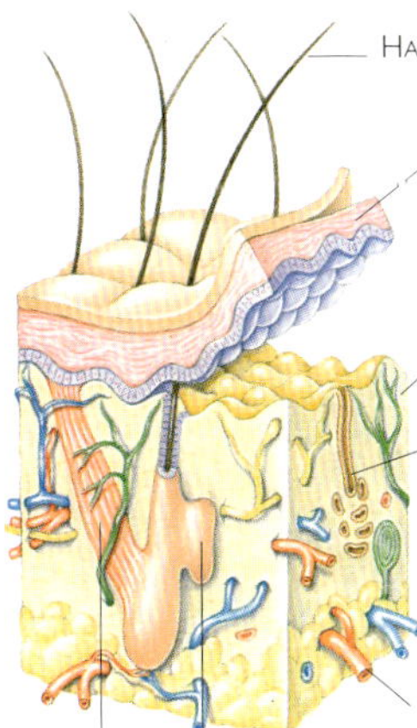

DIE FINGERNÄGEL

DIE Fingerspitzen sind der empfindlichste Teil der Hand und benötigen daher Nägel als Schutz. Diese bestehen aus Keratin, einem Eiweiß, das auch die Haare enthalten und das unter der Fingeroberfläche gebildet wird. Keratin ist anfangs weich und gelartig. Wenn der Nagel sich wie ein Gletscher über die Matrix und das Nagelbett nach vorne schiebt, verhärtet es sich. Es dauert etwa sechs Monate, bis ein Nagel von der Cuticula bis zur freien Nagelplatte wächst.

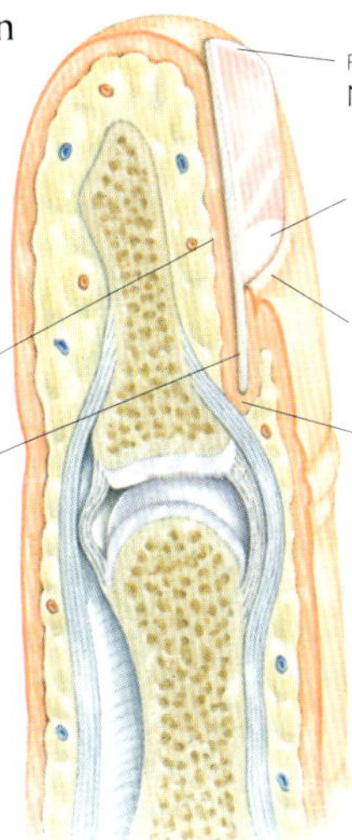

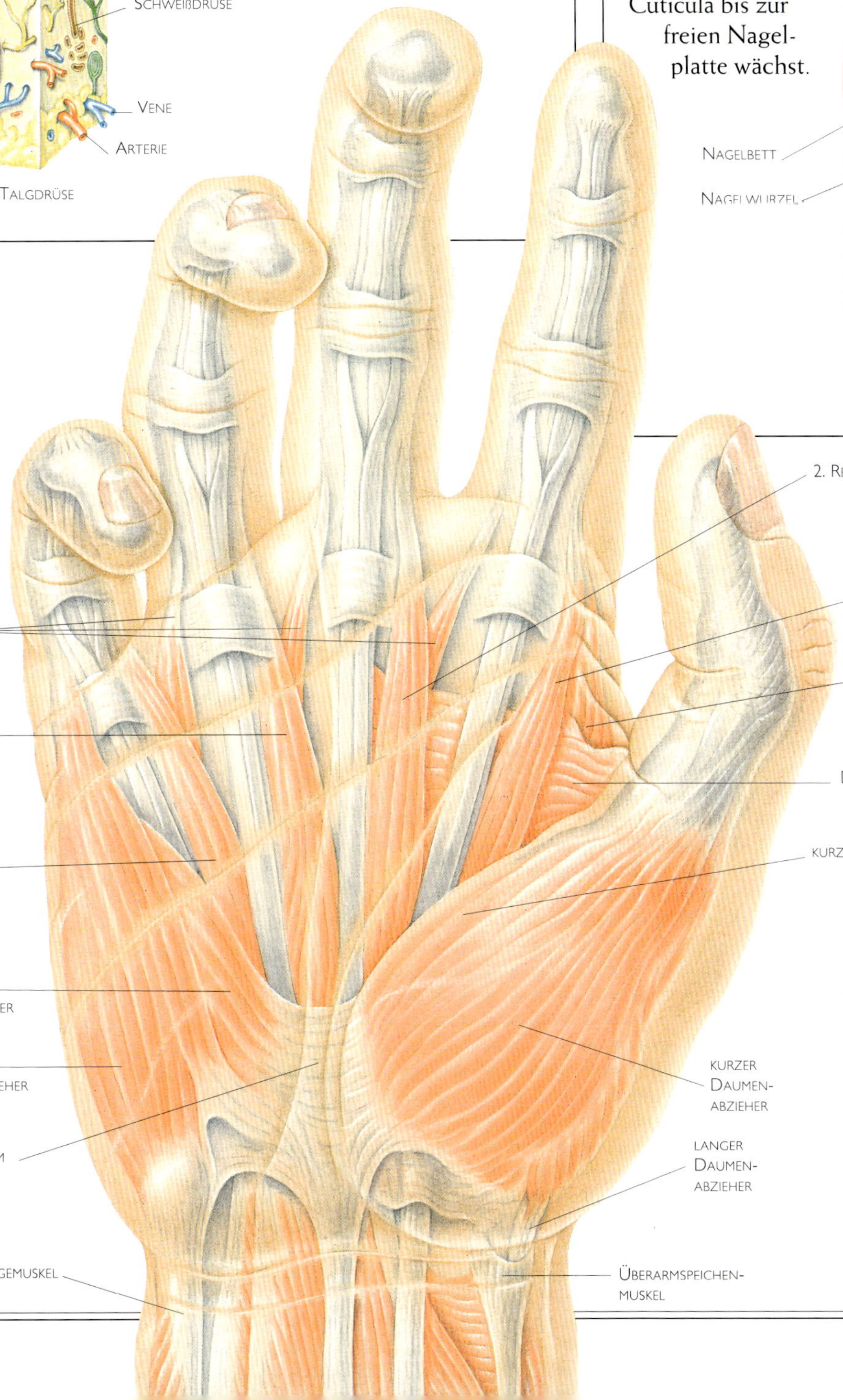

DIE HANDMUSKELN
Die Hand verdankt ihre Kraft den Muskeln des Unterarms. An diesen Muskeln entspringen Sehnen, die unter einem Faserband (es hüllt die Mittelhandknochen ein) durch das Handgelenk zu den Fingern verlaufen. Sehnen, die an den Fingern ansetzen, und Muskeln am oberen Teil der Handfläche beugen die Finger.

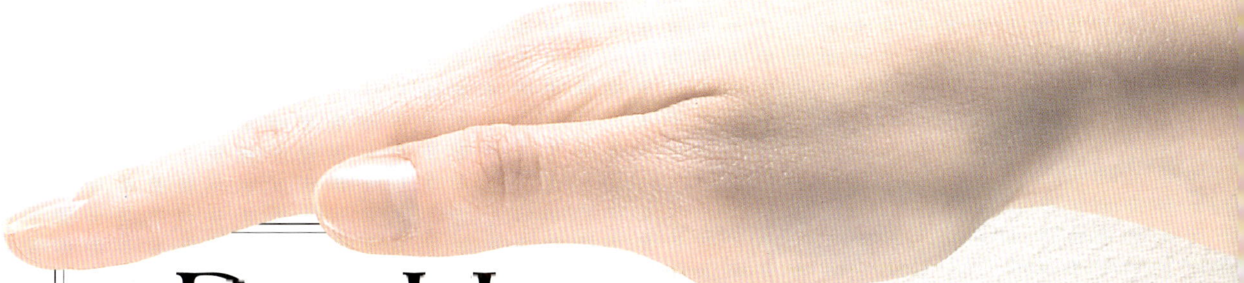

Die Hand

Hände haben viele verschiedene Formen und Größen, und es gibt keine zwei Hände, die sich gleichen. Ihre Hand ist einzigartig wie Ihre Unterschrift.

So lesen Sie die Hand • Die Form der Hand
Die Berge • Merkmale der Ränder
Die Finger • Fingerspitzen und Fingerglieder
Der Daumen • Die Fingernägel •
Fingerabdrücke • Rillen und ihre Muster

So lesen Sie die Hand

Jedes einzelne Merkmal Ihrer Hand enthält wertvolle Informationen über Sie, von der Grundform der Hand bis zur kleinsten Linie, von den Fingerspitzen bis zu den Furchen am Handgelenk. Eine der besten Methoden, an diese Informationen heranzukommen, ist das Studium des Handabdrucks. Er enthüllt die feinen Details, die an der lebenden Hand schwer erkennbar sind. Wenn Sie regelmäßig Handabdrücke machen, erhalten Sie ein Archiv, in dem die Ereignisse Ihres Lebens verzeichnet sind. Abdrücke einer Kinderhand halten zudem das Wachstum fest.

So machen Sie einen Handabdruck

Das Anfertigen von Handabdrücken kann eine schmutzige und frustrierende Angelegenheit sein, vor allem, wenn Teile der Hand nicht abgebildet sind oder Finger sich bewegen und die Tinte verschmieren. Doch sobald Sie etwas Übung haben, sind die Resultate ordentlich. Eine gute Ausrüstung ist hilfreich; aber Sie können auch mit dem auskommen, was Sie im Haus finden. Die Titelseite einer Zeitschrift ersetzt zum Beispiel die Glasscheibe, und ein Nudelholz ist so gut wie eine Rolle.

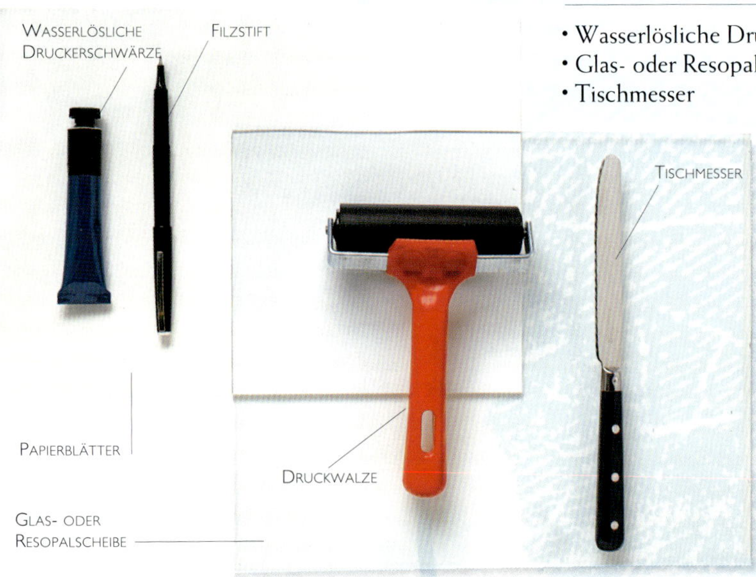

Ausrüstung

- Wasserlösliche Druckerschwärze
- Glas- oder Resopalscheibe
- Tischmesser
- 10 cm lange Druckwalze
- spitzer Blei- oder Filzstift
- Papierblätter

1 Drücken Sie ein wenig Tinte auf die Glasplatte. Nehmen Sie wasserlösliche Druckerschwärze, weil sie sich mit Wasser und Seife abwaschen läßt. Für andere Tinten brauchen Sie Lösungsmittel.

2 Verteilen Sie die Tinte dünn und gleichmäßig mit der Walze so lange, bis Sie einen Film ohne Bläschen haben. Auf der Walze sollte nicht zuviel Tinte sein, da sie sonst die Handlinien zudeckt.

3 Rollen Sie die Walze vom Handgelenk zu den Fingerspitzen. Versuchen Sie, die Handfläche in einer Bewegung mit Tinte zu bedecken, damit keine doppelten Farbschichten entstehen (das klappt nicht immer). Wenn nötig, streichen Sie mit der Walze über die Ränder des Handtellers und der Finger, um nackte Flecken zu beseitigen.

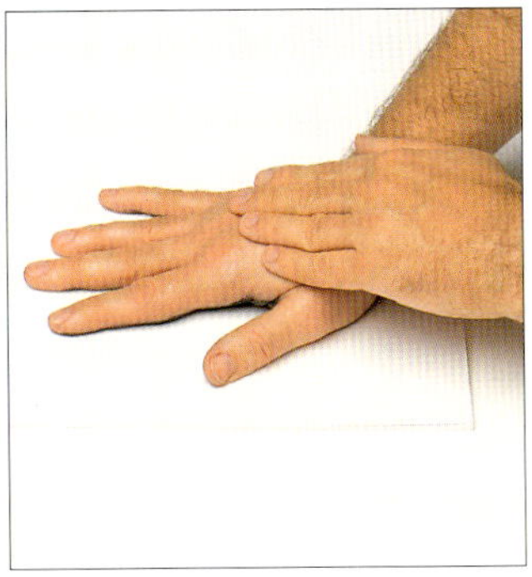

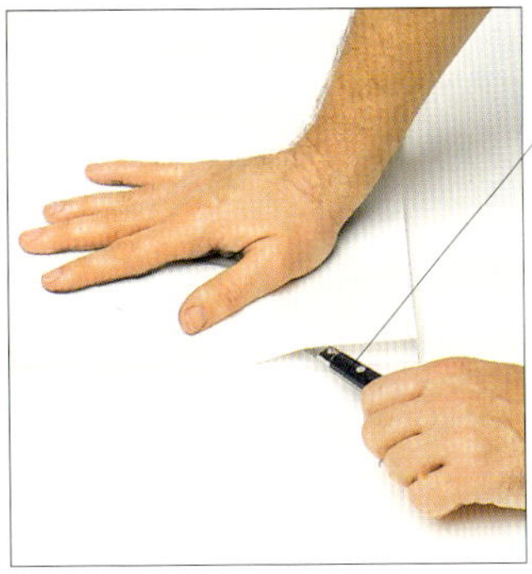

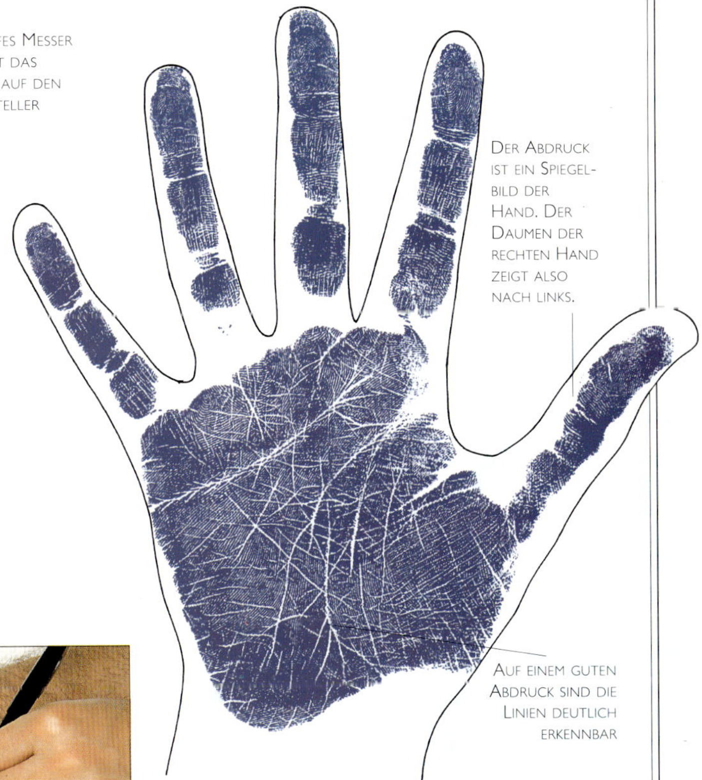

4 Schütteln Sie die Hand sanft, um die Gelenke zu lockern, und legen Sie sie dann so bequem wie möglich mit leichtem Druck auf das Papier.

5 Schieben Sie das Messer unter das Papier, und drücken Sie es in die Konturen des Handtellers, damit dessen Linien auf dem Abdruck gut sichtbar sind.

6 Zeichnen Sie nun den Umriß Ihrer Hand und der ersten 2 – 3 cm des Gelenks, und zwar so nahe wie möglich an der Hand. Wenn der Abdruck nicht klar ist, drehen Sie die Hand um, legen das Papier darauf und drücken es fest.

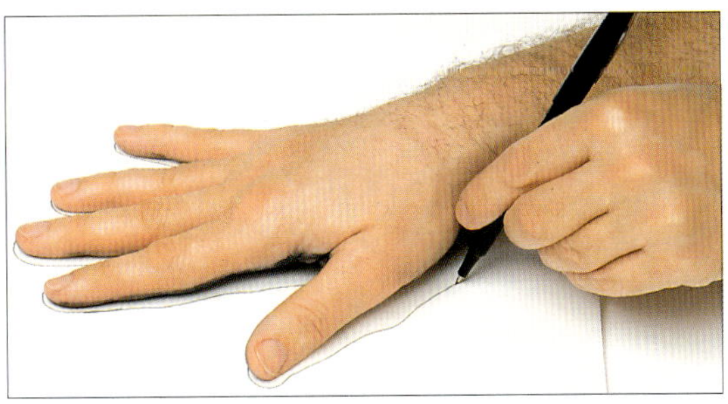

7 Schreiben Sie das Datum, Ihren Namen und Ihr Geburtsdatum auf das Papier, und vermerken Sie, ob Sie Rechts- oder Linkshänder sind. Verfahren Sie mit Abdrücken von Freunden und Angehörigen ebenso.

So machen Sie einen Daumenabdruck

DAS Studium des Daumens ist ein wichtiger Teil der Analyse: Aber er ist auf einem Handabdruck nur selten klar zu sehen. Es lohnt sich daher, auch einen Daumenabdruck anzufertigen. Abdruck und Umriß des Daumens sind wichtig für eine umfassende Persönlichkeitsanalyse (*siehe Seite* 40).

AUSRÜSTUNG

Sie können die gleiche Ausrüstung verwenden wie beim Handabdruck. Ein Stempelkissen ist ebenfalls geeignet; aber Sie brauchen möglicherweise ein spezielles Reinigungsmittel für die Tinte.

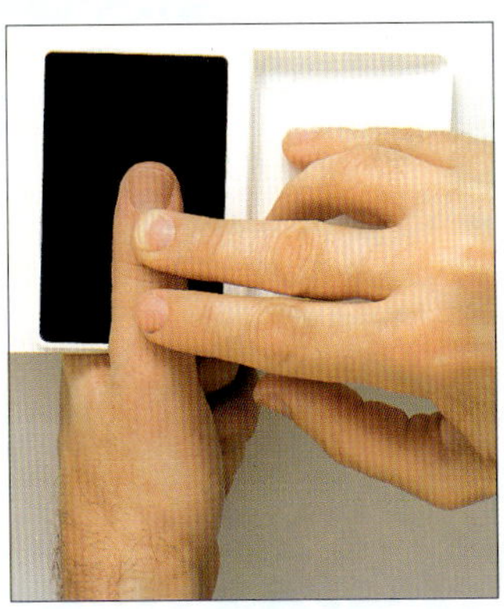

1 Rollen Sie die Walze über den Daumen, oder drücken Sie ihn auf das Stempelkissen und bewegen Sie ihn hin und her, so daß er ganz mit Tinte bedeckt ist.

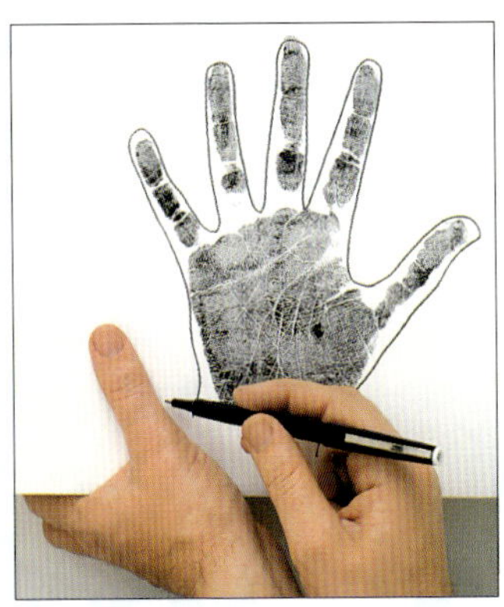

2 Legen Sie das Papier an die Tischkante, damit der Daumen bequem auf dem Blatt liegt, einerlei, ob Sie nur einen separaten Daumenabdruck machen oder ihn dem Handabdruck hinzufügen.

3 Zeichnen Sie den Umriß des Daumens, und vermerken Sie, ob er der rechte oder der linke Daumen ist. Ordnen Sie den Abdruck dem richtigen Handabdruck zu.

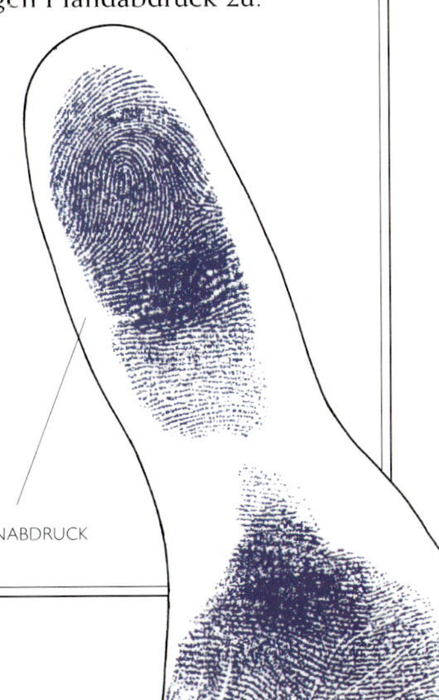

DIE FORM DER HAND

WENN Sie die Kunst des Handlesens erlernen möchten, müssen Sie die Form einer Hand genau erkennen und einordnen. Die Handform bestimmt den Grundcharakter des Menschen und ist der erste Baustein der Persönlichkeitsanalyse.

Alle Hände passen in eine von vier Gruppen, je nachdem, ob die Handfläche rechteckig oder quadratisch und die Finger kurz oder lang sind. Jede Kategorie – man nennt sie Erde, Luft, Feuer und Wasser – beschreibt die Merkmale, die allen Angehörigen der Gruppe gemeinsam sind.

DIE ERD-HAND

HÄNDE, die in die Erdgruppe gehören, haben eine quadratische Handfläche und kurze Finger. Diese „praktische Hand" ist typisch für solide, vernünftige Leute, die dem Leben nüchtern gegenüberstehen. Sie schrecken nie vor harter Arbeit zurück und krempeln als erste die Ärmel hoch. Diese Menschen sind meist recht konventionell und schätzen Traditionen sehr. Als Freunde und Geliebte sind sie verläßlich und emotional stabil.

DIE HAND EINES FOTOGRAFEN

Die Erd-Hand beschreibt zwar Praktiker, aber wir finden sie oft bei sehr schöpferischen Menschen. Künstler und Musiker und alle Kreativen, die geschickte Hände brauchen, haben häufig Erd-Hände.

DIE ERD-HAND HAT EINE QUADRATISCHE HANDFLÄCHE UND KURZE FINGER

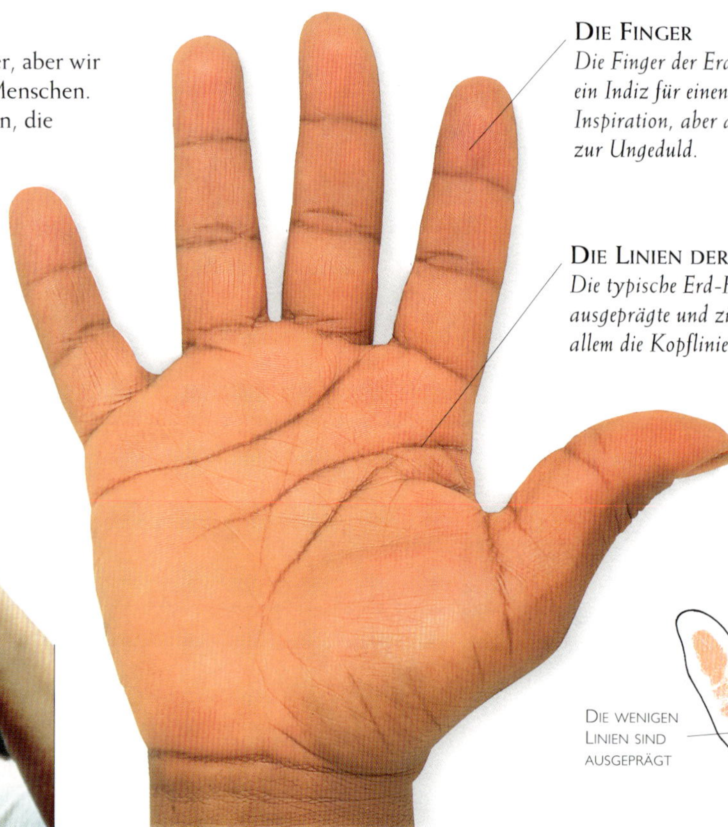

DIE FINGER

Die Finger der Erd-Hand sind meist kurz – ein Indiz für einen scharfen Blick und Inspiration, aber auch für eine Neigung zur Ungeduld.

DIE LINIEN DER HANDFLÄCHE

Die typische Erd-Hand hat wenige, aber ausgeprägte und ziemlich tiefe Linien. Vor allem die Kopflinie ist oft gerade.

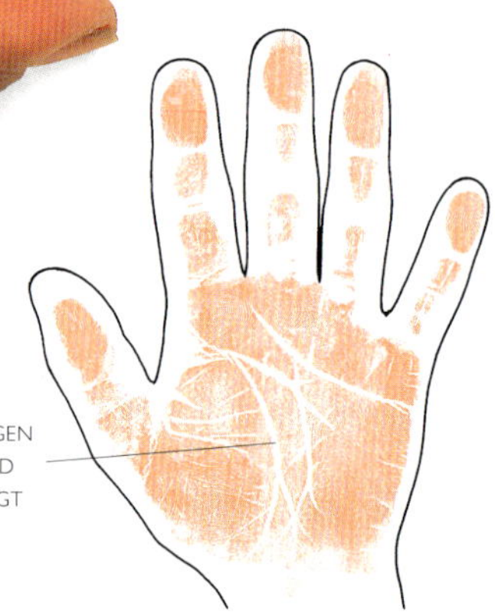

DIE WENIGEN LINIEN SIND AUSGEPRÄGT

STEVEN SPIELBERG

Die Erd-Hände von Steven Spielberg bestätigen seine methodische Arbeitsweise und seine unerschöpfliche Energie. Diese Faktoren und sein kreatives Genie machen ihn zu einem Meister seines Fachs.

DIE ERD-HAND LIEBT DIE NATUR

Menschen mit Erd-Händen wollen nicht eingesperrt sein. Sie genießen frische Luft und weite Räume. Sie fühlen sich auf dem Land wohler als in der Stadt und sind sehr naturliebend.

Die Luft-Hand

Die Luft-Hand, ist quadratisch wie die Erd-Hand, sie hat aber lange Finger. Menschen, die zur Luft-Gruppe zählen, haben meist einen sehr aktiven Geist. Sie sind rastlos, scharfsinnig und wißbegierig. Da sie sich schnell langweilen und ständig intellektuelle Anregung brauchen, verabscheuen sie stumpfsinnige Routine und sehnen sich immerzu nach Abwechslung.

Eine Schriftstellerhand
Kommunikation ist das Schlüsselwort der Luft-Menschen, und viele von ihnen sind begabte Sänger oder Schriftsteller. Sie sind sprachbegabt und arbeiten oft bei den Medien. Viele Journalisten, Übersetzer und Verleger haben Luft-Hände.

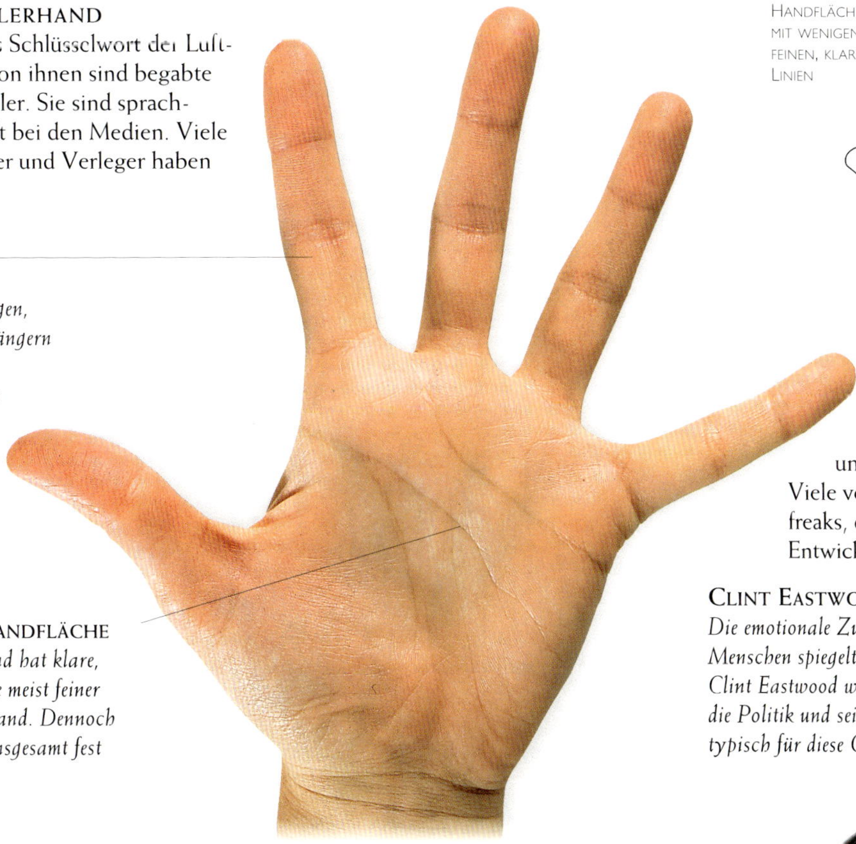

Die Finger
Luft-Hände sind zwar quadratisch, doch die langen, geschmeidigen Finger verlängern die Hand und machen sie elegant. Die Fingerspitzen sind meist gerundet oder kegelförmig.

Die Linien der Handfläche
Die typische Luft-Hand hat klare, ausgeprägte Linien, die meist feiner sind als die der Erd-Hand. Dennoch sieht die Handfläche insgesamt fest und kräftig aus.

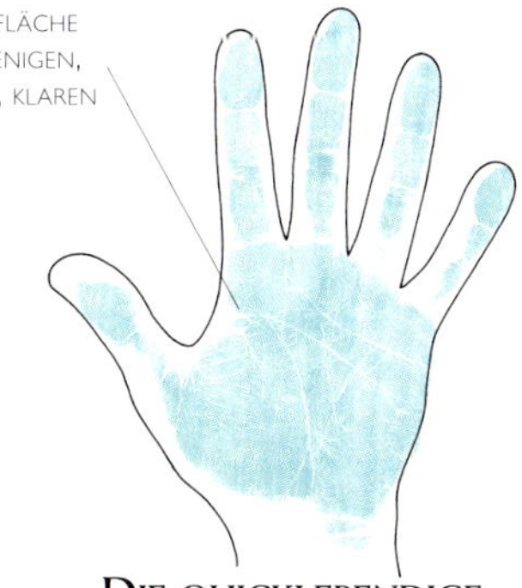

Die quicklebendige Hand
Menschen mit Luft-Händen freuen sich über Apparate und technisches Spielzeug. Viele von ihnen sind Computerfreaks, die stets mit der neuesten Entwicklung vertraut sind.

Clint Eastwood
Die emotionale Zurückhaltung der Luft-Menschen spiegelt sich in den Filmrollen von Clint Eastwood wider. Auch seine Abstecher in die Politik und seine öffentlichen Reden sind typisch für diese Gruppe.

Die Entwicklung der Linien beim Embryo

Kinder kommen mit sämtlichen, voll entwickelten Handlinien auf die Welt.

Die Hauptlinien – Herzlinie, Kopflinie und Lebenslinie – bilden sich etwa im dritten Schwangerschaftsmonat. Ihre Struktur ist genetisch festgelegt. Angeborene Abnormitäten und alle Entwicklungsstörungen in dieser Zeit beeinflussen das Muster und die Struktur der Linien.

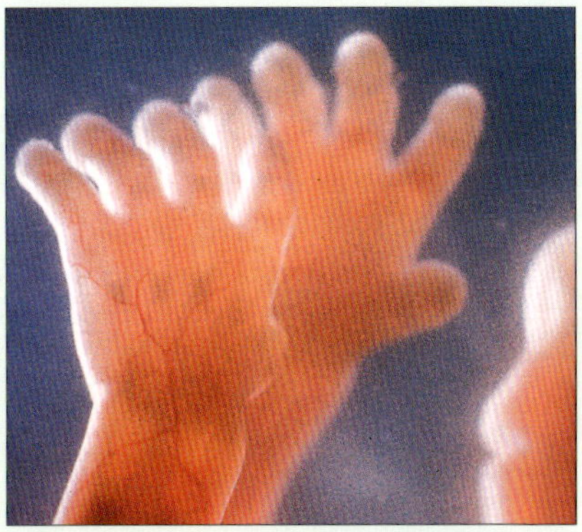

Linien verändern sich
Die Hauptlinien der Hand sind zwar bei der Geburt bereits vorhanden, aber sie wachsen und verändern sich während des ganzen Lebens.

Die Feuer-Hand

Die Feuer-Hand hat eine lange Handfläche und vergleichsweise kurze Finger. Wer solche Hände hat, ist meist vital und dynamisch und hat eine lebhafte, begeisterte, unbekümmerte Natur. Solche Menschen können ein ruhiges Leben nicht ertragen, sie schätzen Herausforderungen und leben ihr Leben auf der Überholspur. Sie sind stark, positiv und charismatisch, und alles, was sie unternehmen, ist von Leidenschaft und Eifer getragen. Menschen mit Feuer-Händen übernehmen ganz selbstverständlich die Führung jeder Gruppe.

Die Hand eines Sportlers

Feuer-Menschen brauchen Aufregung. Sie sind körperlich aktiv und immer auf Trab. Viele nutzen ihre üppige Energie im Sport und brechen Rekorde. Da sie bis an ihre Grenzen gehen, neigen sie zu Unfällen und Verletzungen.

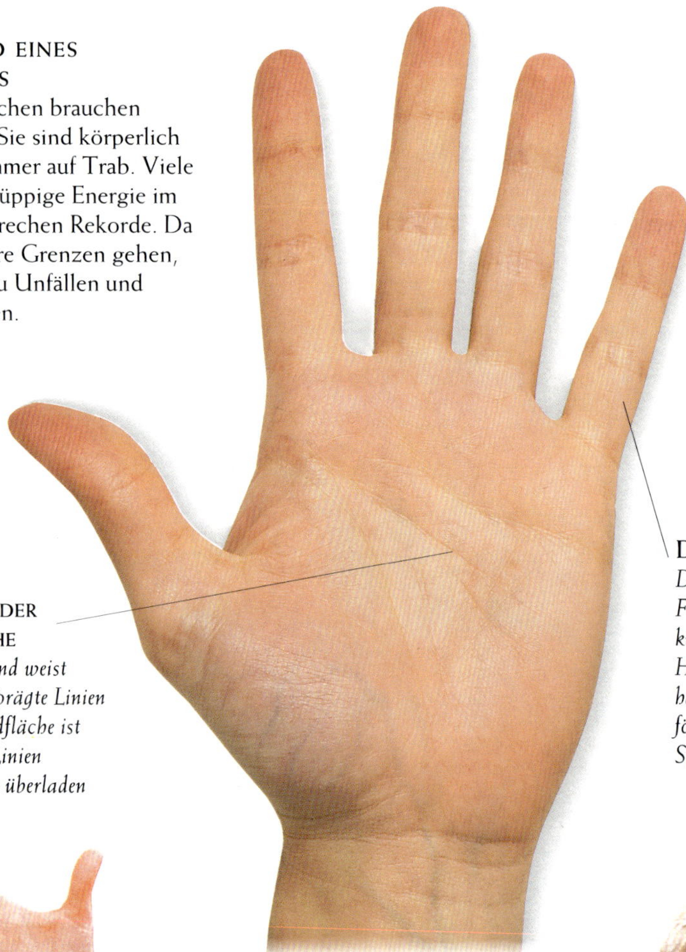

Die Linien der Handfläche

Die Feuer-Hand weist mehrere ausgeprägte Linien auf. Die Handfläche ist reichlich mit Linien versehen, ohne überladen zu wirken.

Die Finger

Die Finger der Feuer-Hand sind kürzer als der Handteller und haben oft spachtelförmige oder breite Spitzen.

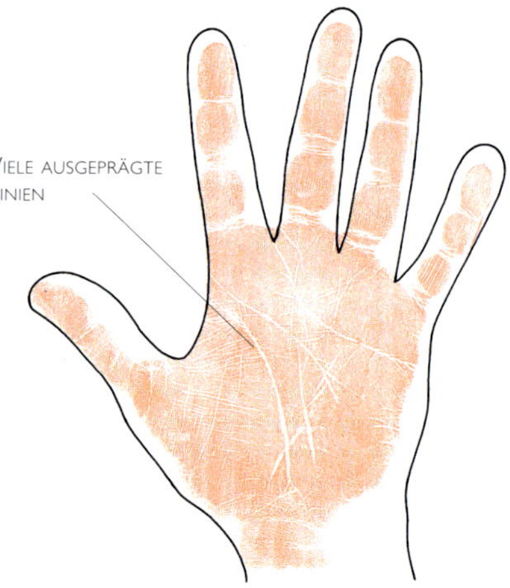

Die extravertierte Hand

Feuer-Menschen fühlen sich im Rampenlicht am wohlsten. Sie sind Extravertierte par excellence, besitzen ein sonniges Gemüt und stecken andere mit ihrer unbegrenzten Begeisterung leicht an. Diese Menschen sind Spaßvögel und die Seele einer Party.

Liza Minnelli

Das lebhafte Temperament und die magnetische Persönlichkeit der Feuer-Menschen finden oft im Showbusiness ihren natürlichen Ausdruck. Ein Beispiel dafür ist Liza Minelli. Diese Menschen müssen aber aufpassen, daß sie nicht zu früh ausbrennen.

Die Wasser-Hand

Lange Handflächen und Finger sind die Merkmale der Wasser-Hand. Feinfühligkeit kennzeichne diese Gruppe, in der wir sanfte und schöpferische Menschen, Künstler und Dichter, Musiker und Visionäre finden. Die Welt der Künste und der Musikindustrie ist mit Wasser-Menschen dicht bevölkert. Sie sind oft sehr kultiviert und haben einen hervorragenden Geschmack; aber sie sind auch weltfremd und neigen dazu, mit dem Kopf in den Wolken zu leben.

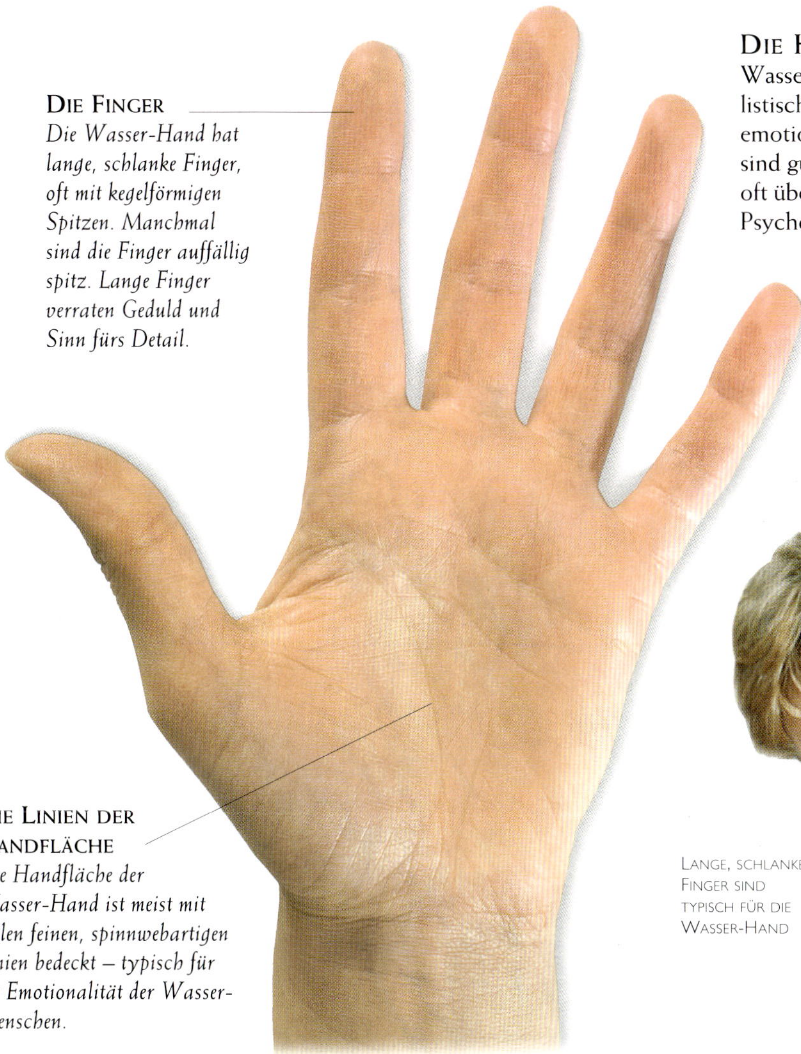

Die Finger
Die Wasser-Hand hat lange, schlanke Finger, oft mit kegelförmigen Spitzen. Manchmal sind die Finger auffällig spitz. Lange Finger verraten Geduld und Sinn fürs Detail.

Die Linien der Handfläche
Die Handfläche der Wasser-Hand ist meist mit vielen feinen, spinnwebartigen Linien bedeckt – typisch für die Emotionalität der Wasser-Menschen.

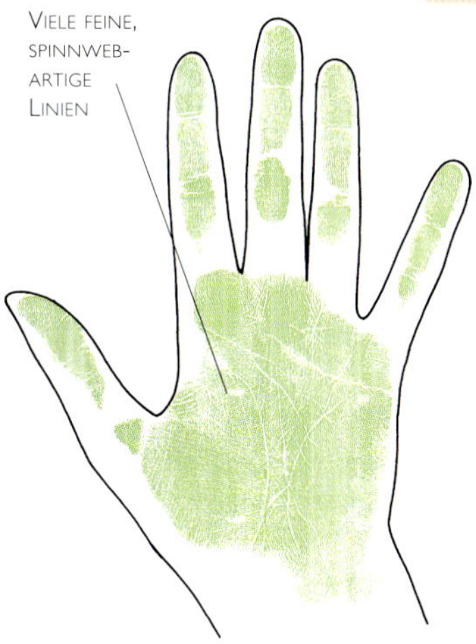

Die empfindsame Hand
Wasser-Menschen sind verletzlich und oft sehr emotional. Es fällt ihnen schwer, mit dem Streß des modernen Lebens fertig zu werden. Sie schätzen ein langsameres Tempo und verabscheuen Wettbewerb. Am wohlsten fühlen sie sich in einer ruhigen Umgebung. Da sie leicht zu lenken und zu beeindrucken sind, fehlt es ihnen mitunter an einem unabhängigen Urteil.

Die Hand eines Astrologen
Wasser-Menschen gehören der am wenigsten materialistischen Gruppe an. Sie neigen dazu, intuitiv und emotional zu arbeiten, nicht mit reiner Vernunft. Sie sind gut auf ihr Unterbewußtsein eingestimmt und haben oft übersinnliche Fähigkeiten. Darum sind sie häufig an Psychologie oder Spiritualität interessiert.

Diana, Prinzessin von Wales
Die lange, anmutige Wasser-Hand ist ein Indiz für Eleganz und Stil. Wer zu dieser Gruppe gehört, ist unweigerlich chic, und viele befassen sich beruflich mit Schönheit oder Mode, zum Beispiel als Model oder Designer. Prinzessin Diana verkörpert durch ihre klassische Schönheit und Eleganz alle typischen Merkmale der Wasser-Hand.

LANGE, SCHLANKE FINGER SIND TYPISCH FÜR DIE WASSER-HAND

DIE BERGE

WENN Sie einen Atlas öffnen, finden Sie zwei Arten von Karten: einmal eine physikalisch-geographische Karte, auf der Berge und Ebenen erkennbar sind, und zudem politische Karten mit Straßen und Eisenbahnen. Betrachten Sie nun Ihre Hände. Die Linien gleichen Straßen und Schienen und sind in eine „Landmasse" eingebettet, deren Gelände aus Ebenen und Bergen besteht.

DIE NAMEN DER BERGE

IN physikalischer Hinsicht offenbart die Hand viel über Sie und Ihren Charakter. Die Handfläche wird in neun Berge eingeteilt, die eine zentrale Ebene umgeben. Jedes Gebiet entspricht einem bestimmten Aspekt der Persönlichkeit. Die klassischen Namen der Berge spiegeln die Merkmale dieser Aspekte wider.

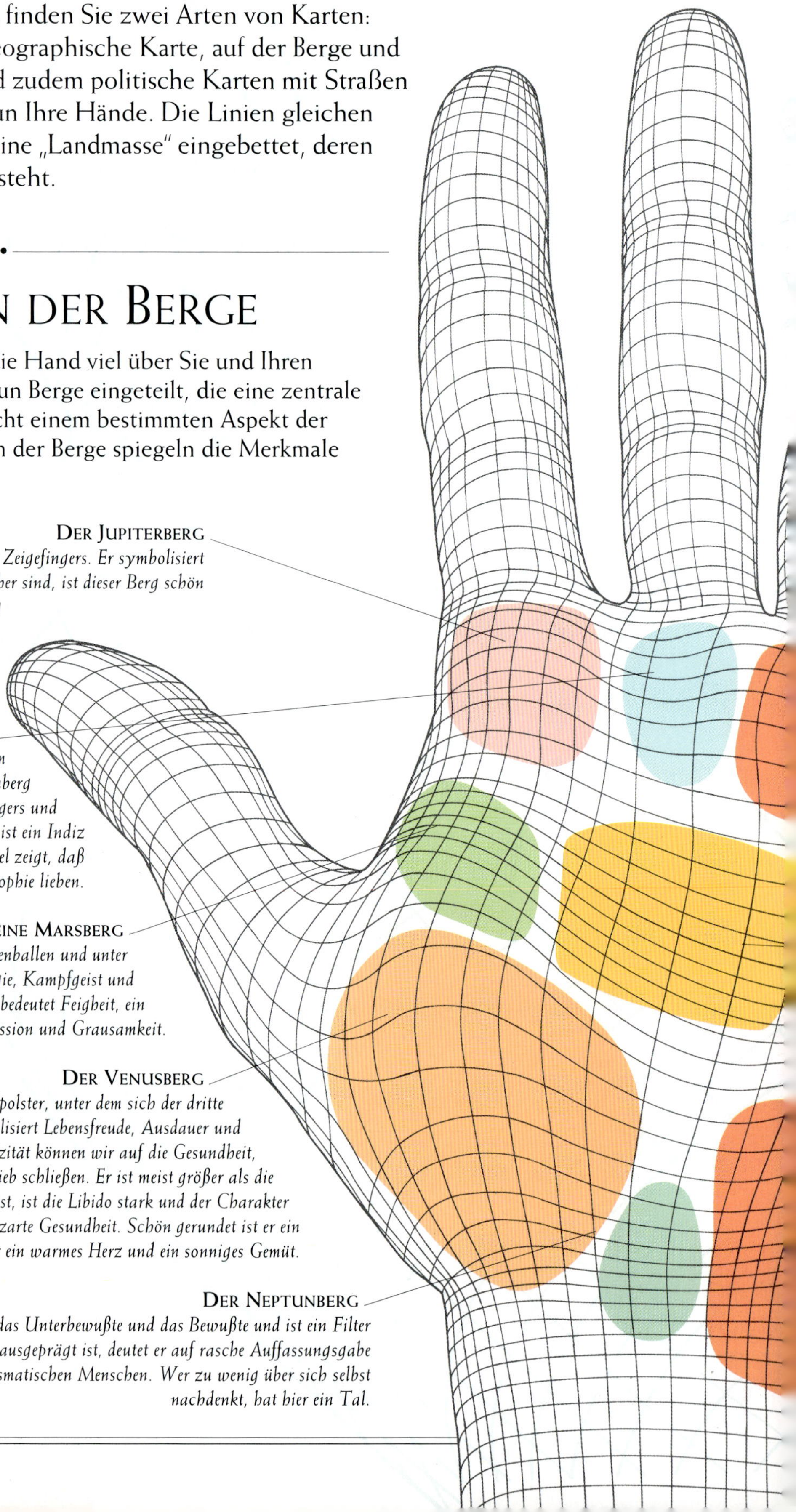

DER JUPITERBERG
Der Jupiterberg erhebt sich an der Wurzel des Zeigefingers. Er symbolisiert Autorität und Selbstwertgefühl. Wenn Sie selbstsicher sind, ist dieser Berg schön gerundet. Ein großer Jupiterberg zeigt, daß Sie gesellig und großzügig sind. Überragt er die anderen Berge, deutet er auf brennenden Ehrgeiz und autoritäres Gehabe hin.

DER SATURNBERG
Es ist ein gutes Zeichen, wenn dieser Berg am wenigsten entwickelt ist; denn ein großer Saturnberg bedeutet Trübsinn. Er liegt unterhalb des Mittelfingers und steht für Ihr Verantwortungsbewußtsein. Übergröße ist ein Indiz für Einsamkeit, Zynismus und Geiz. Ein kleiner Hügel zeigt, daß Sie vernünftig sind und die Philosophie lieben.

DER KLEINE MARSBERG
Der kleine Marsberg liegt über dem Daumenballen und unter dem Jupiterberg. Er symbolisiert Mut, Energie, Kampfgeist und Selbsterhaltung. Ein flacher Berg bedeutet Feigheit, ein übergroßer Aggression und Grausamkeit.

DER VENUSBERG
Dieser Berg besteht aus dem Muskelpolster, unter dem sich der dritte Daumenknochen befindet. Es symbolisiert Lebensfreude, Ausdauer und Vitalität. Aus seiner Form und Elastizität können wir auf die Gesundheit, die Energie und den Geschlechtstrieb schließen. Er ist meist größer als die anderen Berge. Wenn er sehr groß ist, ist die Libido stark und der Charakter grob. Ein kleiner Venusberg verrät zarte Gesundheit. Schön gerundet ist er ein Zeichen für ein warmes Herz und ein sonniges Gemüt.

DER NEPTUNBERG
Der Neptunberg verbindet das Unterbewußte und das Bewußte und ist ein Filter zwischen ihnen. Wenn er gut ausgeprägt ist, deutet er auf rasche Auffassungsgabe hin. Wir finden ihn bei charismatischen Menschen. Wer zu wenig über sich selbst nachdenkt, hat hier ein Tal.

DIE ENTWICKLUNG DER BERGE

JEDER Berg symbolisiert einen Energiespeicher, dessen Form und Struktur auf die Stärken und Schwächen eines Menschen schließen lassen. Um festzustellen, ob ein Berg übergroß, gut ausgeprägt oder klein ist, müssen Sie ihn mit den anderen Bergen vergleichen. Eine schlanke Hand hat beispielsweise relativ kleine Berge; dennoch können ein oder zwei von ihnen im Vergleich zum Rest klein oder groß sein.

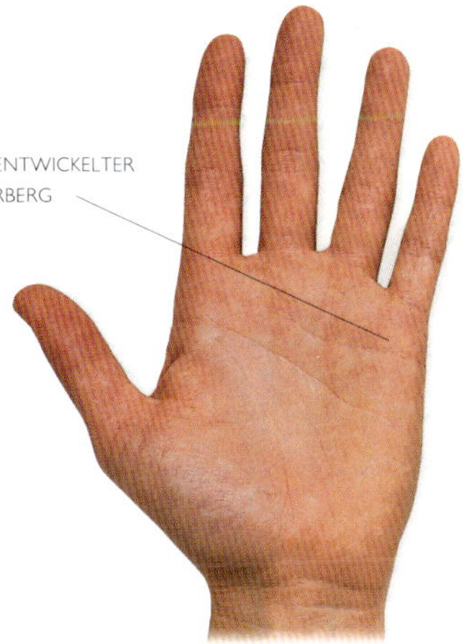

DER UNTERENTWICKELTE BERG
Ist ein Berg im Vergleich zu seinen Nachbarn klein, verrät er einen Mangel an Energie oder Interesse in den Bereichen, die er symbolisiert.

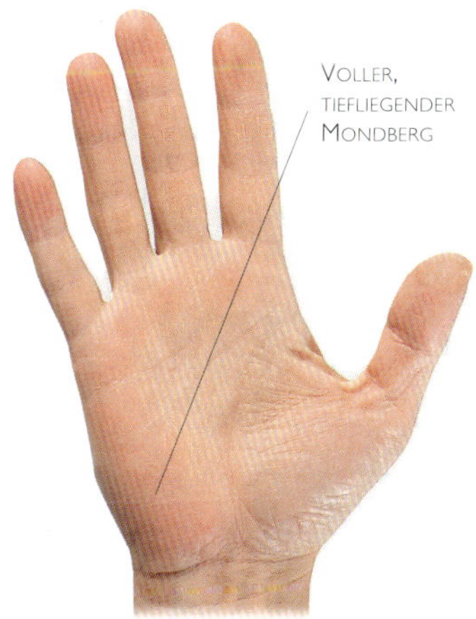

DER ÜBERENTWICKELTE BERG
Abgesehen vom Venusberg, der normalerweise ausgeprägter ist als die anderen, enthüllt ein überentwickelter Berg, daß die mit ihm assoziierten Aspekte in der Persönlichkeit vorherrschen.

DER APOLLOBERG
Der Apolloberg liegt an der Wurzel des Ringfingers. Er symbolisiert Kreativität, Interesse an der Kunst und emotionale Dynamik. Menschen mit sonnigem Gemüt besitzen immer einen gerundeten Apolloberg. Wenn er schwach entwickelt ist, deutet er auf Desinteresse an der Kunst hin; eine Überentwicklung verrät Großtuerei.

DER MERKURBERG
Der Merkurberg unterhalb des kleinen Fingers symbolisiert die Fähigkeit zu kommunizieren. Ein ausgeprägter Berg ist ein Indiz für eine warme, aufgeschlossene Persönlichkeit. Unterentwicklung verrät mangelndes Interesse an anderen, Überentwicklung deutet auf Schwatzhaftigkeit hin.

DIE EBENE DES MARS
In der Mitte der neun Berge liegt die Ebene des Mars. Sie enthüllt, wie gut Sie Emotionen und Leidenschaften beherrschen. Wenn sie dick und groß ist, verrät sie Jähzorn; eine kleine Mulde läßt auf Mangel an Ausstrahlung und Dynamik schließen.

DER GROSSE MARSBERG
Der große Marsberg befindet sich zwischen dem Merkur- und dem Mondberg. Er verrät Integrität und mutiges Eintreten für Ihre Überzeugungen, aber auch Stehvermögen und die Fähigkeit, unter Druck etwas zu leisten.

DER MONDBERG
Der Mondberg symbolisiert Phantasie, das Unbewußte, Empfindsamkeit und Intuition. Er zeigt, ob Sie künstlerisch und schöpferisch veranlagt sind. Wenn er bis zum Handgelenk reicht, weist er auf übersinnliche Kräfte oder Naturnähe hin. Ein übergroßer Berg verrät Launenhaftigkeit, ein kleiner deutet auf Mangel an Phantasie hin.

SO BEURTEILEN SIE IHRE BERGE

STELLEN Sie sich eine Hügellandschaft vor. Sind alle Hügel etwa gleich groß und hoch, oder ist einer viel größer oder höher als die anderen? Vielleicht ist ein Hügel deutlich kleiner, oder Sie sehen an seiner Stelle eine Senke. Diese Analogie hilft Ihnen, Ihre Hügel einzuschätzen. Es ist nämlich sehr wichtig, ihre Größenverhältnisse zu bestimmen. Wölben Sie die Hand leicht, damit die Berge hervortreten, und betrachten Sie den Handteller vom Gelenk bis zu den Fingern. Achten Sie darauf, ob ein Berg dominiert oder unscheinbar ist.

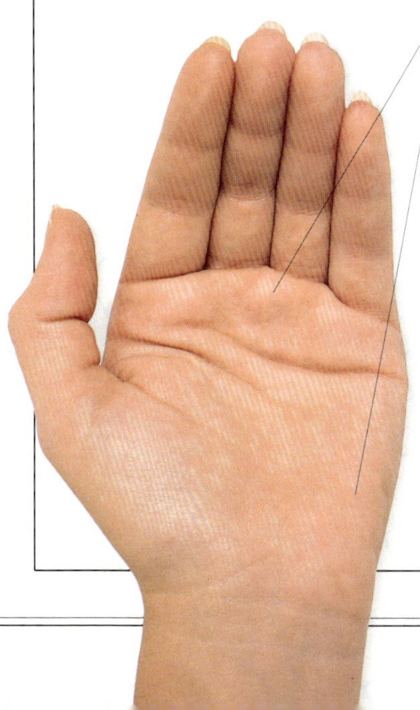

BERGE VERÄNDERN SICH
Übergroße Berge sind ein Indiz für überschüssige Energie oder großes Interesse. Werden die Energien und Interessen jedoch harmonisiert, werden kleine Berge mit der Zeit größer, während übergroße schrumpfen.

Zeichen auf den Bergen

Die meisten Menschen kennen die wichtigen Linien auf der Handfläche; denn es sind charakteristische Zeichen, die wir alle besitzen. Die kleineren Zeichen, die überall auf dem Handteller verstreut sind, fallen weniger auf und erregen vielleicht mehr Neugier. Sie bestehen aus feinen Linien, die dezente Muster bilden. Sie sind nicht immer vollkommen, aber sie sind auf den Bergen gut erkennbar. Ähnliche Zeichen auf den Handlinien haben eine andere Bedeutung (*siehe S. 52*).

So identifizieren Sie die Zeichen

Die fünf häufigsten Zeichen auf den Bergen sind Stern, Kreuz, Gitter, Quadrat und Dreieck. Jedes enthüllt einen Einfluß auf die Aspekte, welche die Berge symbolisieren. Im allgemeinen sind Kreuze und Gitter negative Zeichen, während Sterne Glück oder finanziellen Gewinn ankündigen. Dreiecke versprechen Erfolg, gepaart mit Weisheit. Quadrate sind Schutzzeichen, die den Einfluß negativer Ereignisse verringern.

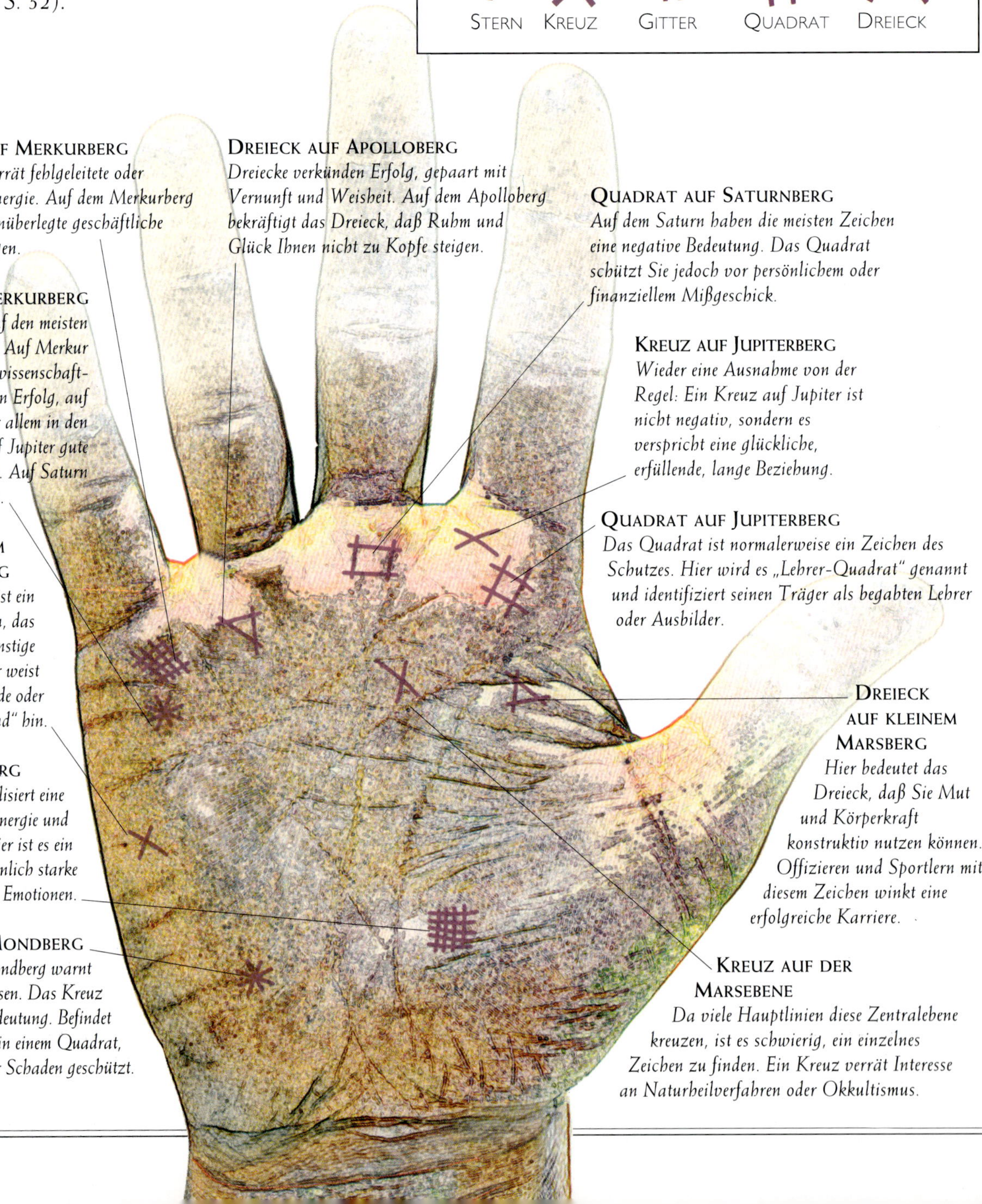

Gitter auf Merkurberg
Ein Gitter verrät fehlgeleitete oder vergeudete Energie. Auf dem Merkurberg steht es für unüberlegte geschäftliche Entscheidungen.

Dreieck auf Apolloberg
Dreiecke verkünden Erfolg, gepaart mit Vernunft und Weisheit. Auf dem Apolloberg bekräftigt das Dreieck, daß Ruhm und Glück Ihnen nicht zu Kopfe steigen.

Quadrat auf Saturnberg
Auf dem Saturn haben die meisten Zeichen eine negative Bedeutung. Das Quadrat schützt Sie jedoch vor persönlichem oder finanziellem Mißgeschick.

Stern auf Merkurberg
Sterne verkünden auf den meisten Bergen Glück und Erfolg. Auf Merkur bedeutet der Stern großen wissenschaftlichen oder finanziellen Erfolg, auf Apollo hohes Ansehen, vor allem in den Künsten, und auf Jupiter gute Leistungen und Glück. Auf Saturn warnt er vor Problemen.

Kreuz auf Jupiterberg
Wieder eine Ausnahme von der Regel: Ein Kreuz auf Jupiter ist nicht negativ, sondern es verspricht eine glückliche, erfüllende, lange Beziehung.

Kreuz auf großem Marsberg
Das Kreuz ist meist ein negatives Zeichen, das Widerstand oder ungünstige Energien symbolisiert. Hier weist es auf verborgene Feinde oder „Gegenwind“ hin.

Quadrat auf Jupiterberg
Das Quadrat ist normalerweise ein Zeichen des Schutzes. Hier wird es „Lehrer-Quadrat“ genannt und identifiziert seinen Träger als begabten Lehrer oder Ausbilder.

Dreieck auf kleinem Marsberg
Hier bedeutet das Dreieck, daß Sie Mut und Körperkraft konstruktiv nutzen können. Offizieren und Sportlern mit diesem Zeichen winkt eine erfolgreiche Karriere.

Gitter auf Venusberg
Das Gitter symbolisiert eine Konzentration zielloser Energie und erhöhte Spannungen. Hier ist es ein Indiz für außergewöhnlich starke Emotionen.

Stern auf Mondberg
Ein Stern auf dem Mondberg warnt vor Gefahren auf Reisen. Das Kreuz hat eine ähnliche Bedeutung. Befindet sich das Zeichen jedoch in einem Quadrat, sind Sie vor Schaden geschützt.

Kreuz auf der Marsebene
Da viele Hauptlinien diese Zentralebene kreuzen, ist es schwierig, ein einzelnes Zeichen zu finden. Ein Kreuz verrät Interesse an Naturheilverfahren oder Okkultismus.

Die Gliederung der Hand

SCHAUEN Sie, wie Ihre Hand aufgebaut ist. Ist die Basis des Handtellers stark und dick, oder ist der obere Teil breiter? Ist die Außenkante stärker entwickelt als die Daumenseite? Jede Zone symbolisiert verschiedene Aspekte des Lebens. Wenn wir die Hand in Zonen einteilen und deren Entwicklung vergleichen, können wir bestimmen, welche Facetten unserer Persönlichkeit dominieren und welche uns weniger wichtig sind.

Zwei Zonen

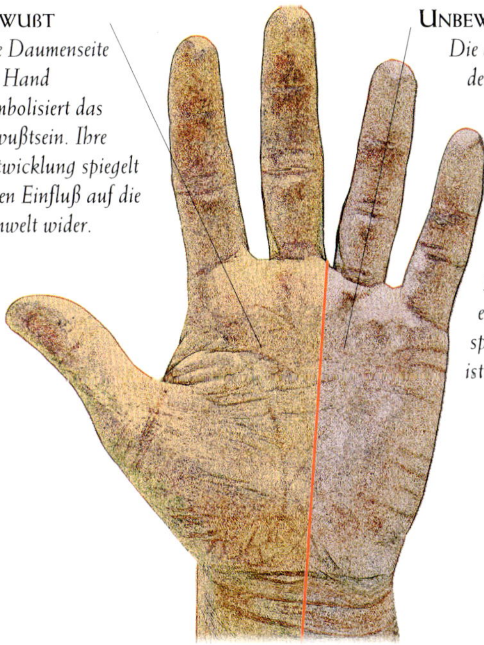

Bewußt
Die Daumenseite der Hand symbolisiert das Bewußtsein. Ihre Entwicklung spiegelt Ihren Einfluß auf die Umwelt wider.

Unbewußt
Die äußere Hälfte der Hand symbolisiert die unbewußten Motive und Triebe. Sie verrät, wie wichtig Ihnen Ihre intuitive, empfangende, spirituelle Seite ist.

Drei Zonen

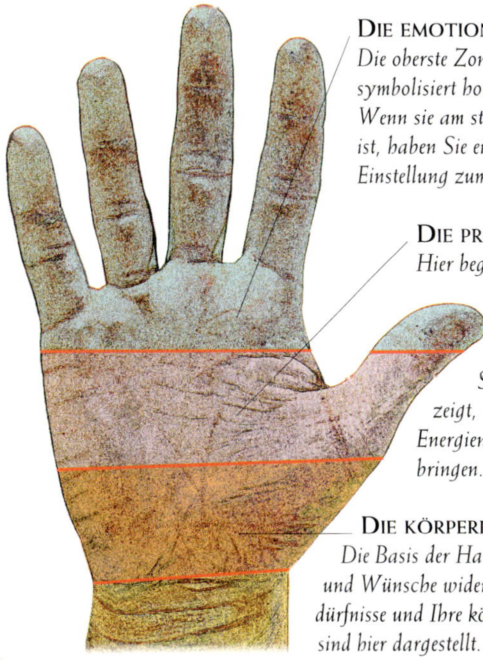

Die emotionale Zone
Die oberste Zone der Hand symbolisiert hohe Ziele und Ideale. Wenn sie am stärksten entwickelt ist, haben Sie eine intellektuelle Einstellung zum Leben.

Die praktische Zone
Hier begegnen sich Ihre körperlichen und emotionalen Energien. Die Starke dieser Zone zeigt, wie Sie beide Energien ins Gleichgewicht bringen.

Die körperliche Zone
Die Basis der Hand spiegelt Triebe und Wünsche wider. Ihre Grundbedürfnisse und Ihre körperliche Energie sind hier dargestellt.

Vier Zonen

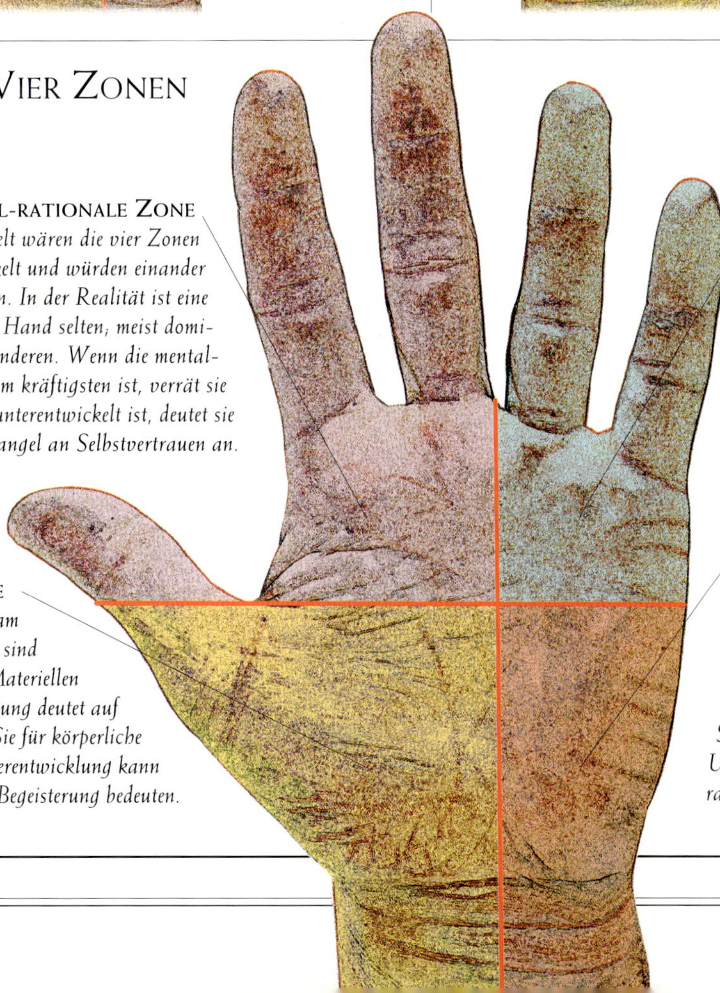

Mental-rationale Zone
In einer idealen Welt wären die vier Zonen gleichmäßig entwickelt und würden einander vollkommen ergänzen. In der Realität ist eine völlig ausgewogene Hand selten; meist dominiert eine Zone die anderen. Wenn die mental-rationale Zone am kräftigsten ist, verrät sie Ehrgeiz; wenn sie unterentwickelt ist, deutet sie Mangel an Selbstvertrauen an.

Mental-instinktive Zone
Wenn diese Zone dominiert, haben Sie ein starkes Bedürfnis, sich schöpferisch auszudrücken. Kommunikation ist ebenfalls wichtig. Dieses Merkmal finden wir oft an der Hand von Schriftstellern, Künstlern und Wissenschaftlern. Wenn diese Zone schwach entwickelt ist, suchen Sie Ihre Erfüllung anderswo.

Körperlich-praktische Zone
Wenn diese Zone am stärksten ausgeprägt ist, sind Sie vor allem am Materiellen interessiert. Überentwicklung deutet auf viel Energie hin, die Sie für körperliche Aktivitäten nutzen. Unterentwicklung kann mangelnde Vitalität und Begeisterung bedeuten.

Körperlich-intuitive Zone
Diese Zone umfaßt sowohl die körperlichen wie auch die unbewußten Elemente der Persönlichkeit. Sie symbolisiert die Intuition und Ihre Reaktion auf die Umwelt. Wenn diese Zone dominiert, sind Sie spirituell interessiert und empfindsam. Unterentwicklung ist ein Indiz für eine sehr rationale Einstellung zum Leben.

MERKMALE DER RÄNDER

DER Umriß der Hand beschreibt ihren Aufbau – ob sie schlank oder breit ist, ob die Finger glatt oder knotig sind, ob die Daumengelenke kantig sind und ob der Handteller sich irgendwo am Rand wölbt. Diese Details liefern wichtige Informationen über Ihre Persönlichkeit, Ihre Talente, Ihre Denkweise und die Richtung, in die Sie Ihre Energie lenken. Darum ist es unerläßlich, den Umriß der Hand aufzuzeichnen, wenn Sie einen Abdruck machen. Selbst ohne Abdruck beantwortet der Umriß all diese Fragen.

DIE AUSSENKANTE

DIE Außenkante der Hand enthält den Mondberg, den großen Marsberg und den Merkurberg, und diese drei Gebiete symbolisieren den Instinkt und das schöpferische Potential. Die Form dieser Handkante enthüllt, wie Sie Ihr Inneres ausdrücken – wie Sie Instinkte und Talente formen, maskieren, kanalisieren und nach außen lenken. Die fleischige Handkante verzerrt sich leicht beim Zeichnen; darum dürfen Sie nur leicht andrücken.

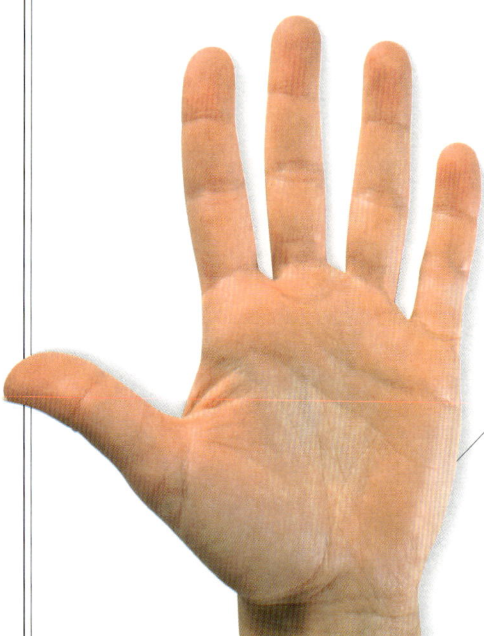

NACH AUSSEN GEKRÜMMTE HANDKANTE

GEKRÜMMTE AUSSENKANTE
Wenn die gewölbte Handkante in der Nähe des Gelenks am ausgeprägtesten ist, besitzen Sie ein praktisches, schöpferisches Talent. Es fällt Ihnen leichter, die Gedanken anderer zu deuten, als eigene zu entwickeln. Eine Kurve mit einer zentralen Wölbung zeigt, daß Sie neue Ideen hervorbringen und in die Tat umsetzen können.

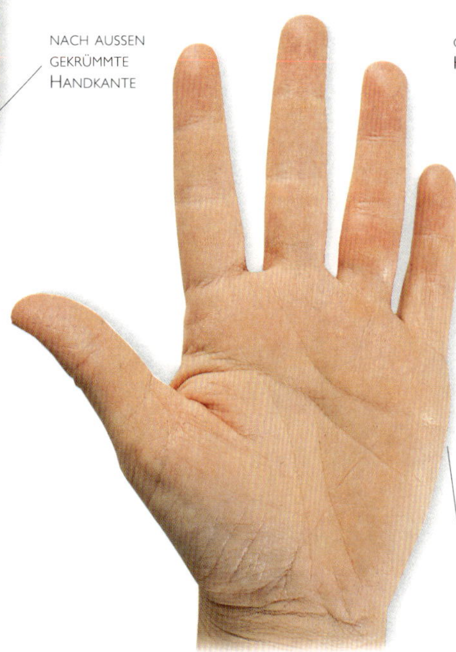

VORSTEHENDE HANDKANTE

DIE VORSTEHENDE AUSSENKANTE
Eine Außenkante, die unterhalb des kleinen Fingers deutlich vorsteht und sich dann zum Gelenk hin verjüngt, offenbart merkurische Energie, einen überaktiven Geist und Nervosität. Sie planen und denken unaufhörlich und können sich nur schwer entspannen.

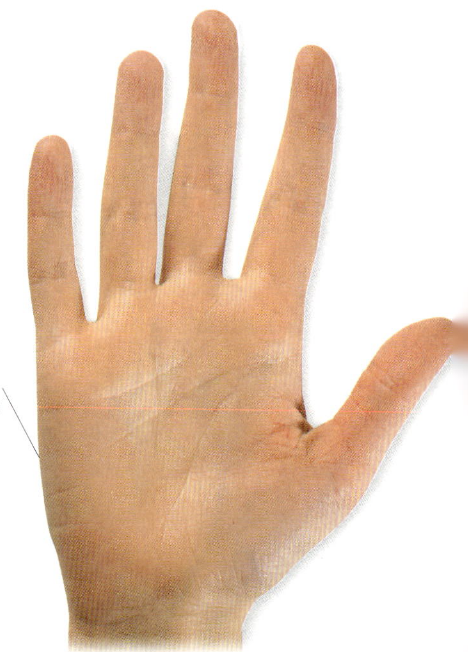

GERADE HANDKANTE

DIE GERADE AUßENKANTE
Nur wenige Handkanten sind gerade; meist sind leichte Wölbungen vorhanden. Eine flache Kante ist ein Indiz für geringes Interesse am Unbewußten und an der Entwicklung der Kreativität. Andere auffallende Teile der Hand verraten den Schwerpunkt des Interesses.

DIE DAUMENWINKEL

DIE gestreckten Daumengelenke bilden die Daumenwinkel. Ein ausgeprägter oberer Winkel (a) deutet auf Sturheit hin. Steht das zweite Gelenk deutlich vor (b), verrät es manuelle Geschicklichkeit. Wenn die Hand am Gelenk einen spitzen Winkel bildet (c), lieben Sie Musik.

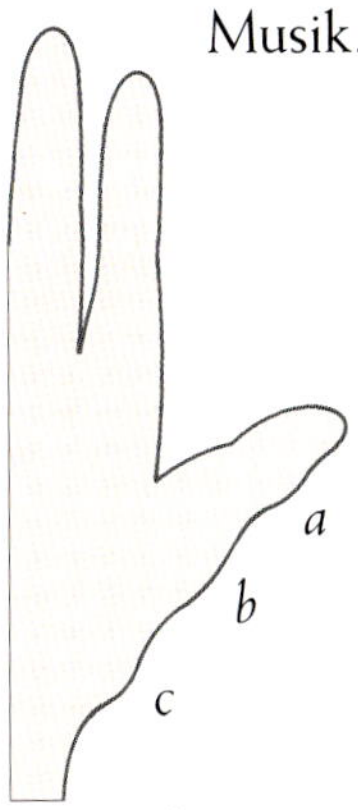

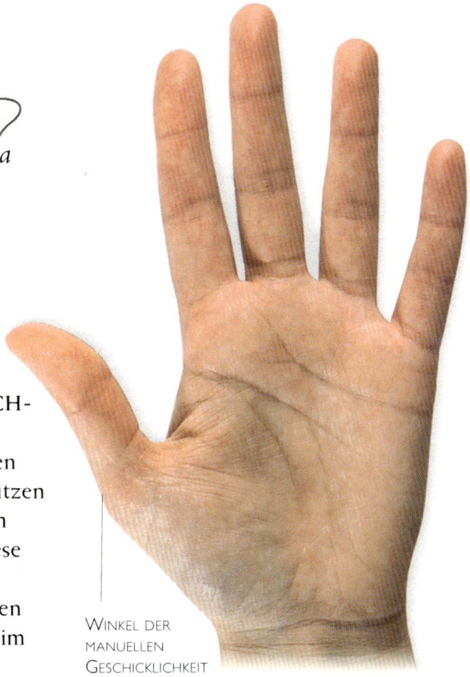

MANUELLE GESCHICKLICHKEIT
Manche Daumen bilden einen spitzen Winkel mit dem Handteller. Diese Menschen sind geschickt mit den Händen und beim Do-it-Yourself.

DIE KNÖCHEL

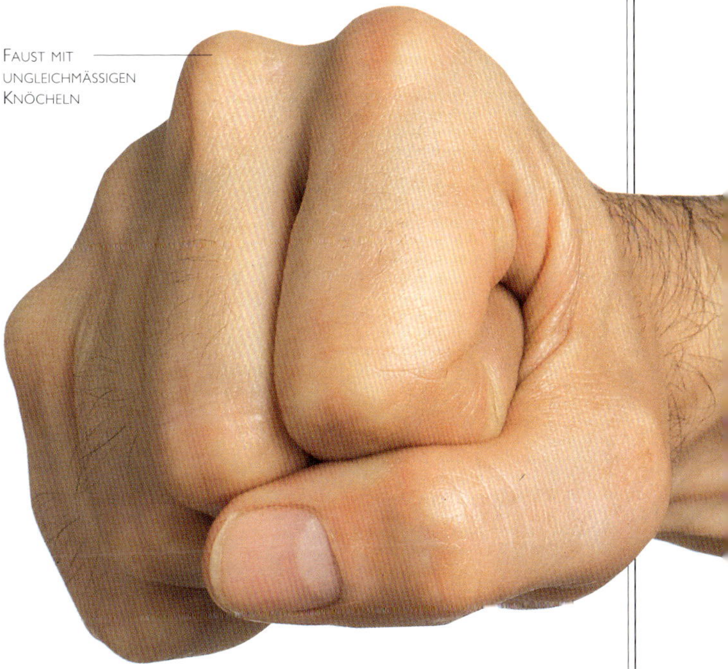

DIE Knöchel sind die Gelenke zwischen den unteren Fingerknochen und den Knochen, die Handteller und Gelenk verbinden. Beim Ballen einer Faust bilden manche Hände eine gerade Wellenlinie von Gelenk zu Gelenk, während andere ungleichmäßig sind. Ebenmäßige Knöchel haben Menschen, die auf ihr Erscheinungsbild und ihre Wohnung achten; ungleichmäßige Knöchel deuten auf eine zwanglosere Einstellung hin.

FINGERGELENKE

SIND Ihre Finger glatt oder knotig? Glatte Finger haben eine gerade Umrißlinie; bei knotigen ist sie sichtlich ungleichmäßig. Es gibt zwei Arten von knotigen Fingern. Jene mit ausgeprägten oberen und unteren Gelenken heißen Philosophenfinger. Beim zweiten Typ sind nur die unteren Gelenke dick. Der Unterschied ist wichtig, weil er zeigt, wie Sie Informationen verarbeiten und Gedanken ausdrücken.

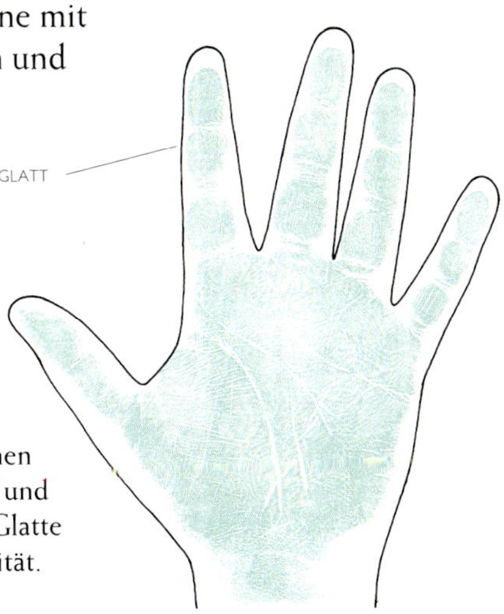

GLATTE GELENKE
Menschen mit glatten Fingern reagieren gut auf äußere Reize und Informationen. Sie nehmen Ideen und Eindrücke auf und verarbeiten sie intuitiv. Glatte Finger verraten Impulsivität.

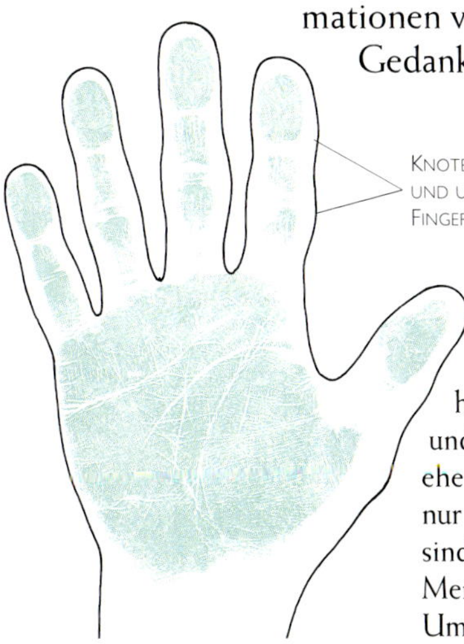

DICKE GELENKE
Wenn Sie Philosophenfinger haben, denken Sie methodisch und analysieren Informationen, ehe Sie darauf reagieren. Wenn nur die unteren Gelenke dick sind, sind Sie ein ordentlicher Mensch, der eine ordentliche Umgebung braucht.

DIE FINGER

MIT den Fingern drücken wir Talente aus. Jeder Finger symbolisiert ein anderes Interessensgebiet. Ist ein Finger länger, gerader oder weniger entwickelt als die anderen? Dann verrät er etwas über Ihre Persönlichkeit. Zuerst sollten Sie die Länge beurteilen. Wenn der Mittelfinger fast so lang ist wie die Handfläche, haben Sie lange Finger; wenn er kürzer ist als drei Viertel des Handtellers, sind die Finger kurz. Lange Finger verraten Liebe für Details. Menschen mit kurzen Fingern sind schnell von Begriff.

DIE NAMEN DER FINGER

JEDER Finger symbolisiert einen anderen Bereich des Lebens. Traditionell benennt man die Finger nach mythischen Wesen – Jupiter, Saturn, Apollo und Merkur –, deren Merkmale den Einflußbereich des Fingers und damit den Charakter bestimmen.

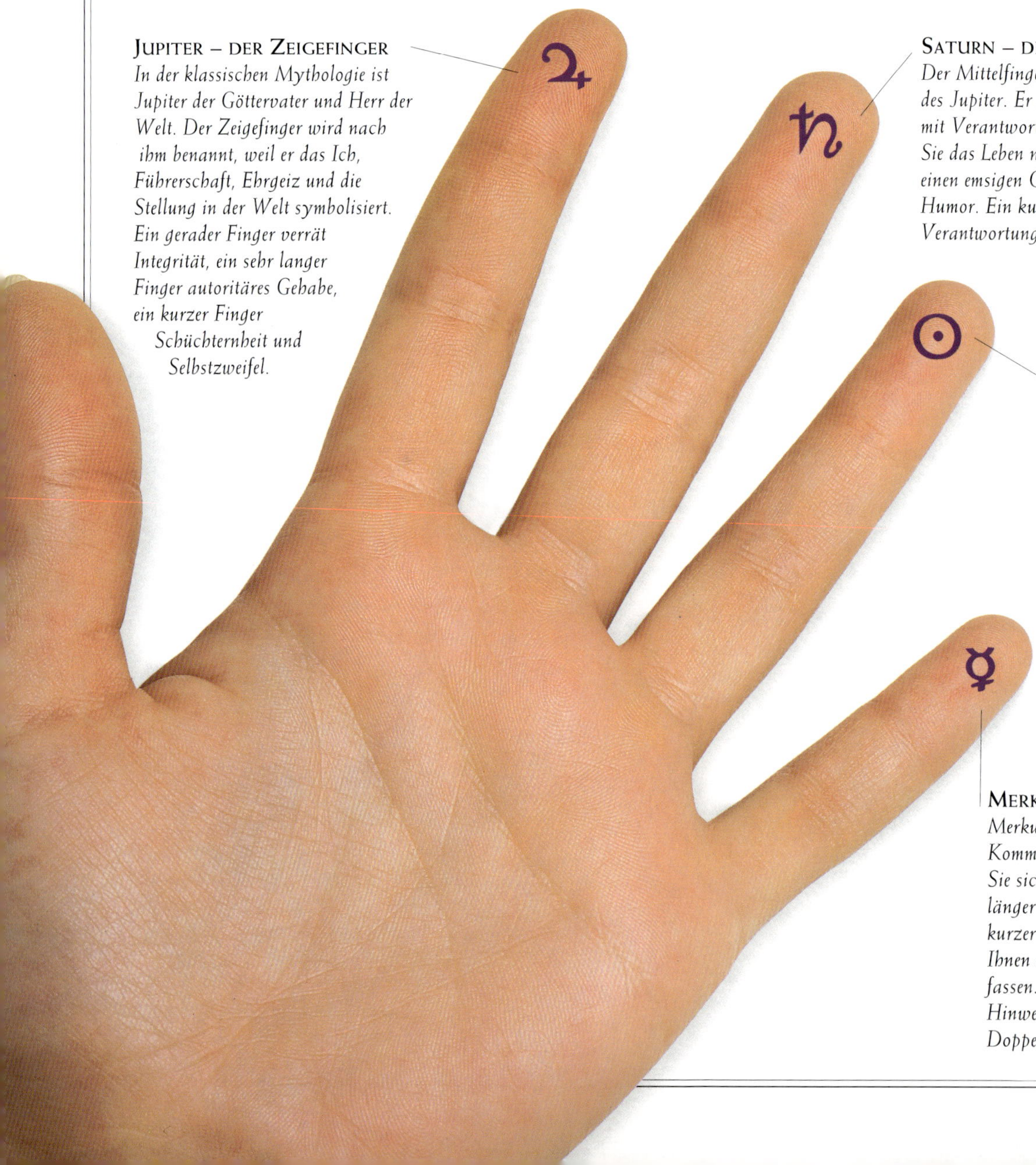

JUPITER – DER ZEIGEFINGER
In der klassischen Mythologie ist Jupiter der Göttervater und Herr der Welt. Der Zeigefinger wird nach ihm benannt, weil er das Ich, Führerschaft, Ehrgeiz und die Stellung in der Welt symbolisiert. Ein gerader Finger verrät Integrität, ein sehr langer Finger autoritäres Gehabe, ein kurzer Finger Schüchternheit und Selbstzweifel.

SATURN – DER MITTELFINGER
Der Mittelfinger ist nach Saturn benannt, dem Vater des Jupiter. Er steht für Weisheit und enthüllt, wie Sie mit Verantwortung umgehen und wie ernst oder leicht Sie das Leben nehmen. Ein langer Finger deutet auf einen emsigen Geist hin, aber auch auf Mangel an Humor. Ein kurzer Mittelfinger ist ein Indiz für Verantwortungslosigkeit.

APOLLO – DER RINGFINGER
Apollo war der Sonnengott und galt als Patron der Musik und der Dichtkunst. Der Ringfinger spiegelt Kreativität und Wohlbefinden wider. Einen starken Ringfinger sehen wir oft an den Händen von Entertainern und Künstlern. Ein schwacher Finger verrät Mangel an schöpferischem Talent, ein sehr langer Finger eine Neigung zum Spiel.

MERKUR – DER KLEINE FINGER
Merkur, der Götterbote, ist das Symbol der Kommunikation. Dieser Finger zeigt, wie gut Sie sich selbst ausdrücken können, und je länger er ist, desto talentierter sind Sie. Ein kurzer Finger läßt darauf schließen, daß es Ihnen schwerfällt, Gedanken in Worte zu fassen. Ein gekrümmter kleiner Finger ist ein Hinweis auf Schläue, aber auch auf Doppelspiel und Täuschung.

Abstände zwischen den Fingern

Legen Sie die Hände auf einen Tisch oder auf den Schoß, und prüfen Sie die Abstände zwischen den Fingern. Wenn alle Finger eng beieinander stehen, sind Sie ein geselliger Mensch. Stehen die Finger weit auseinander, verraten Sie Offenheit und Extrovertiertheit. Die einzelnen Zwischenräume sind ebenfalls von Bedeutung.

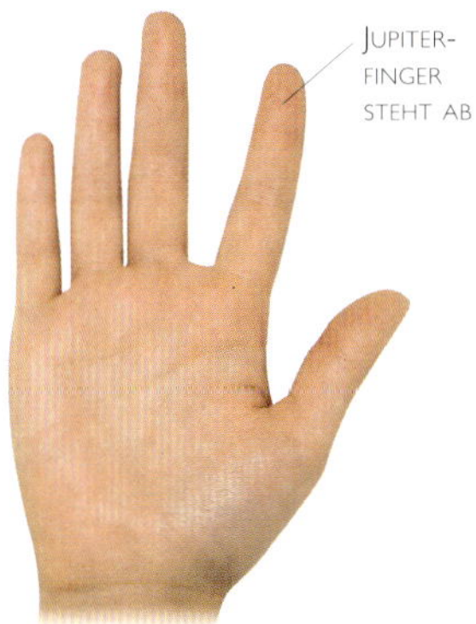

Zeigefinger steht ab
Ein abstehender Jupiterfinger ist ein Indiz für intellektuelle Unabhängigkeit und Ehrgeiz. Sie treffen Ihre Entscheidungen gerne selbst.

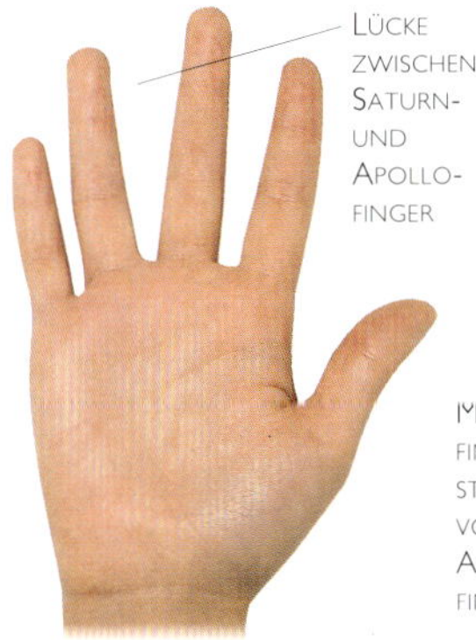

Mittelfinger steht ab
Ein abstehender Mittelfinger dautet auf eine einfallsreiche, unabhängige Persönlichkeit hin. Sie brauchen jeden Tag etwas Zeit für sich selbst und Ihren Seelenfrieden.

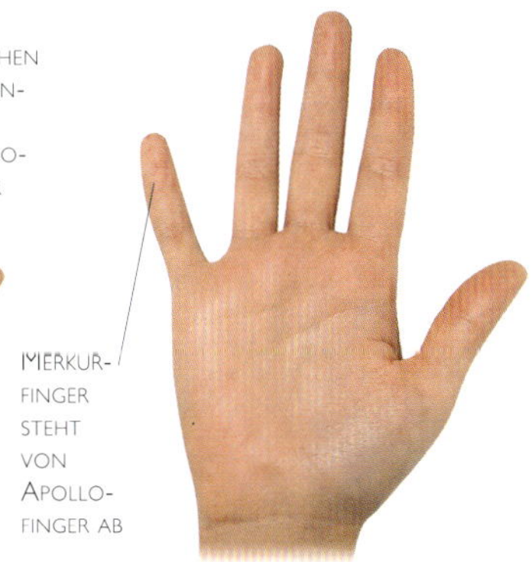

Kleiner Finger steht ab
Ein großer Abstand zwischen Apollo und Merkur läßt auf Unabhängigkeit schließen. Sie lassen sich nicht gerne einengen, weder körperlich noch seelisch.

Die Fingerwurzeln

Aus der Lage der Fingerwurzeln können wir auf die Charakterstärke und andere Persönlichkeitsmerkmale schließen. Betrachten Sie die Linie, die die Fingerwurzeln bilden – ist sie gerade, gebogen oder ungleichmäßig?

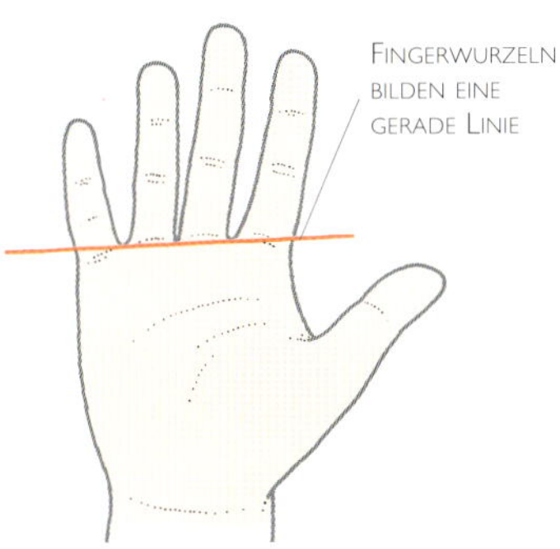

Gerade Linie
Es kommt recht selten vor, daß alle Fingerwurzeln auf gleicher Höhe liegen. Das ist ein Zeichen für Selbstvertrauen. Dank Ihrer positiven Einstellung haben Sie Erfolg im Leben.

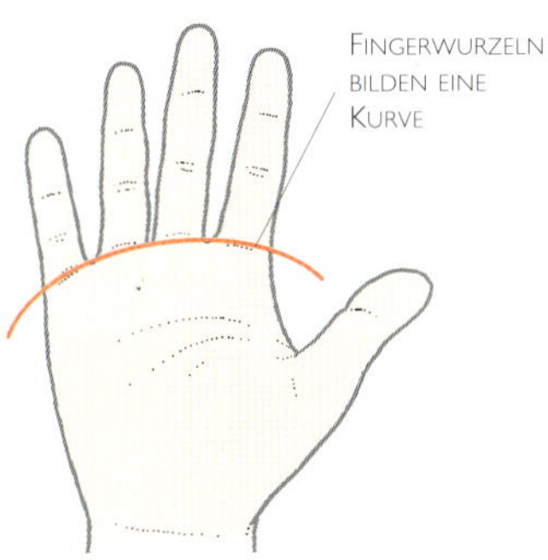

Gebogene Linie
Der Bogen zeigt, daß Sie weder arrogant noch schüchtern sind, sondern eine ausgewogene Persönlichkeit besitzen.

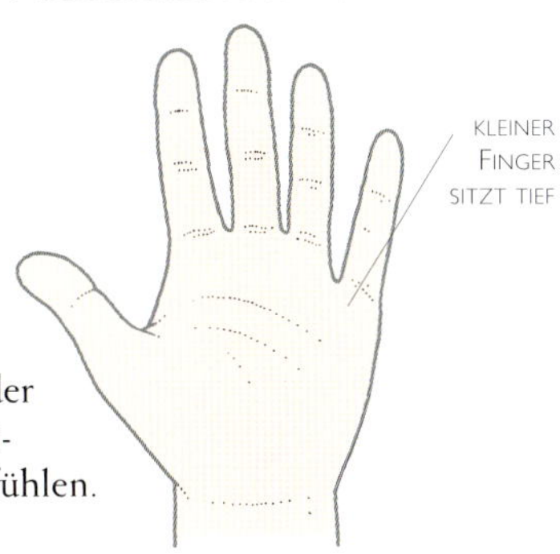

Ungleichmässige Linie
Wenn der kleine Finger viel tiefer steht als die anderen, verrät er Mangel an Selbstvertrauen. Steht der Zeigefinger tiefer, leiden Sie möglicherweise an Minderwertigkeitsgefühlen.

Polydaktylie bei Anne Boleyn?

Etwa 50 von 100 000 Neugeborenen haben zusätzliche Finger oder Zehen.

Heute wissen wir, daß die Polydaktylie ein genetischer Defekt ist, und die zusätzlichen Finger oder Zehen werden meist nach der Geburt entfernt. Im Mittelalter brachte man einen sechsten Finger mit Zauberei und Hexenkunst in Verbindung. Gerüchte behaupten, Anne Boleyn, die Frau Heinrichs VIII. und Mutter von Elizabeth I., habe an jeder Hand sechs Finger gehabt. Angeblich trug sie immer lange Ärmel, um ihre „Hexenhände" zu verbergen. Ihre Feinde nannten sie dennoch „Anne, die Hexe".

Anne Boleyn
Nach uraltem Aberglauben bedeuten zusätzliche Finger Glück. Anne Boleyn wurde dennoch auf Befehl Heinrichs VIII. im Jahre 1536 enthauptet.

Fingerspitzen und Fingerglieder

Die Form der Fingerspitzen zeigt, wie Sie Ihre Interessen ausdrücken. Einen großen Teil dieser Informationen liefern die Fingerglieder. Jeder Finger besteht aus drei Gliedern, und Sie sollten jedes Glied nach besonderen Merkmalen absuchen – zum Beispiel ungewöhnliche Länge, Dicke oder Dünne –, die es von den anderen Gliedern unterscheiden. Die oberen, mittleren und unteren Glieder symbolisieren verschiedene Interessengebiete, und jede Auffälligkeit verrät großes oder geringes Interesse. Wenn Sie die Form jedes einzelnen Gliedes untersuchen, können Sie die allgemeinen Aspekte identifizieren und genau definieren, für die der betreffende Finger steht.

Die Form der Fingerspitzen

Es gibt nur sehr wenige Hände, deren Fingerspitzen die gleiche Form haben. Meist können wir an einer Hand mehrere verschiedene Formen sehen. Darum müssen wir jedes Fingerglied der Reihe nach prüfen und dabei die Aspekte, die der Finger symbolisiert, im Auge behalten. Jupiter symbolisiert das Ich, Saturn das Verantwortungsgefühl, Apollo Kunst und Kreativität und Merkur die Kommunikation. Die Fingerspitzen zeigen, wie diese Aspekte sich ausdrücken.

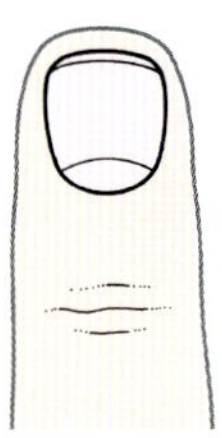

Quadratische Fingerspitzen

Sie denken sorgfältig und methodisch und sind praktisch veranlagt. Ihre Einstellung zum Leben ist rational. Was Ihnen an Kreativität fehlt, machen Sie durch Geschick und Know-How mehr als wett.

Spitze Fingerspitzen

Sie haben eine empfindsame und verletzliche Persönlichkeit. Es fehlt Ihnen nicht an küstlerischem Talent und starker Phantasie; aber Sie neigen zum Tagträumen. Viele Schriftsteller, Dichter und Theoretiker haben solche Finger.

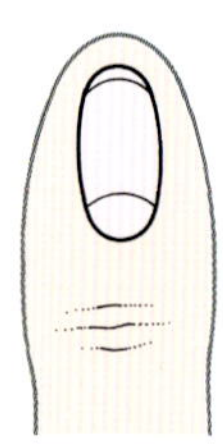

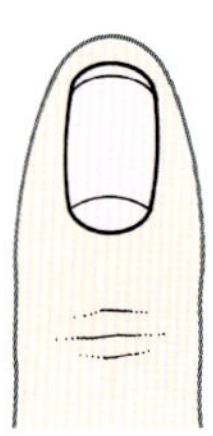

Kegelförmige Fingerspitzen

Kegelförmige Fingerspitzen symbolisieren Kreativität. Sie schätzen die Künste und sind flexibel. Am liebsten passen Sie sich den herrschenden Verhältnissen an; aber emotionale Sicherheit ist wichtig für Ihren Seelenfrieden.

Spachtelförmige Fingerspitzen

Diese Form ist ein Zeichen für Tatkraft, dynamisches Denken und Originalität. Sie haben Ideen, die Ihrer Zeit voraus sind. Wir treffen diese Form bei Erfindern, Forschern und Pionieren an.

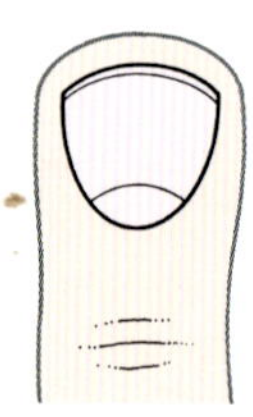

Tröpfchen

Wenn Sie Tröpfchen – kleine, runde Wölbungen, die Wassertropfen ähneln – an den Fingern entdecken, spielt der Tastsinn für Sie eine große Rolle. Sie befinden sich nicht unbedingt an allen Fingern; aber schon ein oder zwei Tröpfchen – man nennt sie auch „Hügel der Empfindsamkeit" – sind verräterisch.

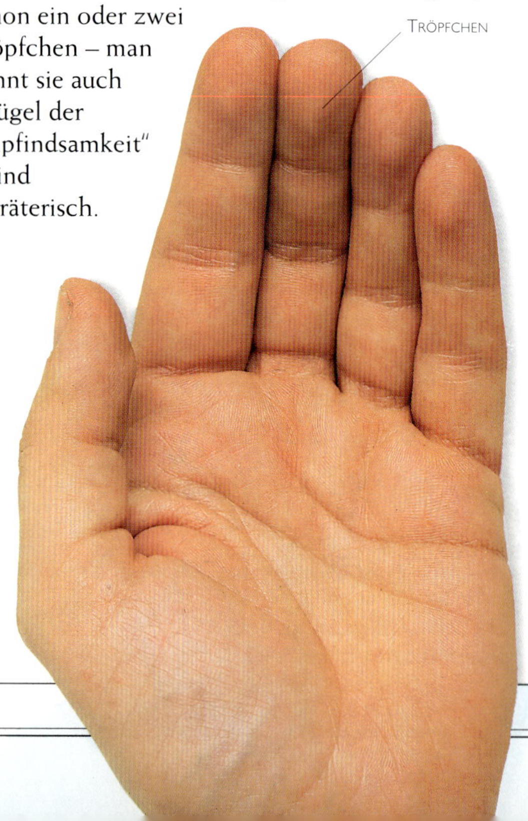

DIE FINGERGLIEDER

FORM und Entwicklung der Endglieder zeigen, wie Sie intellektuell auf die Merkmale reagieren, die jeder Finger symbolisiert. Wie Sie Ihre Talente nutzen, verrät die Form der Mittelglieder. Die Grundglieder enthüllen Ihre körperlichen und instinktiven Reaktionen.

JUPITER

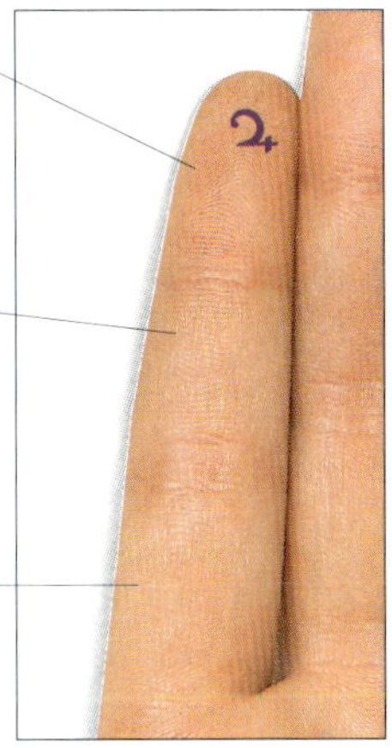

ENDGLIED
Sie achten auf sehr materialistische Züge, wenn dieser Teil kurz ist, besonders wenn er auch dick ist. Ein langes Endglied ist ein Zeichen für Scharfsinn.

MITTELGLIED
Wenn dieser Teil lang ist, deutet er auf hohe Leistungsfähigkeit hin. Hervorragende Manager besitzten dieses Merkmal. Kürze ist ein Hinweis auf fehlenden Ehrgeiz.

GRUNDGLIED
Ein kurzes Grundglied verrät Lässigkeit; Länge ist ein Indiz für autoritäres Gehabe. Pedanten und Genießer haben ein dünnes Grundglied.

SATURN

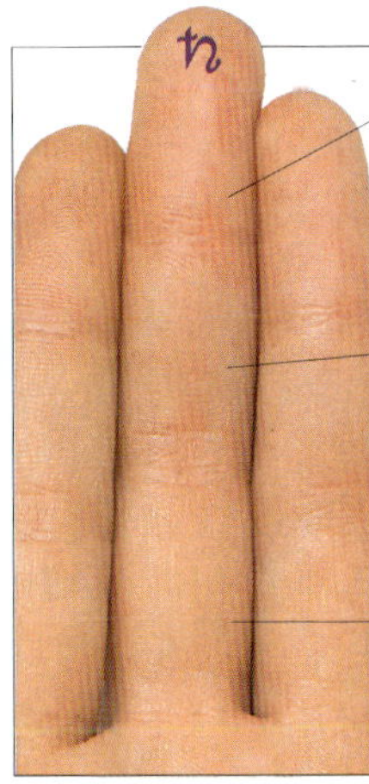

ENDGLIED
Ein langes Endglied ist ein Indiz für Ernsthaftigkeit und Neigung zum Forschen. Kürze steht für einen stabilisierenden Einfluß, Dünne für Skepsis.

MITTELGLIED
Kürze ist ein Zeichen für wissenschaftliche Neigungen. Länge kennzeichnet den guten Manager. Dicke weist auf einen „grünen Daumen" hin.

GRUNDGLIED
Ein langes Grundglied verrät Egozentrizität, ein kurzes spricht für „Pfennigfuchserei".

APOLLO

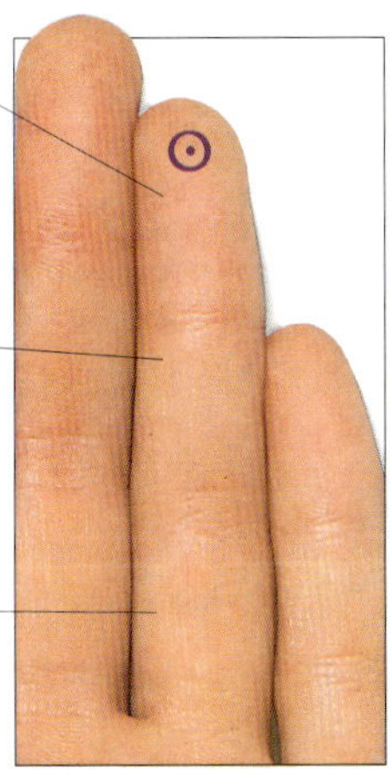

ENDGLIED
Ein langes Endglied verrät eine intellektuelle Wertschätzung der Kunst. Überlänge bedeutet Narzismus. Eine spachtelförmige Spitze spricht für schauspielerisches Talent.

MITTELGLIED
Ein langes, schlankes Mittelglied verrät künstlerische Begabung; ein kurzes, dünnes deutet auf mangelnden künstlerischen Verstand hin.

GRUNDGLIED
Ein sehr langes Grundglied steht für Gewinnsucht. Ein kurzes zeugt von mangelndem Geschmack.

MERKUR

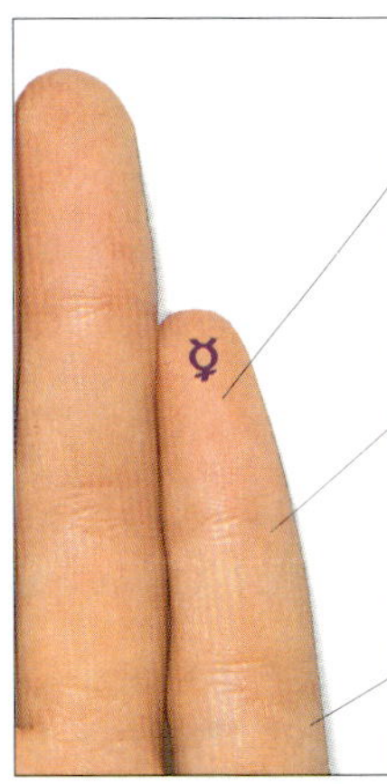

ENDGLIED
Ein langes Endglied verspricht hervorragende Ausdrucksfähigkeit und, wenn es spitz ist, Beredsamkeit. Ein kurzes Endglied ist ein Indiz für Denkfaulheit.

MITTELGLIED
Ein langes Mittelglied geht mit gutem Gespür in finanziellen Dingen einher. Wenn es kurz ist, verrät es wirres Denken. Dicke enthüllt mangelnde Gewissenhaftigkeit.

GRUNDGLIED
Ein kurzes Grundglied bedeutet Naivität, ein langes weist auf Selbsttäuschung hin. Dicke spricht für Phantasiemangel.

MERKMALE DER FINGERGLIEDER

IN der Regel müssen wir jedes Glied für sich beurteilen. Manchmal bilden die Glieder aber auch Gruppen. Lange Mittelglieder und volle Grundglieder sind besonders bedeutsam.

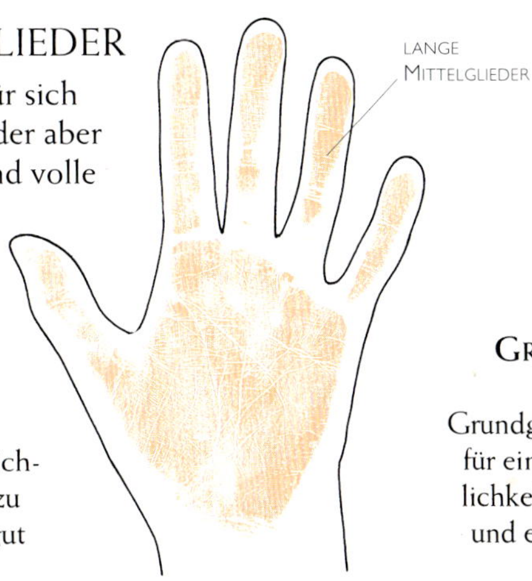

LANGE MITTELGLIEDER
Eine Hand mit besonders langen Mittelgliedern gehört einem umsichtigen, sparsamen Menschen, der zu Hause und im Beruf präzise und gut arbeitet.

VOLLE GRUNDGLIEDER

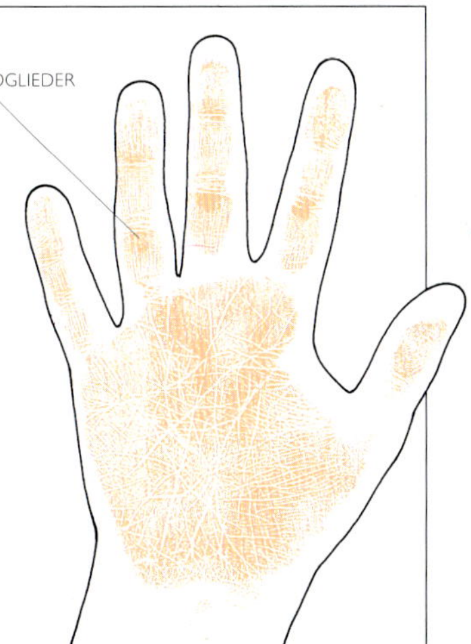

VOLLE GRUNDGLIEDER
Volle, runde Grundglieder sprechen für eine gewisse Sinnlichkeit, Maßlosigkeit und einen Hang zum guten Leben.

DER DAUMEN

DER Daumen ist ein technisches Wunder. Er steht den anderen Fingern gegenüber und ermöglicht es uns, mit bemerkenswertem Geschick Dinge zu ergreifen und damit zu hantieren. Ihm verdanken wir es, daß wir Träume verwirklichen und die Welt gestalten und beherrschen können. Es ist daher kein Wunder, daß der Daumen Willenskraft und Charakterstärke symbolisiert. Er verrät, wieviel Kraft und Initiative wir haben. Mehr noch: Er zeigt uns auch, wie wir unsere Initiative nutzen – logisch oder inutitiv, subtil oder aggressiv, hin und wieder oder ständig.

MERKMALE DES DAUMENS

DER Daumen besteht wie die anderen Finger aus drei Abschnitten. Das End- und das Mittelglied bilden den eigentlichen Daumen, das Grundglied ist als Teil des Venusberges in die Hand eingebettet. Sie können den Daumen als Ganzes oder jedes einzelne Glied beurteilen.

ENDGLIED
Das Endglied des Daumens symbolisiert Willenskraft, Entschlossenheit und Ausdauer. Je nach Länge, Form der Spitze und allgemeinem Bau verrät es, welche Kraft Sie antreibt und wieviel Energie Sie aufzuwenden bereit sind, um Ihre Pläne zu verwirklichen.

GRUNDGLIED
Die Form des Grundgliedes zeigt, wie Sie Ihre treibende Kraft einsetzen. Seine Form und sein Bau sind ein Maßstab für die Intelligenz und die Logik beim Handeln.

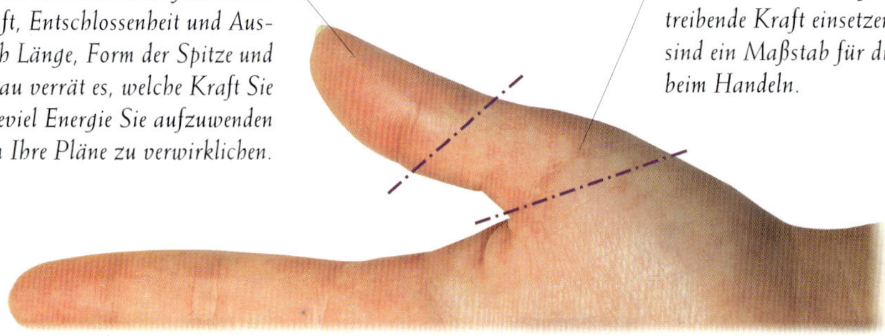

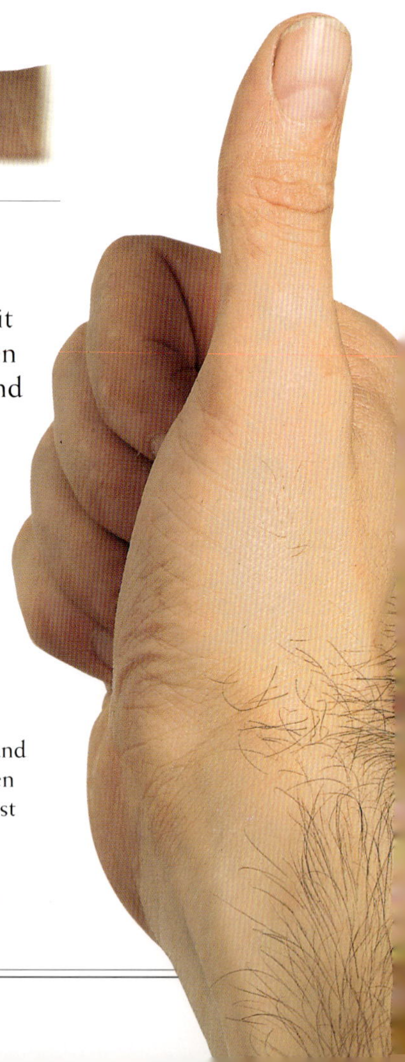

DAUMENFORMEN

AN der Form des Daumens erkennen Sie, welche Rolle Wille und Logik für Sie spielen. Die Spitze enthüllt, wie Sie beides ausdrücken. Eine quadratische Spitze macht den Daumen stumpf und symbolisiert Mangel an Subtilität im Umgang mit anderen. Ein wohlgeformter Daumen spricht für geistige Beweglichkeit und hervorragende Auffassungsgabe.

SPITZ
Je spitzer der Daumen ist, desto impulsiver sind Sie. Obwohl Sie empfindsam sind, neigen Sie dazu, mit den Gefühlen anderer zu spielen.

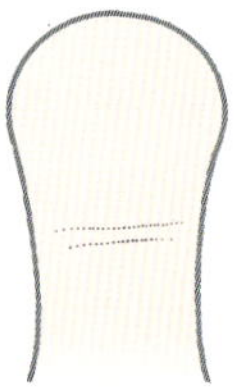

SPACHTELFÖRMIG
Sie lieben Abenteuer und Aufregung und können originell denken. Verwechseln Sie diese Form nicht mit der knolligen Daumenspitze (*siehe Seite 41*).

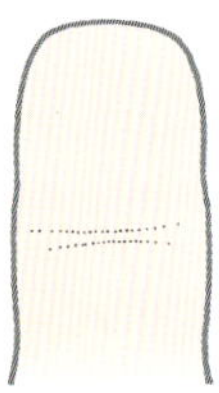

QUADRATISCH
Sie sind praktisch und logisch veranlagt und halten sich an Gesetze und Regeln. Ausgeglichenheit ist Ihr Kennzeichen, und Sie schätzen Fairness und Ehrlichkeit.

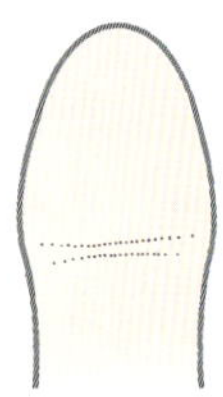

KEGELFÖRMIG
Diese Form verrät Wortgewandtheit und einen schöpferischen Geist. Das Äußere ist Ihnen wichtig, und Sie möchten auf andere einen guten Eindruck machen.

Die Dicke der Fingerglieder

Die Dicke des Daumens liefert weitere Erkenntnisse über die Persönlichkeit, sowohl die des ganzen Fingers als auch die der einzelnen Glieder. Im wesentlichen beschreibt die Dicke des Daumens, wie Sie mit anderen umgehen – höflich oder schroff, aufdringlich oder beredsam, nervös oder entspannt. Bevor Sie die Fingerglieder untersuchen, müssen Sie den Daumen mit dem Rest der Hand vergleichen. Beide sollten ein harmonisches Bild abgeben. Ist der Daumen im Vergleich zur Handfläche sehr groß, neigen Sie zu Dominanz und Aggressivität. Ist er klein, schwach oder dünn, fehlt Ihnen die Dynamik.

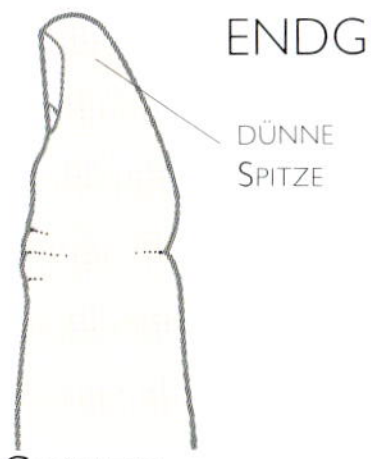

DÜNNE SPITZE
Von der Seite sieht dieses Fingerglied „abgehobelt" aus. Sie schätzen Geselligkeit und sind ein guter Psychologe.

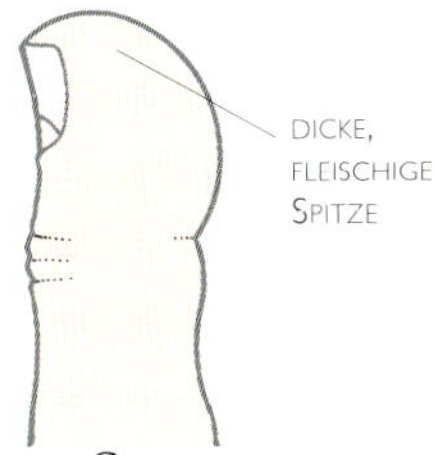

KNOLLIGE SPITZE
Ein dicker Daumen mit Knollenspitze verrät Penetranz und Aggressivität. Sein Besitzer neigt zu Starrsinn und Unvernunft.

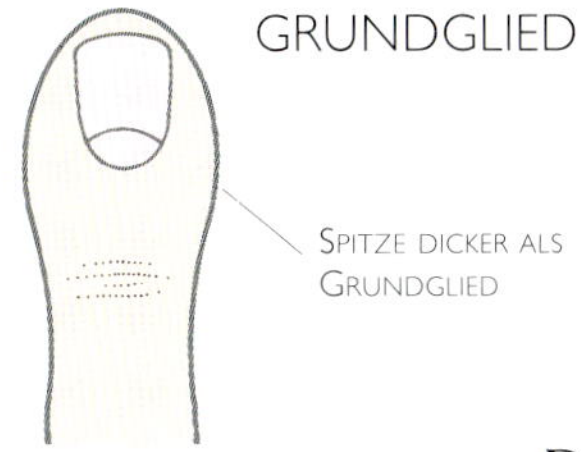

GRUNDGLIED
Dünne Grundglieder sind ein Zeichen für Subtilität. Wenn das Grundglied sich verjüngt, sprechen wir von einem „taillierten Daumen". Sie sind freundlich, taktvoll und diplomatisch.

DICKES GRUNDGLIED
Ihnen fehlt Taktgefühl, und manchmal sind Sie im Umgang mit anderen gefühllos und unklug.

Die Länge der Fingerglieder

Das Endglied des Daumens symbolisiert die Willenskraft, das Grundglied logisches Denken. Darum ist es am besten, wenn beide Glieder gleich lang sind – dann hält der Verstand die Entschlossenheit im Zaum, und die Willenskraft ermöglicht es Ihnen, Pläne zu verwirklichen. Meist ist jedoch ein Glied länger als das andere.

KURZES ENDGLIED, LANGES GRUNDGLIED
Diese Kombination bringt viele Pläne und gute Vorsätze hervor; doch die Begeisterung erlischt oft, ehe die Ideen reifen können. Der Geist ist willig, aber das Fleisch ist schwach!

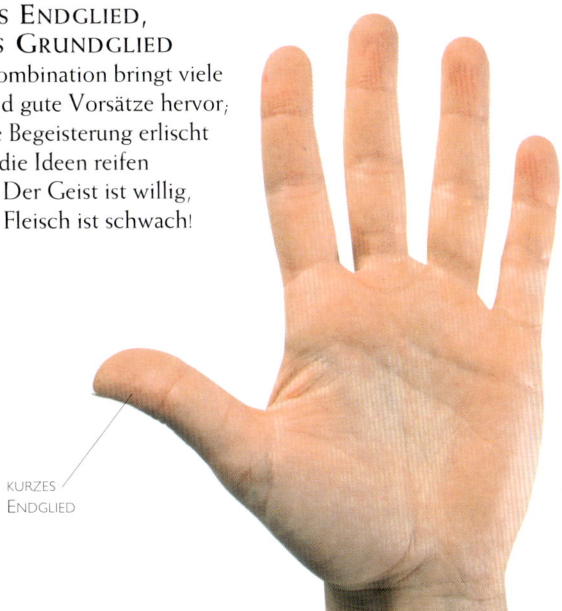

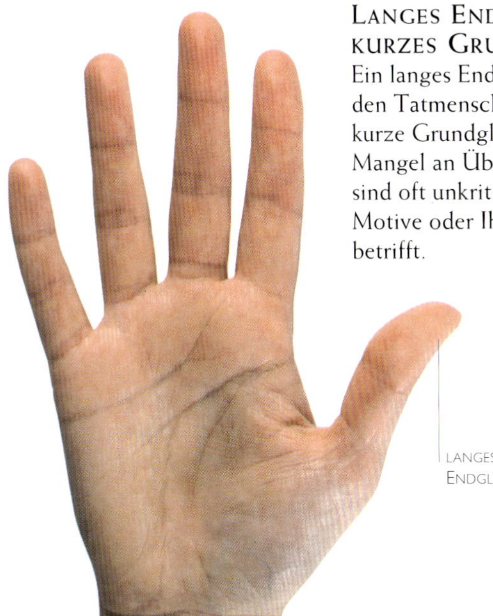

LANGES ENDGLIED, KURZES GRUNDGLIED
Ein langes Endglied verrät den Tatmenschen; aber das kurze Grundglied zeigt Mangel an Überlegung. Sie sind oft unkritisch, was Ihre Motive oder Ihre Aufgaben betrifft.

Die Position des Daumens

Wenn Charakter und Talente ausgewogen sein sollen, muß der Daumen mit dem Rest der Hand harmonieren. Wir vergleichen den Daumen mit der Hand, um seine Stärke oder Schwäche festzustellen. Erscheint er dominant, gilt er als stark, und je mehr er die Handfläche und die anderen Finger übertrumpft, desto stärker ist er. Ein Daumen, der im Vergleich zum Rest der Hand schmächtig aussieht, gilt als schwach. Starke Daumen bringen etwas zustande, selbst wenn die Hand kaum Talente aufzeigt. Schwache Daumen bedeuten vergeudetes Talent. Die Position des Daumens verrät, ob Sie introvertiert oder extravertiert sind; die Art, wie Sie ihn halten, zeigt, wie Sie mit anderen umgehen.

Daumengestik

Daumengestik ist auf der ganzen Welt ein Teil der Körpersprache – vom Daumenlutschen bis zum erhobenen Daumen.

Wenn Daumen und Zeigefinger ein O bilden, bedeutet dies in manchen Ländern „okay" oder „perfekt!". Der erhobene Daumen hat eine ähnliche Bedeutung. Abweisend gemeint ist es unter anderem, wenn jemand mit dem Daumen jäh über die Schultern nach hinten zeigt.

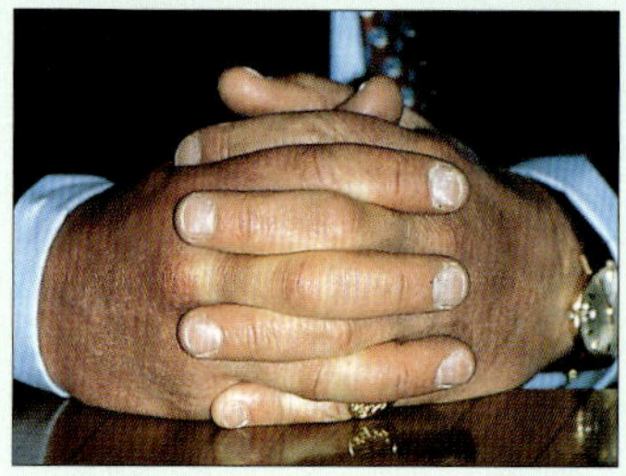

Gekreuzte Daumen
Wer die Hände so verschränkt, daß die Daumen sich kreuzen, macht sich selbst Mut. Wenn Finger und Daumen einen Kirchturm bilden, verraten sie Selbstvertrauen.

Die Lage der Daumenwurzel

Eine hoch oder tief ansetzende Daumenwurzel unterscheidet Geistesmenschen von Tatmenschen. Ein Daumen mit tiefer Wurzel steht oft von der Handfläche ab und bildet einen breiten Winkel. Wenn die Wurzel hoch steht, befindet der Daumen sich meist nahe an der Handfläche und bildet mit ihr einen kleinen Winkel.

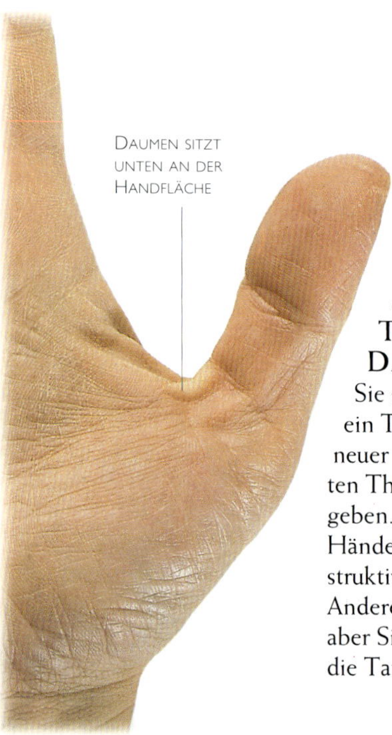

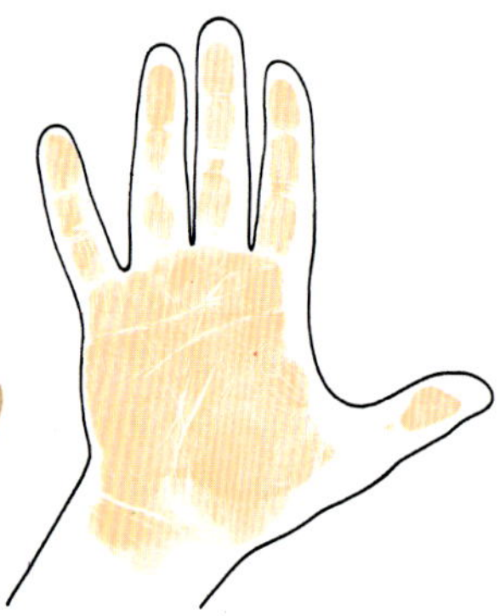

Tiefsitzender Daumen
Sie sind praktisch begabt, eher ein Techniker als ein Schöpfer neuer Ideen. Sie können abstrakten Theorien eine konkrete Form geben. Sie sind geschickt mit den Händen und auf praktische, konstruktive Weise schöpferisch. Andere mögen die Ideen haben; aber Sie sind derjenige, der sie in die Tat umsetzt.

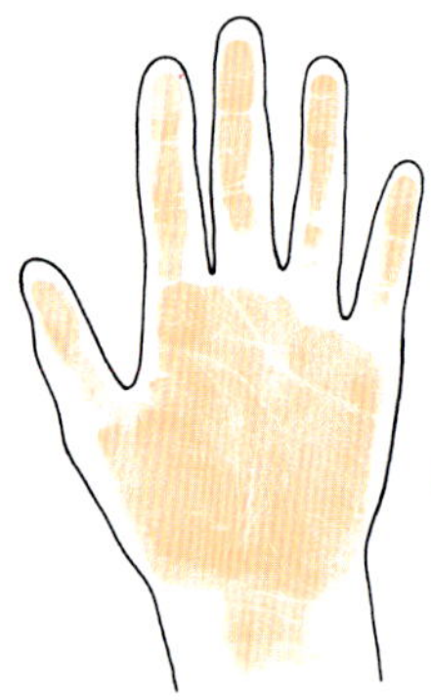

Hochsitzender Daumen
Sie sind intellektuell kreativ und denken originell. Sie sind ein erfinderischer Problemlöser, gut im lateralen Denken und am glücklichsten im Reich des Intellekts. Es macht Ihnen große Freude, Ideen zu entwickeln und neue Lösungen für alte Probleme zu finden. Ein hochsitzender Daumen ist ein Plus für alle, die im Bereich der Kommunikation arbeiten.

DIE ÖFFNUNGSWINKEL

DER Winkel, den der Daumen bildet, wenn er sich von der Handfläche löst, verrät, wie Sie mit anderen umgehen. Ist der Winkel spitz, erscheint die Hand geschlossen: Sie sind zurückhaltend. Ein breiter Winkel deutet auf eine freundliche, aufgeschlossene Persönlichkeit hin.

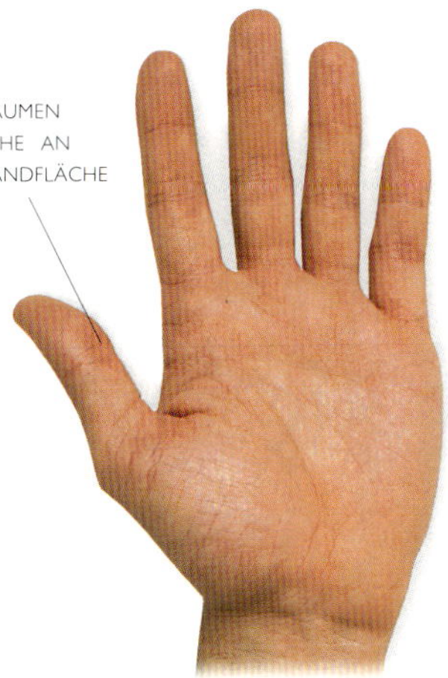

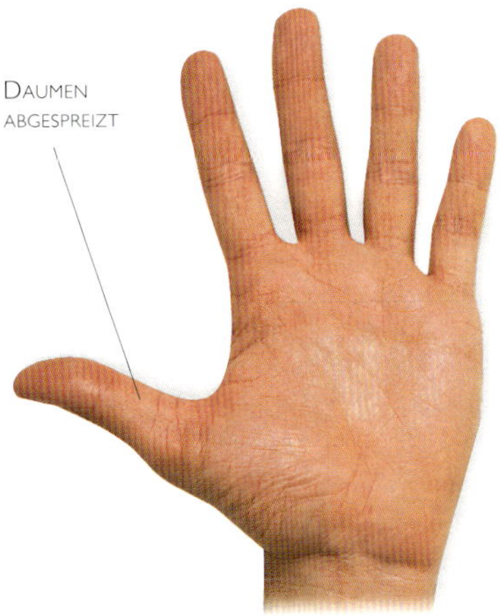

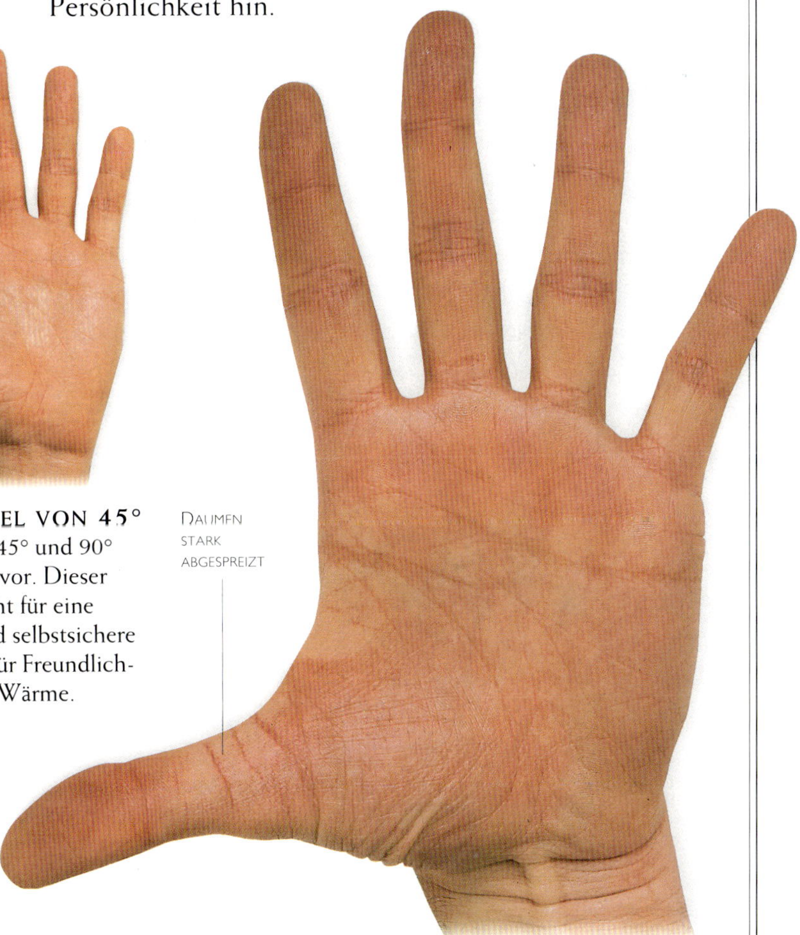

DAUMEN ENG ANLIEGEND

Wenn der Daumen mit der Handfläche einen spitzen Winkel bildet, ist dies ein Indiz für eine gehemmte, vorsichtige, zurückhaltende, vielleicht auch für eine engstirnige Natur. Entschlossenheit und Ausdauer sind groß. Eine blasse, magere Handfläche verrät Egoismus.

DAUMEN IM WINKEL VON 45°

Ein Winkel zwischen 45° und 90° kommt am häufigsten vor. Dieser normale Winkel spricht für eine entspannte, offene und selbstsichere Persönlichkeit sowie für Freundlichkeit und menschliche Wärme.

DAUMEN IM WINKEL VON 90°

Orientalische Handleser behaupten, bei einer ausgewogenen Persönlichkeit stehe der Daumen in einem Winkel von 90° ab. Ist der Winkel größer, wird die Extraversion ausgeprägter und geht mit einem Mangel an Selbstbeherrschung einher. Konzentrationsmangel führt dazu, daß Energie vergeudet wird.

DIE FLEXIBILITÄT DES DAUMENS

DIE Flexibilität des Daumens beurteilen wir nach dem „Spiel" des oberen Gelenks. Wenn die Spitze des Daumens sich nicht biegen läßt, gilt der Finger als steif. Biegt das Endglied sich am Gelenk nach hinten, nennen wir den Daumen flexibel.

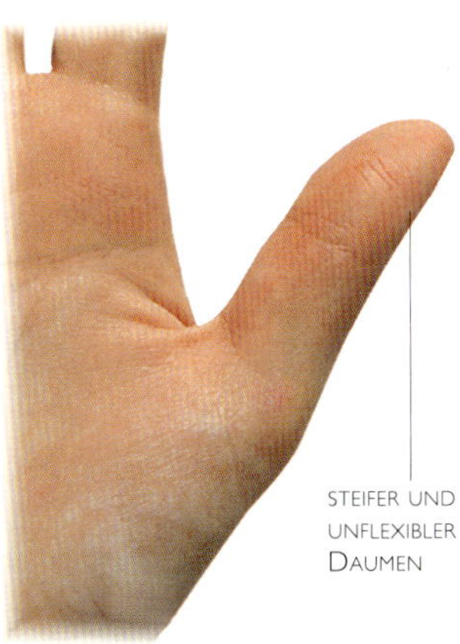

DER STEIFE DAUMEN

Ein steifer Daumen ist typisch für eine starre Haltung und Unnachgiebigkeit. Menschen mit diesem Merkmal sind sowohl widerstandsfähig als auch hartnäckig. Sie können sich gut konzentrieren und widmen sich einer Aufgabe mit eisernem Willen, bis sie ihr Ziel erreichen. Sie sind stur, entschlossen und sehr oft rechthaberisch, außerdem zurückhaltend und doch überzeugend.

DER FLEXIBLE DAUMEN

Ein flexibler Daumen symbolisiert einen anpassungsfähigen Menschen, der gerne mit dem Strom schwimmt. Wenn Sie einen solchen Daumen haben, sind Sie intellektuell aufgeschlossen und schöpferisch begabt; Sie sind bereit, verschiedene Ideen zu prüfen, und übernehmen oft zuviel Verantwortung. Sie sind leicht zufriedenzustellen, lassen sich aber auch leicht ablenken.

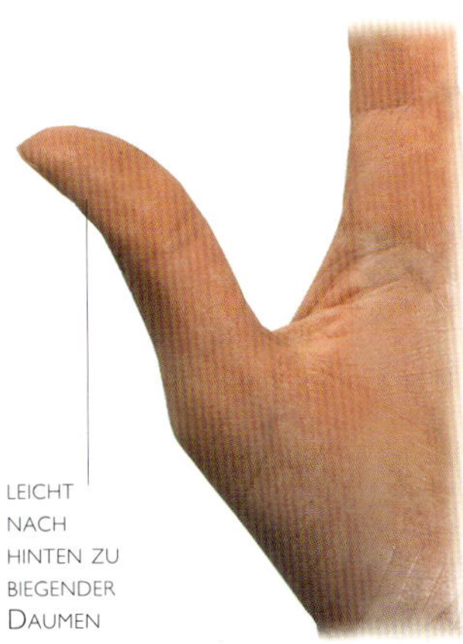

Die Fingernägel

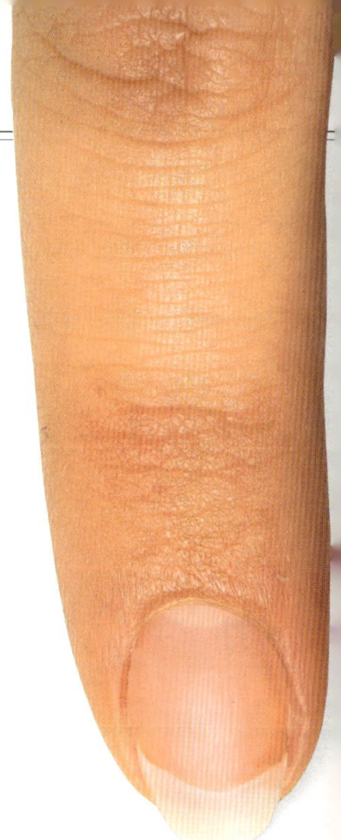

Die Fingernägel verraten viel mehr über uns, als wir ahnen. Abgebissene Nägel weisen beispielsweise auf Nervosität oder Angst hin. Braune Flecken auf dem Jupiter- und Saturnfinger entlarven den Raucher. Aber die Nägel sind nicht nur „Petzer", was unser Verhalten und unsere Lebensweise betrifft. Form, Bau und Farbe der Nägel beschreiben unseren Charakter und unser Temperament. Die Nägel registrieren zudem jedes wichtige Ereignis, und weil sie ständig wachsen, zeigen sie auch, wann das Ereignis sich zugetragen hat. Außerdem erhalten wir von den Fingernägeln nützliche Hinweise auf unsere Gesundheit. Das hat schon Hippokrates 400 v. Chr. erkannt, der lehrte, daß die Nägel den inneren Zustand des Körpers widerspiegeln.

Die Merkmale der Fingernägel

Fingernägel gibt es in vielen verschiedenen Formen und Größen. Im Idealfall sind sie glatt, glänzend und elastisch und haben je nach Rasse eine rosa oder beige Farbe und einen milchigweißen Mond. Bei der Beurteilung kommt es nur auf den farbigen Teil der Nägel an, da die weiße Spitze nicht mehr lebt.

Nagelformen

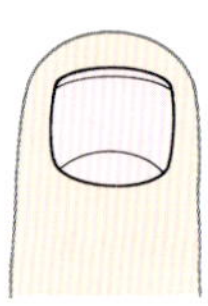

Quadratisch
Ein Indiz für Lässigkeit und ein ruhiges Temperament. Je länger der Nagel ist, desto ausgewogener sind Sie. Ein kleiner Nagel deutet auf Zynismus hin.

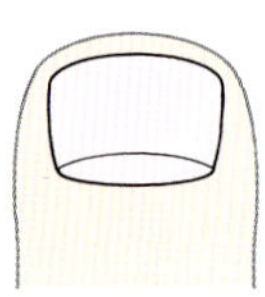

Breit
Rechteckige Nägel finden wir fast nur an den Daumen. Sie lassen auf einen starken Charakter schließen, aber auch auf ein hitziges Temperament, das leicht ausbricht.

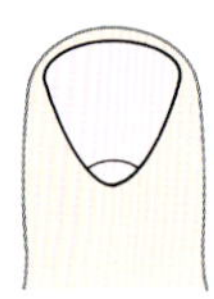

Fächerförmig
Ein fächer- oder muschelförmiger Nagel läßt auf Nervosität schließen. Wenn Sie längere Zeit unter Streß stehen, kann es sein, daß die Nägel diese Form annehmen.

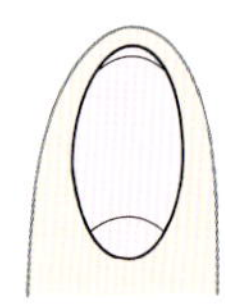

Mandelförmig
Sanfte, freundliche Menschen haben mandelförmige Nägel. Sie sind oft kreativ und neigen zum Tagträumen. Mitunter mangelt es ihnen an körperlicher und seelischer Robustheit.

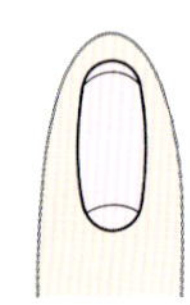

Schmal
Der kleine Finger hat meist einen schmalen Nagel. Wenn alle Fingernägel schmal wie Klauen sind, verraten sie seelische Kälte und eine Neigung zum Egoismus.

Der Wuchs der Nägel

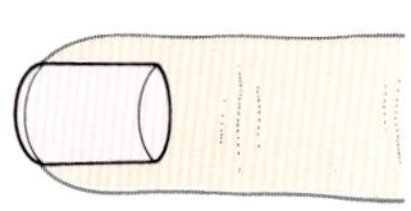

Senkrechte Rillen
Senkrechte Rillen in der Nagelsubstanz machen die Oberfläche wellig. Sie deuten an, daß Sie eine Neigung zu Hautkrankheiten oder Rheuma haben.

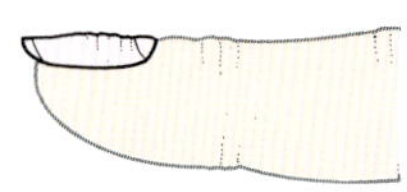

Waagrechte Rillen
Waagrechte Rillen können die Folge eines Nährstoffmangels sein. Einzelne Rillen lassen auf „Schnelldiät", Krankheit oder einen Schock schließen.

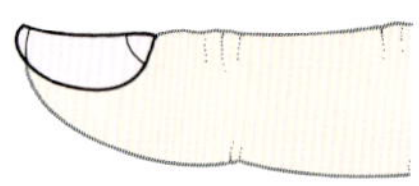

Konkav
Konkave Nägel sind auf ein chemisches Ungleichgewicht zurückzuführen. Die Ursache sind Nährstoffmängel, die zu Krankheiten führen können.

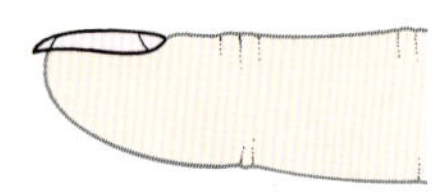

Hakenförmig
Ein Nagel, der nach unten über die Fingerspitze wächst, verrät Habgier. In körperlicher Hinsicht ist er ein Indiz für Atemwegsprobleme.

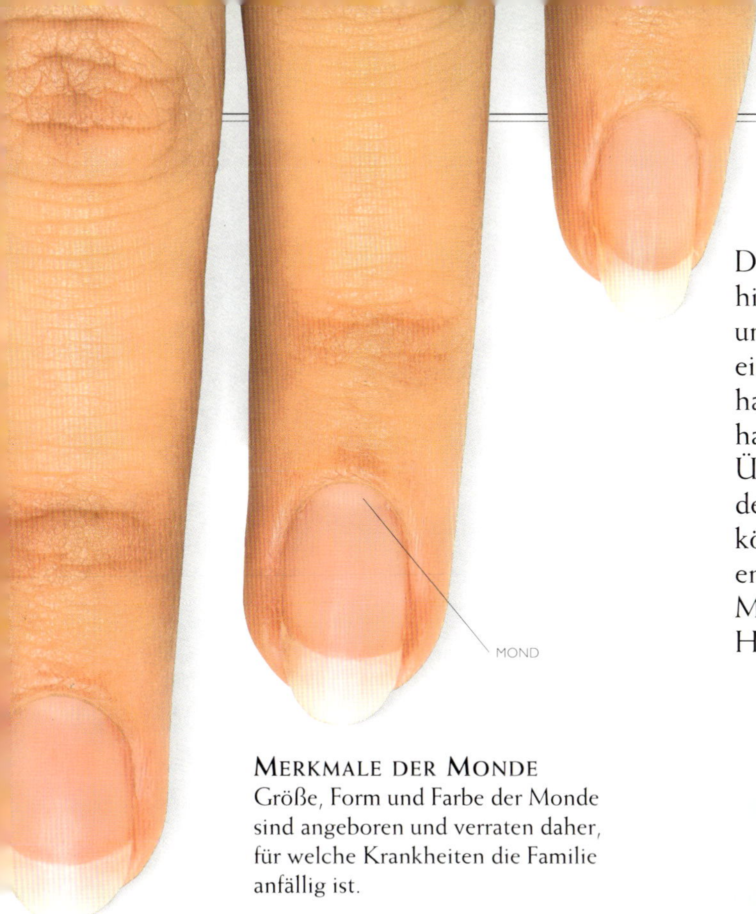

Merkmale der Monde
Größe, Form und Farbe der Monde sind angeboren und verraten daher, für welche Krankheiten die Familie anfällig ist.

Die Monde

Der Nagel wächst unterhalb der Fingeroberfläche hinter der Nagelhaut. Das halbkreisförmige Möndchen unten am Nagel ist Teil der wachsenden Wurzel und hat eine milchigweiße Farbe. Selbst wenn Sie wenig Monde haben, sind sie wahrscheinlich an den Daumen vorhanden. Übergroße Monde sind ein Zeichen für eine Überfunktion, fehlende Monde für eine Unterfunktion der Schilddrüse. Mondlose Nägel deuten meist auf körperliche Schwäche hin. Schlecht geformte Monde enthüllen eine Neigung zu Herzkrankheiten. Bläuliche Monde sind ein Indiz für Störungen der Atemwege und Herz- oder Gefäßkrankheiten.

Die Farbe der Fingernägel

Fingernägel sollten gleichmäßig gefärbt und heller als die umgebende Haut auf dem Handrücken sein. Bei Europäern erscheint das Nagelbett durch die Keratinschicht rosa, bei Afrikanern ist es hellbeige. Gelbe, braune oder blaue Verfärbungen sind diagnostische Hinweise auf die Gesundheit. Weiße Flecken sind oft ein Zeichen für Ernährungsfehler.

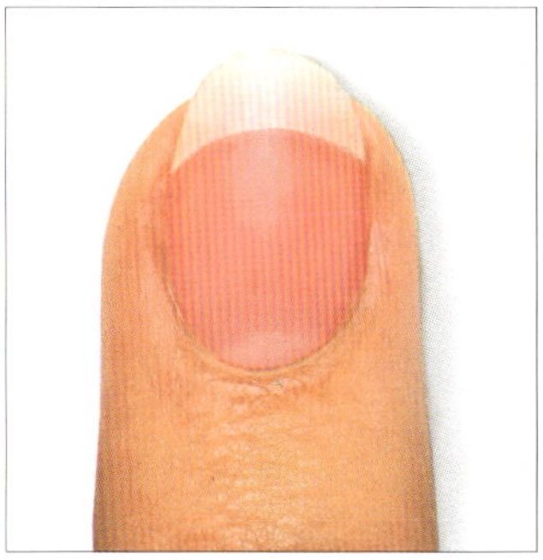

Rote Fingernägel
Rote Nägel lassen auf schlechte Durchblutung schließen. Ein rot gefärbtes Nagelbett ist zudem ein Indiz für ein cholerisches Temperament und Ungeduld.

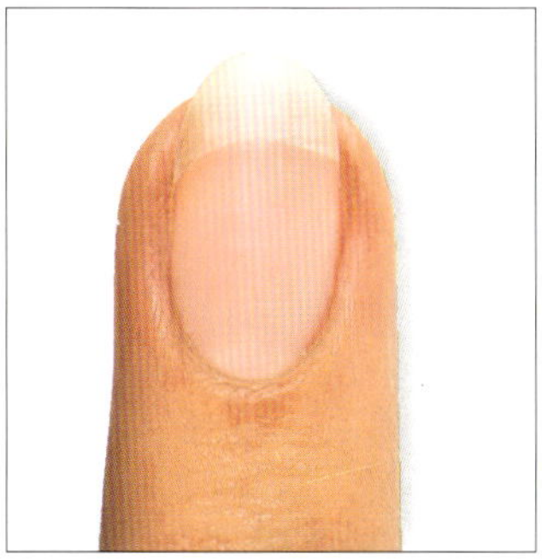

Blasse Fingernägel
Sind die Nägel deutlich heller als die umgebende Haut, so kann Eisenmangel die Ursache sein. Eine sehr blasse, weiße oder gräuliche Farbe ist oft ein Zeichen für Egoismus.

Die längsten Nägel der Welt

Sehr lange Fingernägel wurden einst mit Reichtum und hohem Rang assoziiert – denn sie zeigten, dass der Besitzer nicht mit der Hand arbeitete.

Der Inder Shridhar Chillal läßt seine Fingernägel seit über 40 Jahren wachsen und ist heute stolzer Besitzer der längsten Nägel der Welt. Der kürzeste Nagel – am linken Zeigefinger – ist nur 102 cm lang, der längste – am Daumen – mißt 132 cm. Shrindar wurde 1937 geboren und schnitt seine Nägel zuletzt 1952. Mit dem Schneiden der Nägel ist eine Menge Aberglauben verbunden. Angeblich soll man die Nägel nicht am Freitag oder Samstag schneiden, weil das Unglück bringt, und das Schneiden am Sonntag soll besonders gefährlich sein.

Rekordhalter
Shridhar Chillal besitzt die längsten Nägel der Welt.

FINGERABDRÜCKE

DR. Jan Purkinje, ein tschechischer Physiker, wies 1823 zum erstenmal Muster auf der Haut nach. Er bemerkte, daß die Haut des Handtellers Rillen und Furchen aufweist, die Muster bilden. Jeder Fingerabdruck ist einzigartig, und selbst die Abdrücke der linken Hand stimmen nicht mit denen der rechten überein. Im Gegensatz zu den Linien der Hand verändern sich die Muster auf den Fingern nie. Wenn wir die Haut verbrennen, abreißen oder abschürfen, kehren die alten Muster zurück, sobald der Finger geheilt ist.

DIE MUSTER AUF DEN FINGERN

FINGERABDRÜCKE teilt man in drei Haupttypen ein: Schleife, Wirbel und Bogen nebst Varianten. Jeder Typ gibt Hinweise auf die Persönlichkeit. Zählen Sie die Muster an Ihren Fingern. Der vorherrschende Typ zeigt, welches Ihre besonderen Stärken sind.

ELLENSCHLEIFEN
Die Ellenschleifen, das häufigste Muster, kommen aus der Richtung der äußeren Handkante und zeigen zum Daumen. Sie verraten Anpassungsfähigkeit und viele Interessen.

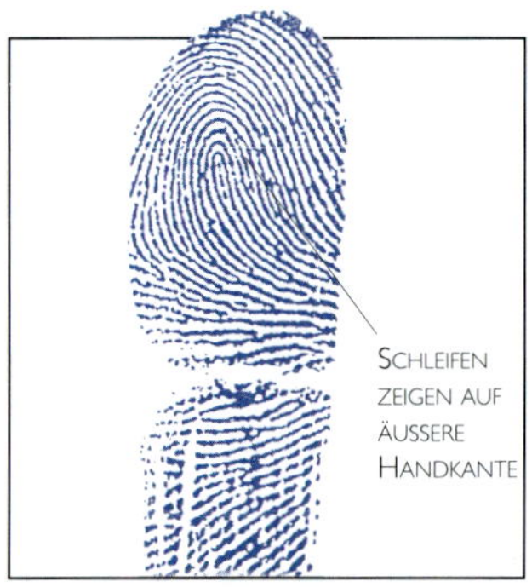

STRAHLIGE STREIFEN
Diese Schleifen sind recht ungewöhnlich. Sie kommen aus der Richtung des Daumes und zeigen zur äußeren Handkante. Der Träger ist flexibel, aufgeschlossen und selbstbewußt.

KONZENTRISCHE WIRBEL
Wirbel an allen Fingern sind selten, am Daumen, Zeige- und Ringfinger häufiger. Das Muster weist auf einen unflexiblen, aber verantwortungsbewußten Menschen hin.

SPIRALWIRBEL
Spiralwirbel sind weniger ausgeprägt als konzentrische; aber auch sie sind ein Indiz für feste Einstellungen und Überzeugungen. Der Träger arbeitet am liebsten allein.

BÖGEN
Bögen findet man selten am kleinen Finger. Sie sind ein Zeichen für praktische Begabung. Der Träger ist solide, arbeitet hart und hat eine materialistische Einstellung.

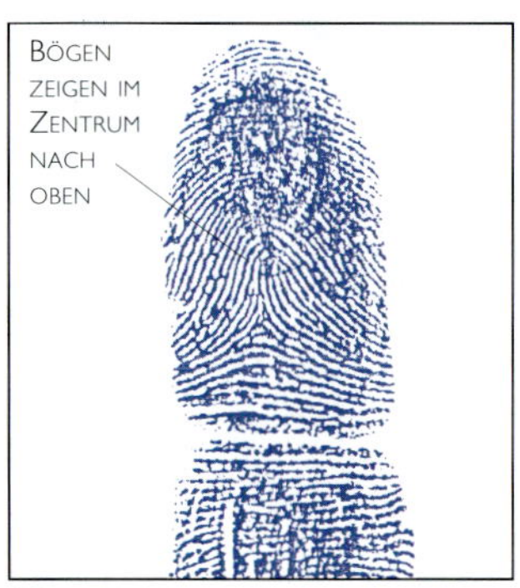

ZELTBÖGEN
Ein seltenes Muster, das nach dem „Zeltstab" im Zentrum benannt ist. Der Träger hat die Eigenschaften der einfachen Bögen, ist aber impulsiver.

DOPPELSCHLEIFEN
Zwei Schleifen ziehen in entgegengesetzte Richtungen. Der Träger ist gesellig und kann Probleme richtig einschätzen, ist aber unentschlossen.

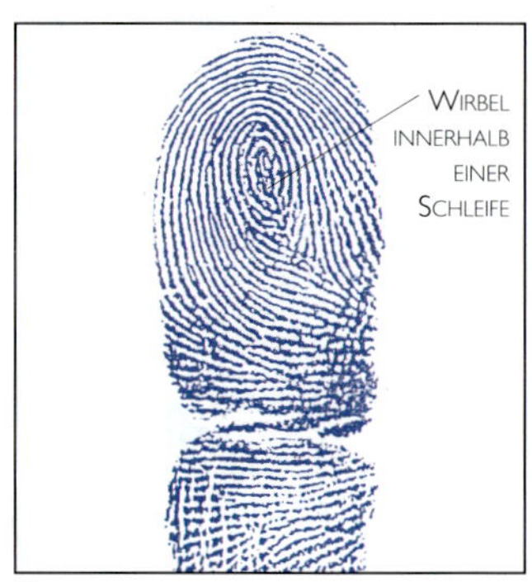

PFAUENAUGE
Eine Schleife umschließt einen winzigen Wirbel. Dieses seltene Muster findet sich meist auf dem Ringfinger oder dem kleinen Finger. Es ist ein Glücks- und Schutzzeichen.

MERKMALE DER MUSTER

DIE Muster, die Sie besitzen, und ihre Lage auf den Fingerspitzen verraten Ihre Einstellung zum Leben. Manche Menschen haben das gleiche Muster auf jedem Finger. Es ist wichtig, ein Muster zusammen mit dem dazugehörigen Finger zu analysieren.

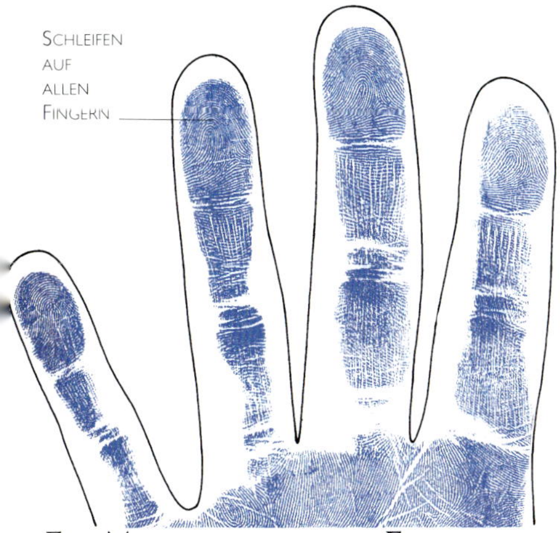

EIN MUSTER AUF ALLEN FINGERN
Wenn alle Finger das gleiche Muster aufweisen, sind die Merkmale, die das Muster symbolisiert, sehr ausgeprägt. Zehn Schleifen deuten z. B. auf Flexibilität, zehn Bögen auf praktisches Talent hin.

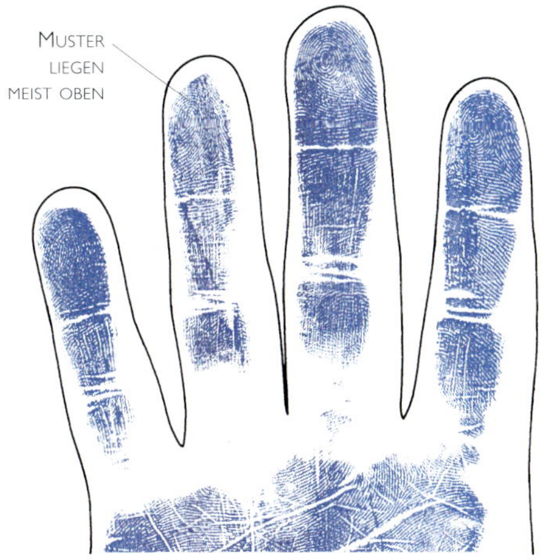

LAGE DES MUSTERS
Normalerweise befindet sich das Zentrum des Musters etwa im Zentrum des Endgliedes. Liegt es höher, steht es für intellektuelle Energie. Liegt es tiefer, wird die Energie praktisch genutzt.

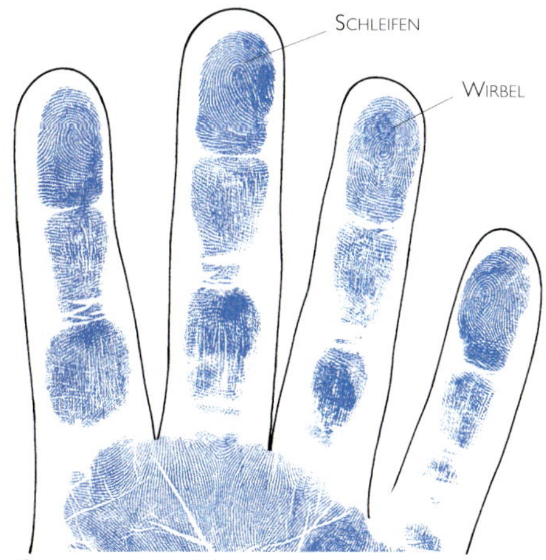

GEMISCHTE MUSTER
Beurteilen Sie jedes Muster nach dem Einfluß des Fingers. Am Daumen: Willenskraft; am Zeigefinger: Ehrgeiz; am Mittelfinger: Sicherheit; am Ringfinger: Erfüllung; am kleinen Finger: Kommunikation.

FINGERABDRÜCKE

DIE Rillen der Haut sind von winzigen Poren unterbrochen, durch die die Haut atmet. Wenn wir etwas berühren, lassen wir winzige Schweißperlen zurück, die aus den Poren kommen. Das Ergebnis ist ein Rillenmuster.

VERRÄTERISCHE ZEICHEN
Die Fingerabdrücke, die wir auf Objekten zurücklassen – selbst mit den trockensten Händen –, sind „latent".

Fingerabdrücke und Polizei

SEITDEM DIE BRITISCHE POLIZEI 1901 FINGERABDRÜCKE ALS VERLÄSSLICHE SCHLÜSSEL ZUR IDENTIFIZIERUNG ANERKANNT HAT, HABEN SIE DIE ARBEIT DER POLIZEI AUF DER GANZEN WELT REVOLUTIONIERT.

AM 13. September 1902 wurde Henry Jackson als Mittäter eines Einbruchs zu sieben Jahren Gefängnis verurteilt. Das Urteil stützte sich zum erstenmal auf Daumenabdrücke, die ein Polizist am Tatort gefunden hatte. Seither hat die Technik der Identifizierung von Kriminellen gewaltige Fortschritte gemacht. Doch trotz der eingesetzten Computer und Laser müssen immer noch Menschen stundenlang Fingerabdrücke in Polizeiakten suchen und zuordnen.

POLIZEIAKTEN
Neue Technologien haben bei der Polizei die Identifizierung von Fingerabdrücken revolutioniert. Computer wurden seit den 1970er Jahren zur Archivierung benutzt. Bei der letzten Zählung speicherte der Computer von New Scotland Yard in London fast 5 Millionen Fingerabdrücke, während der Computer des FBI in den USA mehr als 70 Millionen enthielt.

Rillen und ihre Muster

Obwohl die meisten Menschen sich der Muster auf den Fingerspitzen bewußt sind, denken nicht alle daran, daß sie ähnliche Muster auch auf den Handflächen besitzen. Der gesamte Handteller ist mit einer Haut bedeckt, deren Rillen und Furchen bisweilen parallel verlaufen, bisweilen Schleifen und Wirbel bilden wie auf den Fingerspitzen. Diese Muster sind genetisch festgelegt und entstehen etwa im dritten Schwangerschaftsmonat. Sie sind nützliche Hinweise auf Merkmale unserer Persönlichkeit.

Arten von Rillenmustern

Die häufigsten Muster auf der Handfläche sind Schleifen. Wirbel sind seltener. An manchen Händen erscheinen mehrere Muster, an anderen keine. Am häufigsten befinden sich Muster oben auf der Handfläche, wo sie im Häutchen zwischen den Fingerwurzeln entspringen. Manchmal sieht man sie auch auf dem Venus- oder Mondberg (*siehe Seite 49*). Hände ohne Muster haben ein „offenes Feld".

Rillen und Furchen

Die Hautmuster der Hand nennt man auch Dermatoglyphen. Der Ausdruck ist von den griechischen Worten *derma* (Haut) und *glyph* (Einkerbung) abgeleitet und beschreibt die Reihen von Rillen und Furchen, die in die Haut gekerbt zu sein scheinen.

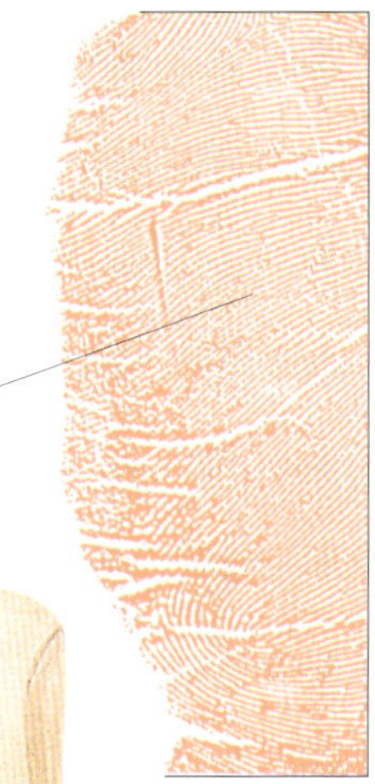

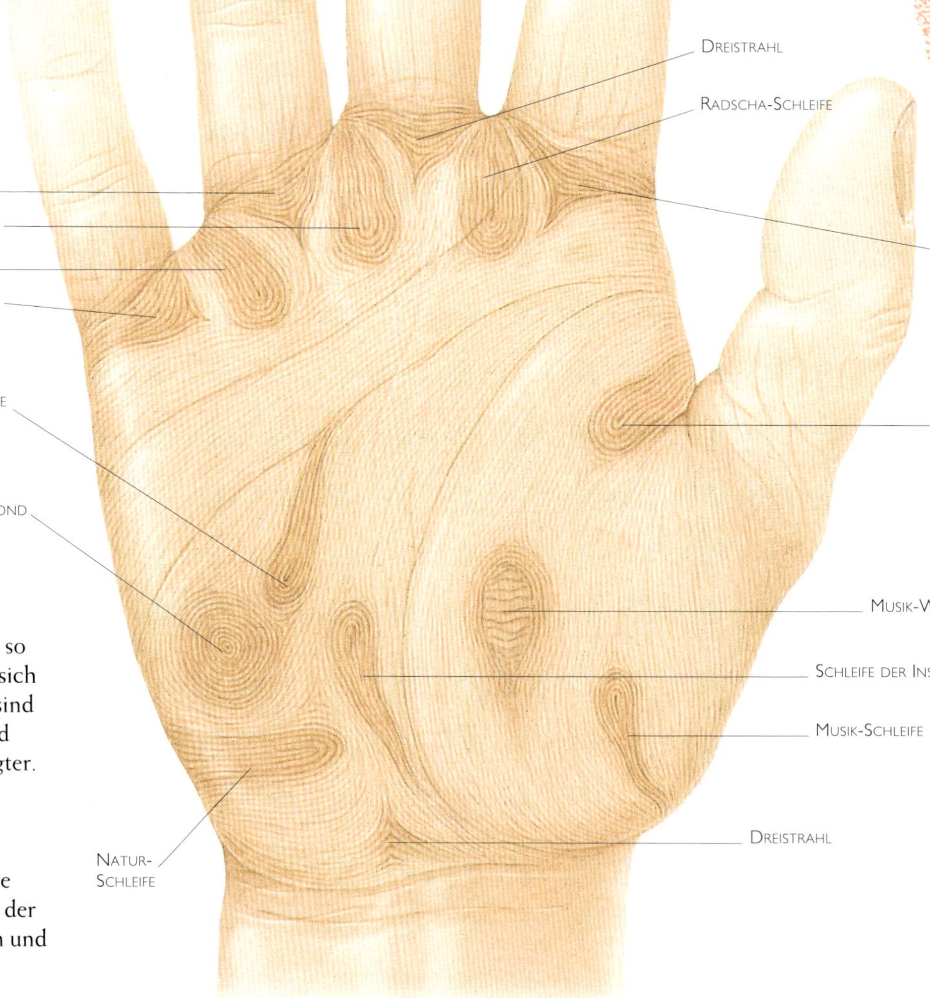

Die Textur der Handfläche

Manchmal sind die Rillen so fein, daß die Handfläche sich samtig anfühlt. Mitunter sind sie gröber und breiter, und die Muster sind ausgeprägter. Feine Rillen weisen auf Feinfühligkeit und guten Geschmack hin. Gröbere Rillen verraten körperliche und seelische Robustheit; der Träger ist aktiv, energisch und optimistisch.

Dreistrahle

Wenn mehrere Rillen zusammenfließen, bilden sie ein Dreiecksmuster, das man Dreistrahl nennt. Sie gelten als Brennpunkte der Energie.

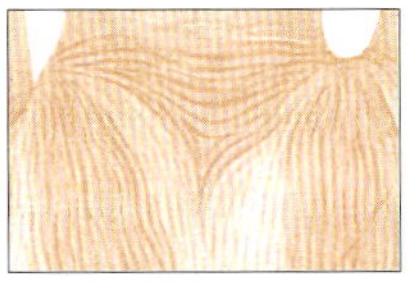

So finden Sie Dreistrahle

Wir besitzen mehrere Dreistrahle auf den Händen. Am deutlichsten sind sie meist oben auf der Handfläche an den Fingerwurzeln.

Schleifen

Sie können überall auf der Handfläche erscheinen. Am häufigsten beginnen sie auf dem Häutchen zwischen den Fingern oder auf Bergen.

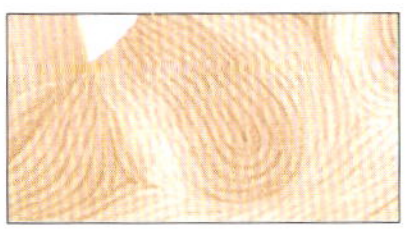

Die Humor-Schleife

Dieses Muster zwischen dem Ringfinger und dem kleinen Finger verrät trockenen Humor und Fröhlichkeit.

Schleife der Hingabe

Dieses Muster zwischen dem Ring- und dem Mittelfinger zeigt, mit welcher Hingabe Sie arbeiten.

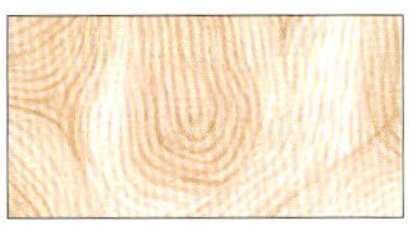

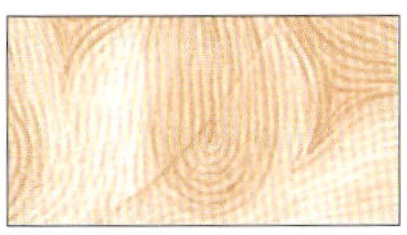

Radscha-Schleife

Dieses seltene Zeichen zwischen Zeige- und Mittelfinger weist auf Führungsqualitäten hin, angeblich auch auf „blaues Blut".

Mut-Schleife

Auch diese Schleife ist selten. Sie mündet oberhalb des Daumengelenks in den Handteller und ist ein Zeichen für Mut.

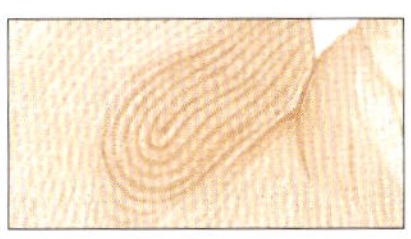

Musik-Schleife

Diese Schleife entspringt am Daumenrand und zieht nach oben zum Venusberg. Sie verrät, daß Sie Musik lieben.

Schleife der Inspiration

Diese Schleife verläuft vom Handgelenk nach oben zur Handmitte. Sie ist ein Indiz für Kreativität und findet sich oft bei Dichtern und Musikern.

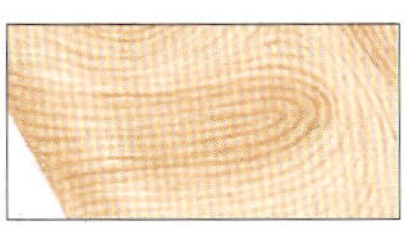

Natur-Schleife

Eine Schleife über dem Mondberg spricht für Interesse an lebenden Wesen. Der Träger ist sensitiv und naturliebend.

Wasser-Schleife

Diese Schleife fließt den Mondberg hinab und läßt auf Liebe zum Wasser schließen. Nähe zum Wasser ist für den Träger gesund.

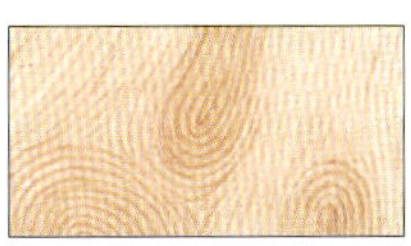

Wirbel

Wirbel sind zwischen den Fingern und auf der Handfläche selten. Gelegentlich findet sich einer auf dem Venusberg und dem Mondberg.

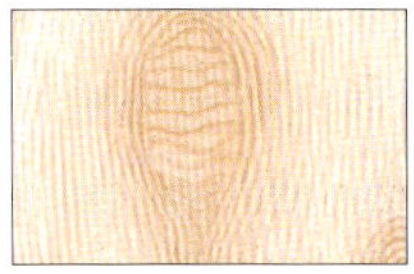

Musik-Wirbel

Dieser Wirbel ist sehr selten. Er umfaßt einen Fleck aus waagrechten Rillen auf dem Venusberg und wird auch „Biene" genannt, weil er diesem Insekt ähnelt. Er zeigt großes musikalisches Talent an.

Wirbel auf dem Mondberg

Dieser Wirbel verrät konzentrierte Vorstellungskraft – ein Segen für Schauspieler, Maler und Schriftsteller.

Die Radscha-Schleife

Nach der indischen Überlieferung ist die Radscha-Schleife ein Zeichen für königliches Blut.

Mary Queen von Schottland
Mary Stuart war von 1542 bis 1567 Königin von Schottland.

Orientalische Handleser behaupten, wer eine Schleife zwischen dem Zeige- und dem Mittelfinger besitze, habe königliche Ahnen. Darum nennen sie dieses äußerst seltene Zeichen „Radscha-Schleife". Im Westen wollen die Handleser nicht so weit gehen, wenn sie auch anerkennen, daß Menschen mit diesem Zeichen oft viel Macht und hohes Ansehen erwerben. Interessant ist, daß manche Menschen mit der Radscha-Schleife das intensive Gefühl haben, blaues Blut zu besitzen, selbst wenn es keine Beweise dafür gibt.

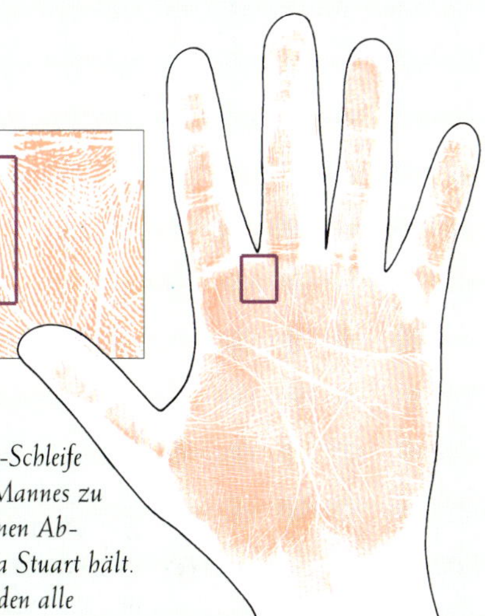

Königliche Ahnen
Hier ist eine Radscha-Schleife auf der Hand eines Mannes zu sehen, der sich für einen Abkömmling von Maria Stuart hält. Seine Ahninnen wurden alle Maria Stuart getauft!

Die Linien

Die Linien auf den Händen sind Register, die Ereignisse aufzeichnen und die möglichen Folgen unserer Taten und Beschlüsse andeuten. Sie können sich jedoch verändern, wenn wir bewußte Entscheidungen treffen. Dann sind sie ein Archiv der Fortschritte, die wir im Leben gemacht haben.

Einführung • Die Lebenslinie
Die Kopflinie • Die Herzlinie
Die Schicksalslinie • Unterschiede
zwischen den Händen • Die Apollolinie
Nebenlinien und Nebenmuster

EINFÜHRUNG

MENSCHEN, die nichts vom Handlesen wissen, behaupten manchmal, die Linien der Handflächen seien lediglich Furchen, die beim Beugen der Hand und der Finger entstehen. Warum aber haben wir dann nicht alle identische Linien? Warum haben manche Menschen sehr viele Linien und andere nur wenige? Und warum haben Handarbeiter mitunter viel weniger Linien als Geistliche oder Manager? Die Linien sind eben mehr als simple Furchen, die durch wiederholte Bewegungen entstehen. Sie werden vom Nervensystem hervorgebracht, und sie hängen mit der Physiologie und Chemie des Körpers zusammen.

DIE HAUPTLINIEN

LEBENSLINIE, Kopflinie und Herzlinie bilden sich während der ersten paar Schwangerschaftsmonate, und so wie wir die Farbe unseres Haares geerbt haben, sind auch Stärke und Richtung der Linien sowie die Form der Hände genetisch festgelegt.

Die anderen Hauptlinien bilden sich meist erst später. Manchmal besitzt ein Kind von Geburt an einen vollständigen Liniensatz; doch in der Regel erscheinen sie nach und nach, während das Kind wächst. Die Linien sind nicht statisch, sondern sie verändern sich als Reaktion auf unsere Entwicklung im Leben.

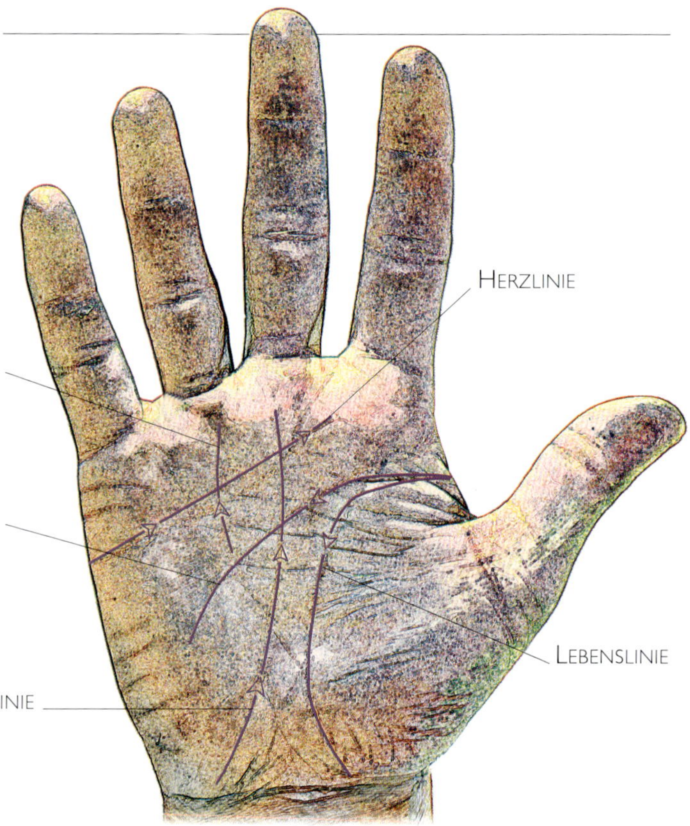

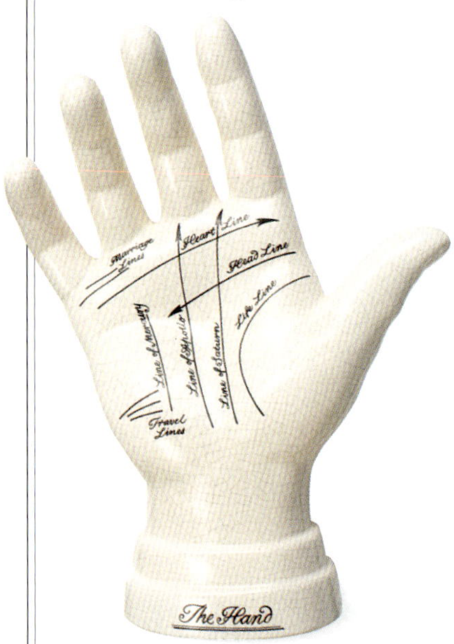

SCHICKSALSLINIEN
Dieses Porzellanmodell zeigt die Hauptlinien. Die Pfeile geben die Richtung an, in der die Linien zu lesen sind.

ZEICHEN AUF DEN LINIEN

WENN Sie sich Ihre Hand als Landkarte und die Linien als Straßen vorstellen, dann befördern die Linien Botschaften Ihrer Körperchemie. Starke, ausgeprägte Linien zeigen, daß die Straße gut ist; Zeichen auf den Linien sind Hindernisse, die Sie vor Problemen im Leben warnen. Eine unterbrochene Linie deutet eine neue Richtung an; Kreuze und Stäbe symbolisieren Widerstand. Sterne stehen für intensiver werdende Energie; Inseln schwächen die Linie und sind ein Indiz für geringe Widerstandskraft. Eine Folge von Inseln, Kette genannt, schwächt die Linie noch mehr. Äste sind Nebenstraßen, die zu einem anderen Gebiet der Hand führen. Ein Quadrat bietet Schutz in schwierigen Zeiten.

DIE NEBENLINIEN UND NEBENZEICHEN

WENN wir die Hauptlinien mit Bundesstraßen und Autobahnen vergleichen, dann sind Nebenlinien und -zeichen Seitenstraßen. So wie diese Seitenstraßen zu einem Ziel führen, geben die Nebenzeichen der Charakteranalyse den letzten Schliff – sie sind Leuchtfeuer, die Einzelheiten der Persönlichkeit verraten.

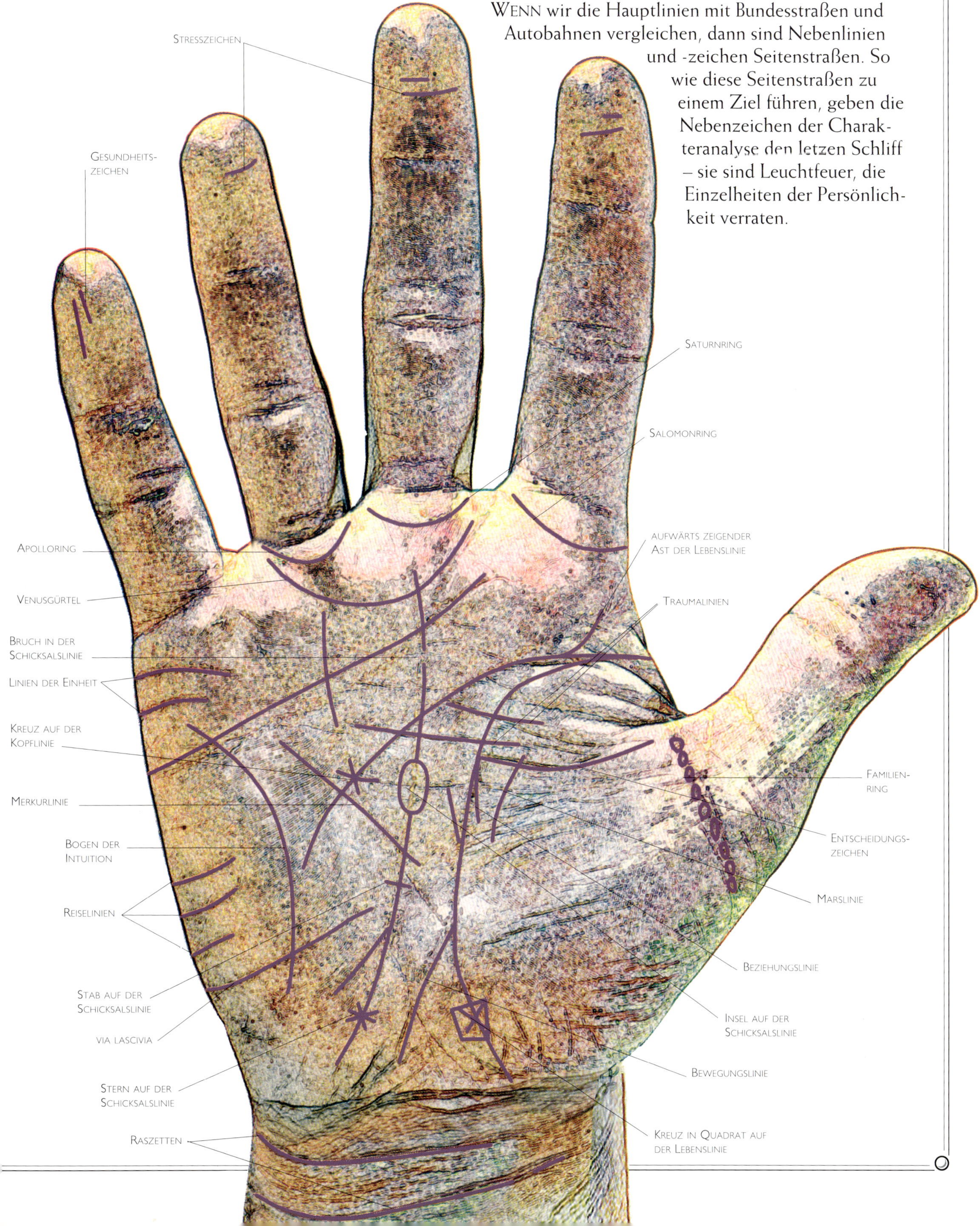

DIE LEBENSLINIE

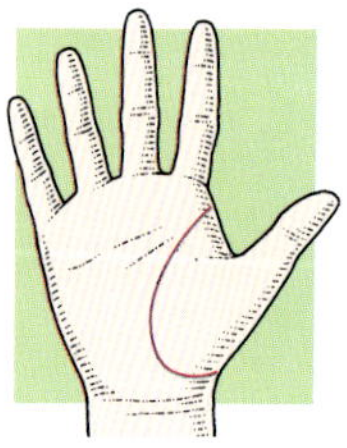

IM Gegensatz zu einer verbreiteten Meinung zeigt die Lebenslinie nicht die Lebensdauer an. Kurze Lebenslinien gibt es auch bei Neunzigjährigen, und lange sind auf den Händen von Jungverstorbenen belegt.

Die Lebenslinie enthüllt die Lebensqualität; denn sie ist ein unmißverständliches Archiv der körperlichen und seelischen Gesundheit. Sie zeigt die Vitalität, den Energiepegel und die Körperkraft, und dabei kommt es darauf an, wie sie aussieht und welchen Weg sie einschlägt. Sie enthüllt, ob Sie mit einer robusten Konstitution gesegnet sind, ob Sie das Leben lieben und ob Sie körperlich aktiv, mutig und aufgeschlossen oder nervös, schüchtern und introvertiert sind.

Diese Linie spiegelt wider, ob Sie unerschütterlich und fröhlich bleiben, wenn Sie Hindernissen begegnen, oder ob Sie bei der ersten Schwierigkeit nachgeben.

MERKMALE DER LEBENSLINIE

DIE Lebenslinie beginnt am Rand des Handtellers zwischen Daumen und Zeigefinger und verläuft nach unten um den Venusberg herum auf das Handgelenk zu. Manche Lebenslinien bilden einen flachen Bogen, der den Daumenballen eng umgibt. Andere fließen zum Zentrum der Handfläche.

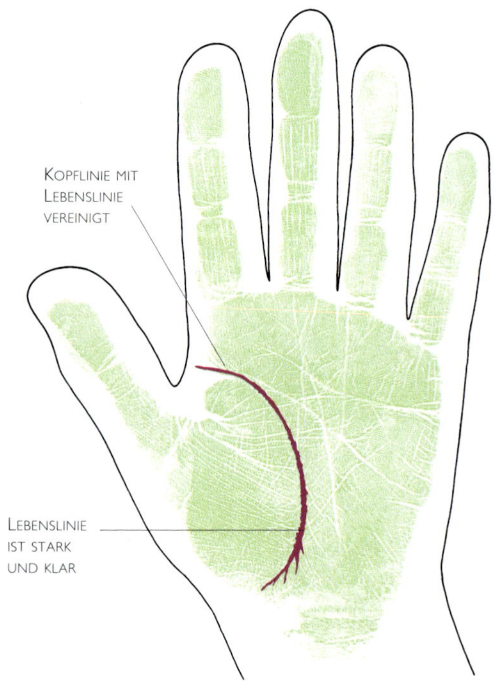

VEREINIGTE LINIEN
Wenn Lebenslinie und Kopflinie sich am Anfang vereinigen, sind Sie ein vorsichtiger Mensch. Wenn beide weit auseinander sind, Sind Sie unabhängig und risikofreudig.

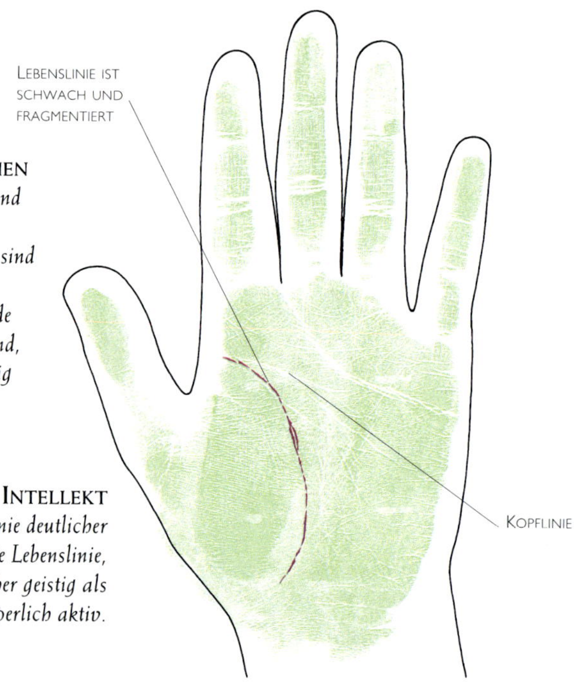

INTELLEKT
Ist die Kopflinie deutlicher ausgeprägt als die Lebenslinie, sind Sie eher geistig als körperlich aktiv.

STARKE LEBENSLINIE
Je stärker die Lebenslinie ist, desto robuster ist Ihre Konstitution. Wenn die Linie ausgeprägt ist, sind Sie zäh und widerstandsfähig und werden mit allem fertig, was das Leben bringt. Sie verfügen über viel Energie und können im Sport erfolgreich sein. Ist die Lebenslinie deutlicher zu sehen als die anderen Hauptlinien, sind Sie eher körperlich als geistig aktiv.

SCHWACHE LEBENSLINIE
Eine Lebenslinie kann schwach sein, weil sie wenig ausgeprägt ist oder weil sie im Vergleich mit den anderen Hauptlinien blaß erscheint. Eine unterbrochene Linie weist auf zarte Konstitution und geringe Vitalität hin. Wenn sie schwächer ist als die anderen Linien, sind Sie nicht sehr an körperlicher Aktivität interessiert.

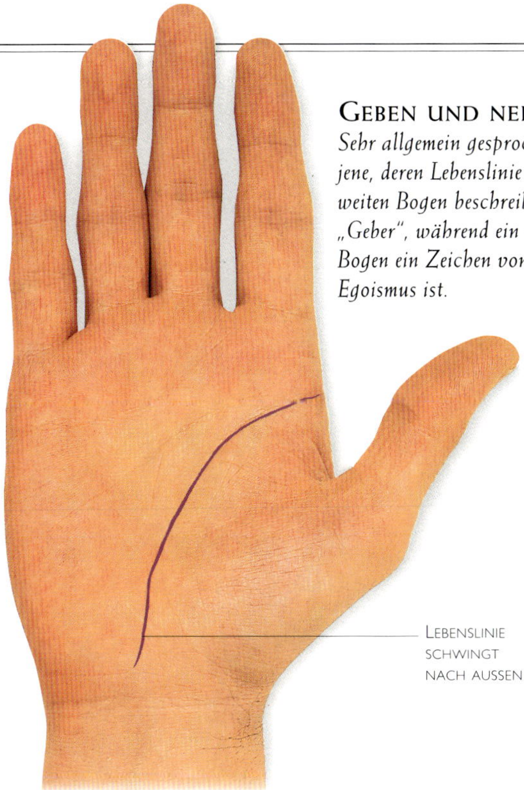

Geben und nehmen

Sehr allgemein gesprochen sind jene, deren Lebenslinie einen weiten Bogen beschreibt, „Geber", während ein enger Bogen ein Zeichen von Egoismus ist.

Kurze Lebenslinie

Kein anderes Merkmal der Hand wird so oft mißverstanden wie die kurze Lebenslinie. Wirklich kurze Lebenslinien sind äußerst selten, aber viele sehen kurz aus. Eine nähere Prüfung enthüllt jedoch immer, daß die Lebenslinie vor ihrem Ende einen dünnen Ast treibt, der zur Handmitte verläuft und in eine andere Linie mündet. Diese Linie symbolisiert einen neuen Lebensabschnitt. Manchmal bildet die Schicksalslinie den neuen Teil der Lebenslinie. Dieses Merkmal deutet auf eine große, positive Veränderung hin. Auswanderung, Heirat mit einem Menschen anderer Rasse oder eine große Erbschaft sind Ereignisse, die eine scheinbar kurze Lebenslinie ankündigt.

Ausschwingende Lebenslinie

Wenn die Lebenslinie einen weiten Halbkreis beschreibt, der zur Handmitte führt, sind Sie ein extravertierter und begeisterter Mensch. Je weiter der Halbkreis ist, desto aufgeschlossener sind Sie. Eine Lebenslinie, die nahe am Daumen verläuft, verrät, daß Sie gerne allein sind.

Ehrgeiz

Eine Lebenslinie, die weit oben anfängt und dem Zeigefinger näher ist als dem Daumen, ist ein Zeichen für Ehrgeiz. Der Träger ist eine Führernatur und hat oft Erfolg im Leben.

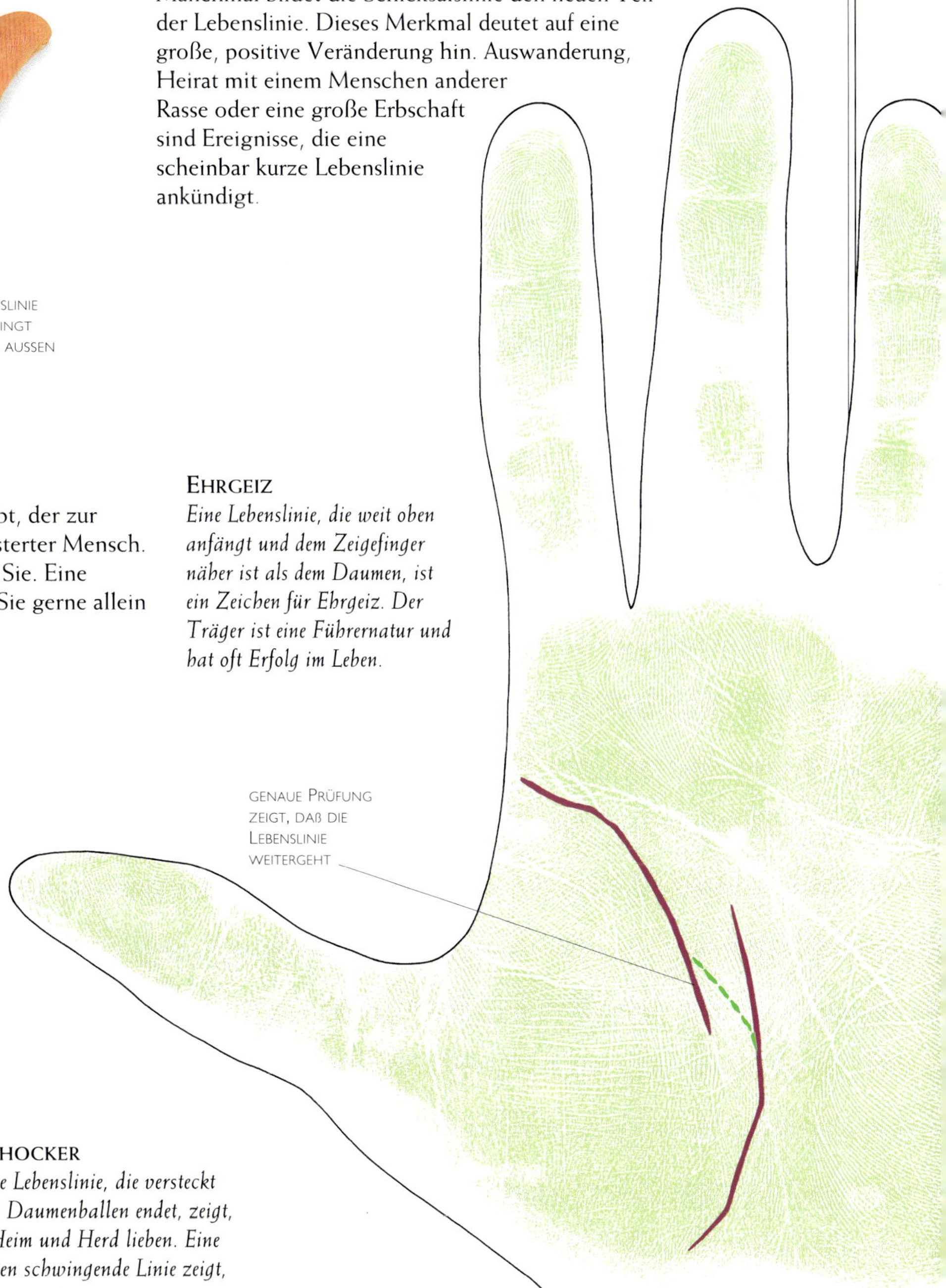

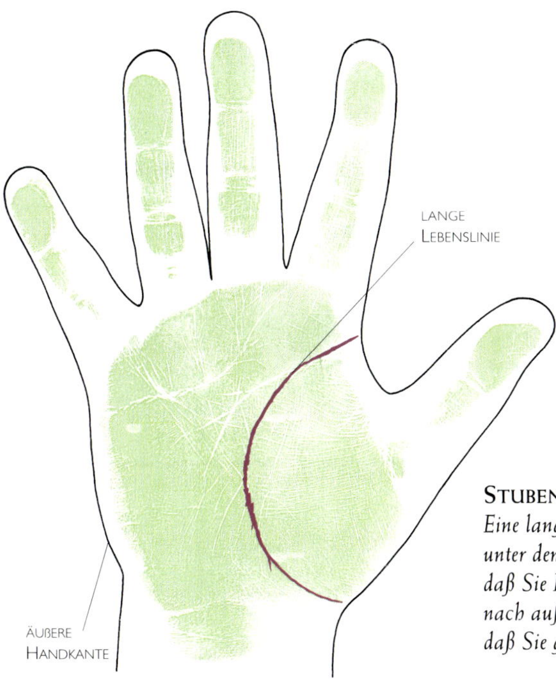

Stubenhocker

Eine lange Lebenslinie, die versteckt unter dem Daumenballen endet, zeigt, daß Sie Heim und Herd lieben. Eine nach außen schwingende Linie zeigt, daß Sie gerne reisen.

Eine lange Lebenslinie

Eine lange Lebenslinie garantiert kein langes Leben, aber sie zeigt, daß Sie körperlich robust sind. Wenn die Linie unversehrt ist, bestätigt sie, daß Sie körperliche Anstrengungen lange aushalten. Sie besitzen mehr Ausdauer und Widerstandskraft als Träger einer kurzen Lebenslinie.

Vergangenheit ohne Wurzeln

Eine kurze Lebenslinie ist oft an der linken Hand zu sehen, wenn die Eltern aus ihrer Heimat emigriert sind. Bei Linkshändern befindet sich diese kurze Linie an der rechten Hand.

Ereigniszeichen auf der Lebenslinie

ZEICHEN auf der Lebenslinie können wir in eine negative und in eine positive Gruppe einteilen. Sterne, Kreuze, Inseln und Traumalinien gehören zur ersten Kategorie. Diese Zeichen halten entweder vergangene Probleme fest, oder sie warnen vor Schwierigkeiten, so daß wir uns darauf vorbereiten können.

Äste, die von der Lebenslinie zu den Bergen verlaufen, weisen auf erfreuliche Ereignisse hin. Sie führen Buch über unsere Fortschritte und zeigen uns, in welchen Bereichen wir uns um Verbesserungen bemühen.

HOLZSCHNITT AUS DEM 16. JH.
Dieser Holzschnitt zeigt die Lebens- und die Schicksalslinie. Er stammt aus einem Buch über Chirologie, das Barthólémy Coclès 1583 schrieb.

EIN KREUZ
Das Kreuz hat eine ähnliche Bedeutung wie der Stern, aber sein Einfluß ist viel geringer. Ein Quadrat über einem Zeichen lindert den Schock.

EIN STERN AUF DER LEBENSLINIE
Ein Stern besteht aus mehreren kurzen Strichen, die einander auf der Lebenslinie kreuzen. Er symbolisiert konzentrierte Energie, eine plötzliche Energieschwemme, die Ihre körperlichen Reserven stark belastet. Dieses Zeichen ist oft ein Indiz für einen körperlichen oder seelischen Schock, zum Beispiel einen Unfall oder eine Verletzung.

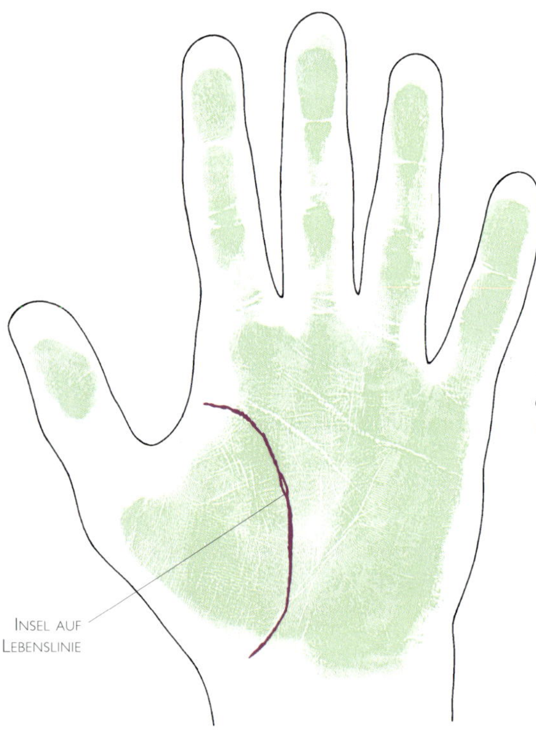

VORBEUGUNG
Wenn Sie Energie sparen, z.B. Ihre Ernährung umstellen oder genügend schlafen, können Sie die Bedrohung Ihrer Gesundheit abwenden.

INSELN AUF DER LEBENSLINIE
Da eine Insel die Linie teilt, weist sie auf einen bevorstehenden Mangel an Energie und Widerstandskraft hin. Während dieser Zeit neigen Sie mehr zu Verletzungen und Infektionskrankheiten.

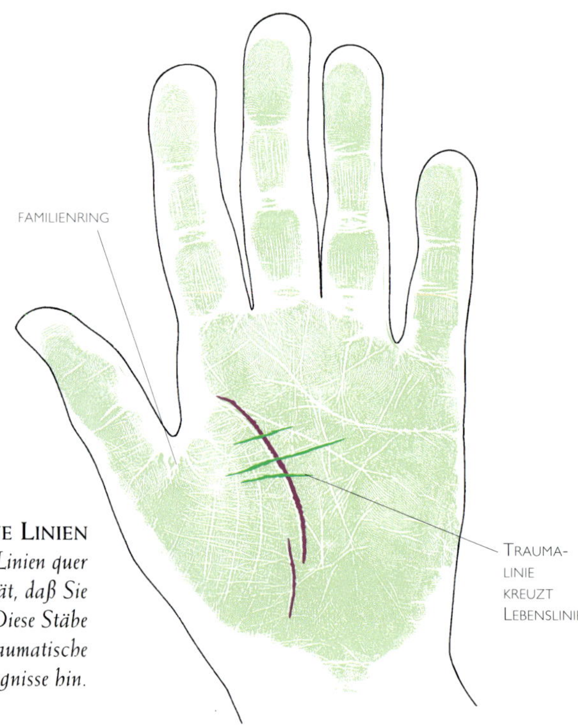

FEINE LINIEN
Eine Reihe von feinen Linien quer über der Lebenslinie verrät, daß Sie sehr verspannt sind. Diese Stäbe weisen nicht auf traumatische Ereignisse hin.

TRAUMALINIEN AUF DER LEBENSLINIE
Stäbe, die die Lebenslinie kreuzen, heißen Traumalinien und symbolisieren emotionale Probleme, deren Schwere sich an der Länge und Tiefe der Linien ablesen läßt. Eine Linie, die am Ringfinger beginnt, deutet Sorge um einen Verwandten an.

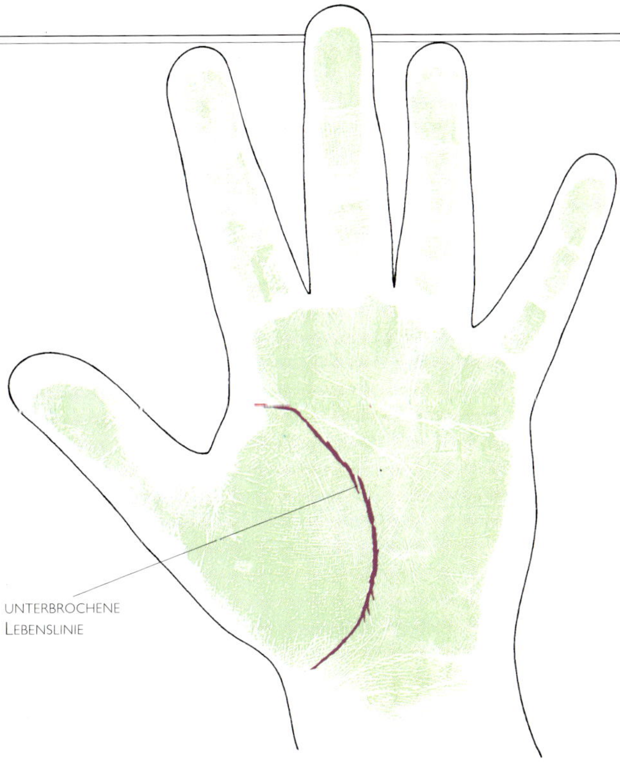

Ein Bruch in der Lebenslinie

Ob Brüche eine negative oder positive Bedeutung haben, hängt von ihrer Form ab. Sie weisen auf einen unterbrochenen Energiestrom hin. Ein offener Bruch zeigt, daß der Strom vorübergehend abgeschaltet wurde, zum Beispiel durch einen Unfall. Zwei sich überlappende Enden verraten, daß Sie beschlossen haben, Ihr Leben erheblich zu ändern.

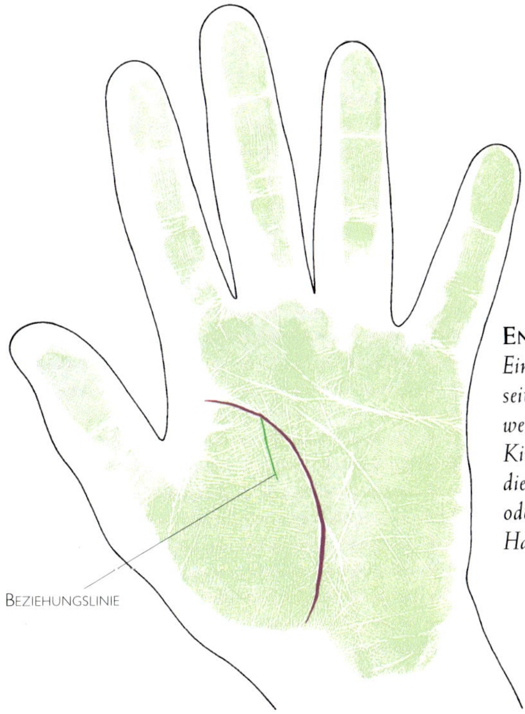

Enge Bande

Ein Ast auf der Innenseite der Lebenslinie weist auf ein adoptiertes Kind, eine Großmutter, die zur Familie zieht, oder ein geliebtes Haustier hin.

Beziehungen auf der Lebenslinie

Äste, die an der Innenseite der Lebenslinie entspringen, symbolisieren unter anderem einen Partner oder ein Kind. Beurteilen Sie anhand Ihres Alters und Ihrer Lebensumstände, wer gemeint ist.

Äste der Lebenslinie

Äste, die in der Lebenslinie entspringen und zu den Bergen ausstrahlen, heißen Anstrengungs- und Leistungslinien. Ein Ast, der zum Jupiterberg verläuft, deutet auf eine wissenschaftliche Leistung hin. Ein Ast, der zum Saturnberg führt, verspricht ein gutes Grundstücksgeschäft. Verläuft der Ast zum Apolloberg, dürfen Sie mit Glück oder Geld rechnen. Ein Ast, der den Merkurberg erreicht, verheißt geschäftlichen Erfolg.

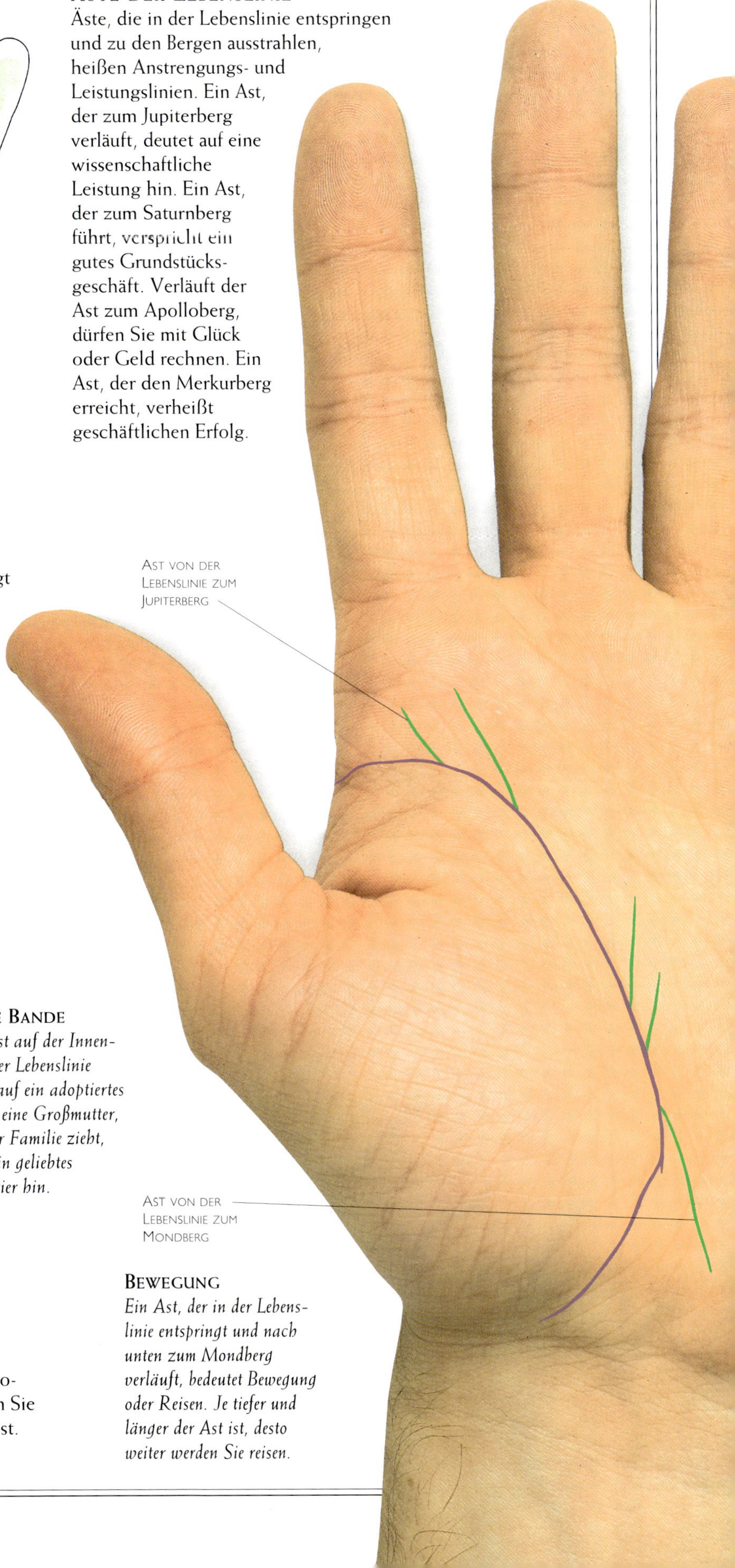

Bewegung

Ein Ast, der in der Lebenslinie entspringt und nach unten zum Mondberg verläuft, bedeutet Bewegung oder Reisen. Je tiefer und länger der Ast ist, desto weiter werden Sie reisen.

Zeitliche Einordnung der Ereignisse auf der Lebenslinie

Der Zeitpunkt der Ereignisse auf den Handlinien läßt sich nicht exakt bestimmen. Da Hände verschiedene Größen haben, gibt es keinen allgemeingültigen Maßstab, wohl aber eine recht verläßliche Methode, die Sie jedesmal ein wenig an die Umstände anpassen müssen. Übung macht auch hier den Meister.

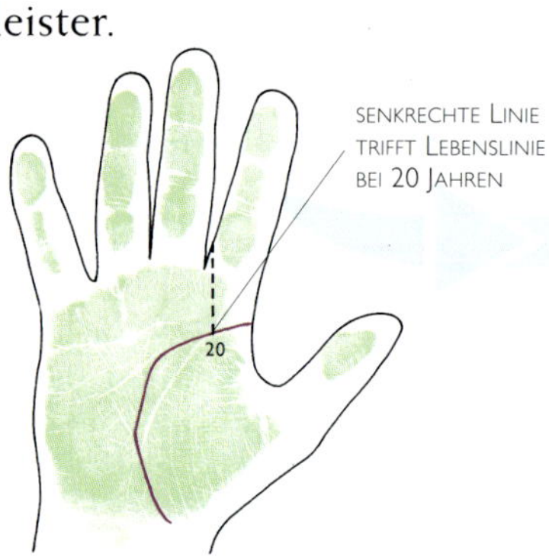

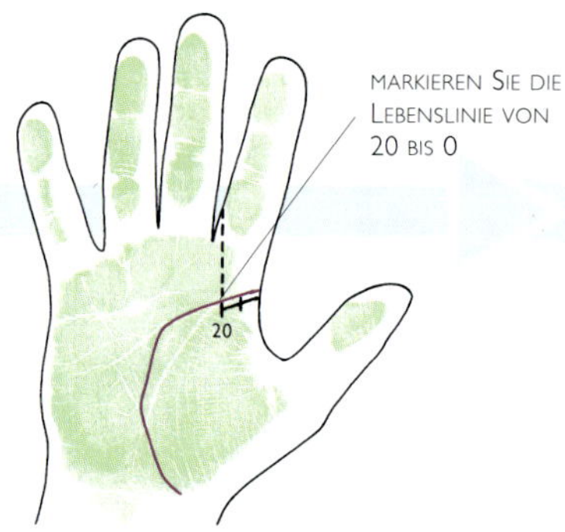

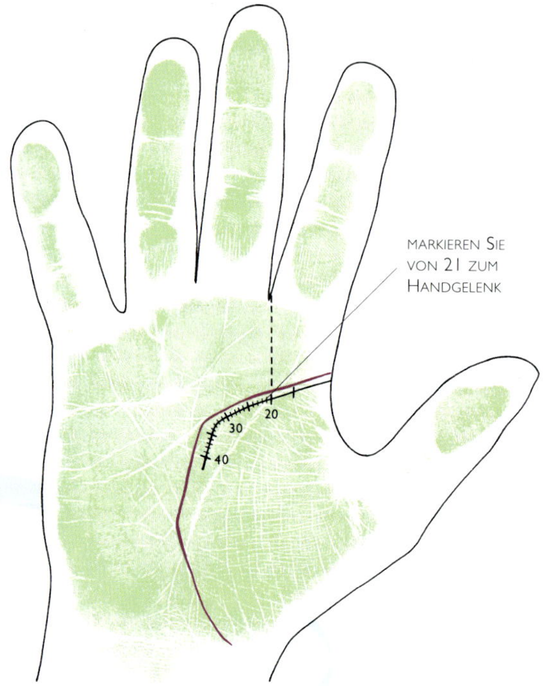

1 Ziehen Sie auf einem Handabdruck eine Linie von der Innenkante des Zeigefingers zur Lebenslinie. Sie trifft die Lebenslinie bei etwa 20 Jahren.

2 Markieren Sie die Jahre von 20 bis 0 mit einem spitzen Bleistift von 20 an zum Daumen. 1 mm entspricht einem Jahr.

3 Wenn Sie zwischen 20 und 0 nicht alle Jahre unterbringen, so bedeutet das nur, daß die Lebenslinie auf dem Abdruck nicht bis zur Handkante abgebildet ist. Markieren Sie nun die Jahre ab 21 vom Punkt 20 an nach unten zum Handgelenk. Tragen Sie nur jedes 5. und 10. Jahr ein, damit die Skala besser lesbar ist.

Das Markieren einer kurzen Lebenslinie

Wenn Ihre Lebenslinie kurz ist (*siehe Seite 55*), ist die Prozedur im wesentlichen die gleiche. Die senkrechte Linie trifft die Lebenslinie am 20-Jahres-Punkt, und Sie markieren die Jahre bis zum Ende der Linie. Am Ende der kurzen Linie übertragen Sie die Skala auf die neue Linie und fahren mit dem Markieren fort.

Eine lange Überlappung

Wenn die Überlappung zwischen dem ersten Teil der Lebenslinie und dem neuen Teil lang ist, kopieren Sie die Skala bis zu dem Punkt, an dem der neue Teil anfängt. An diesem Punkt tritt das wichtige Ereignis ein.

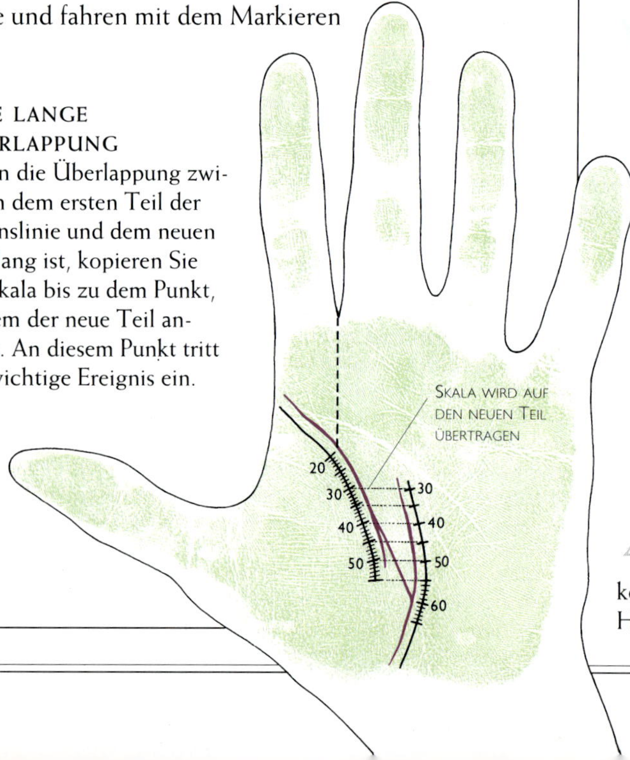

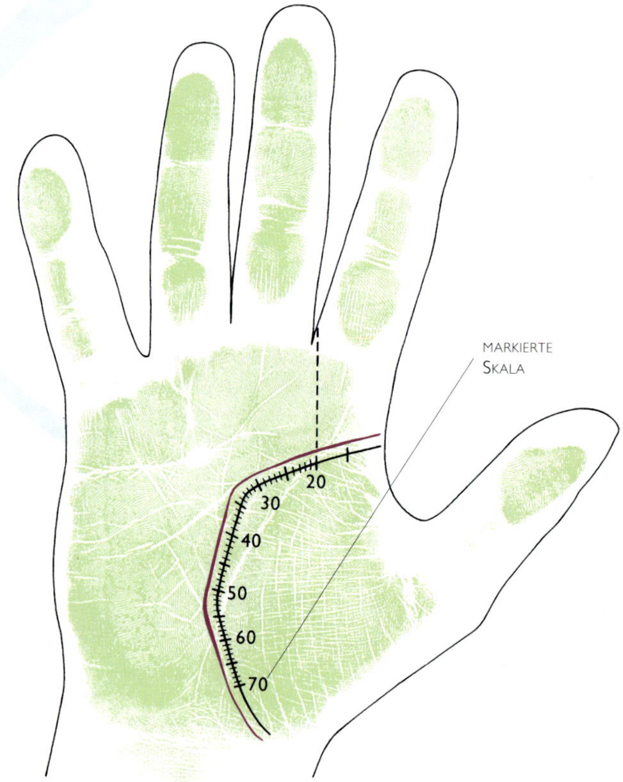

4 Verdecken Sie beim Markieren keine Zeichen oder feinen Details auf der Lebenslinie. Wenn die Skala fertig ist, können Sie jedes vergangene und künftige Ereignis, das die Hand festhält, zeitlich einordnen.

Eine Fallgeschichte

ZWISCHEN dem 20. und dem 40. Lebensjahr ist das Leben am ereignisreichsten. Nur wenige Menschen bringen diese Zeit ohne emotionale Traumen und schwierige Entscheidungen hinter sich. Margarets Hand ist dafür ein gutes Beispiel; denn die Zahl der Zeichen auf ihrer Lebenslinie in diesen Jahren ist typisch.

1 Alter: 20

Die gestrichelte Senkrechte trifft die Linie bei 20 Jahren. Genau dort entspringt ein Ast und führt zum Jupitermond. Er zeigt Erfolg beim Studium an.

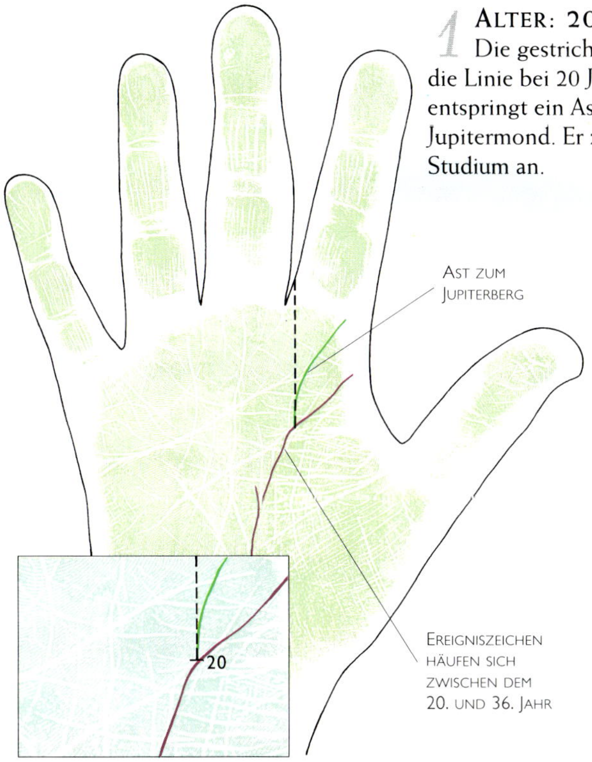

2 Alter: 20 – 28

Gleich danach durchschneidet ein Stab die Lebenslinie, die sich dann zu einer Insel teilt. Die Insel weist auf eine Gesundheitsstörung hin, die sie wohl bis zum Alter von 27 oder 28 Jahren begleiten wird. Zudem kreuzt die erste von zwei großen Traumalinien die Mitte der Insel und sagt einen emotionalen Schock mit 25 voraus.

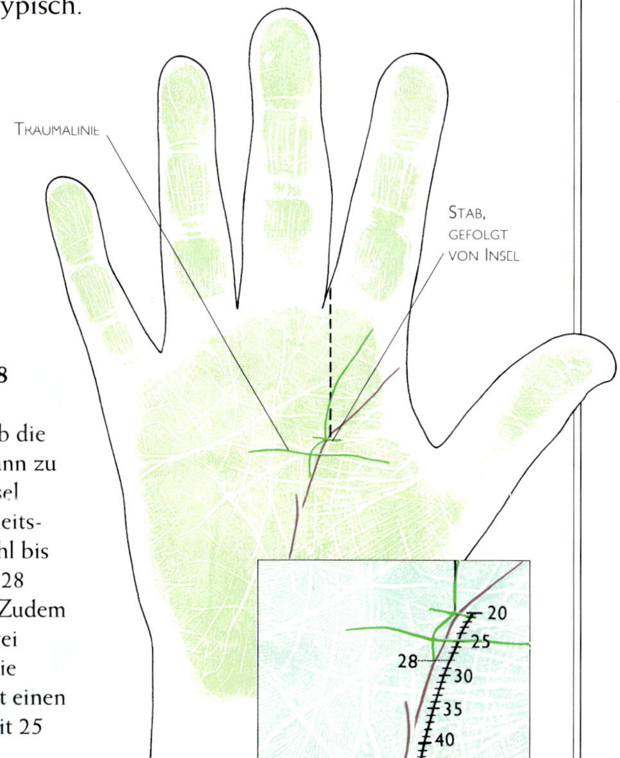

3 Alter: 28 – 32

Die Insel endet bei 28 und bringt neue Gesundheit und Vitalität. Dann wird die Linie stark, bis eine weitere große Traumalinie sie bei 32 kreuzt. Sie steht für den zweiten großen seelischen Schock, den Margaret erleiden wird.

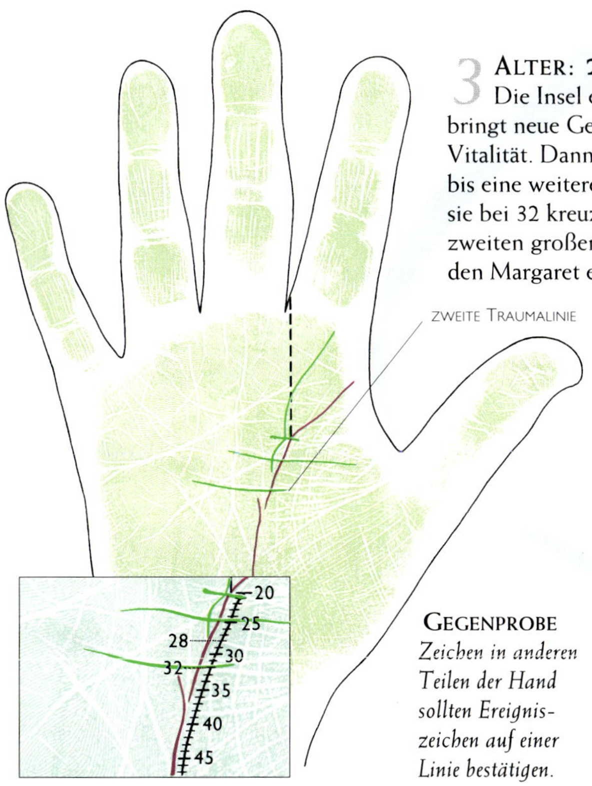

Gegenprobe

Zeichen in anderen Teilen der Hand sollten Ereigniszeichen auf einer Linie bestätigen.

4 Alter: 32 – 36

Das nächste wichtige Zeichen auf der Lebenslinie ist ein starker Ast zum Saturnberg. Er verspricht ein erfolgreiches Grundstücksgeschäft im Alter von 36 Jahren. Wahrscheinlich geht es um den Kauf eines neuen Hauses. Ein winziger überlappender Bruch kündigt für diese Zeit eine Veränderung im Leben an, z.B. einen neuen Beruf oder eine Beziehung.

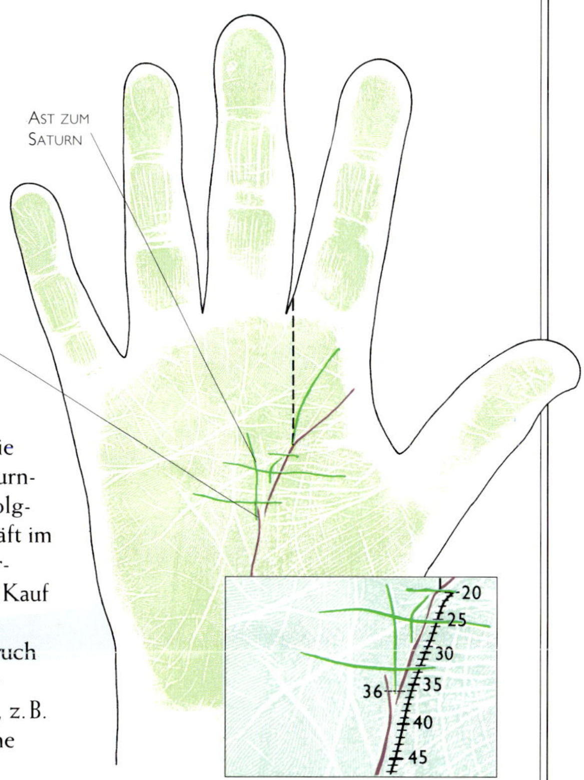

Die Kopflinie

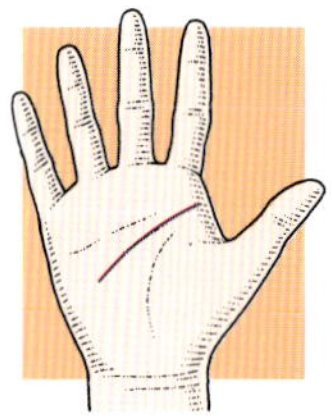

Die Kopflinie zeigt, wie Sie denken und wie Sie die Welt sehen. Sie beschreibt Ihre geistigen Fähigkeiten und verrät, welche Elemente Sie interessieren und Ihre Lebensauffassung beeinflussen.

Der Bau der Kopflinie – Stärke, Länge, Breite und Richtung – spiegelt die geistige Energie wider, die Sie besitzen. Sie mißt jedoch nicht den IQ, sondern verrät, wohin Sie Ihre geistige Energie lenken, wie Sie Ihre Gedanken ausdrücken und wie Sie Ihre Talente nutzen. Die Kopflinie kann lang oder kurz, tiefer und stärker als andere Linien, gerade oder gekrümmt sein. Sie ist ein Abbild der Vielfalt des menschlichen Geistes, und sie sagt Ihnen, wie schöpferisch Sie sind, wie gut Sie sich konzentrieren können, wie Sie Informationen verarbeiten und welche Einstellung Sie zum Leben haben.

Merkmale der Kopflinie

Die Kopflinie ist die zweite waagrechte Linie auf der Handfläche. Sie beginnt an der Daumenseite und fließt auf die äußere Handkante zu. Manchmal ist sie am Anfang mit der Lebenslinie verbunden, manchmal besteht eine große Lücke zwischen beiden.

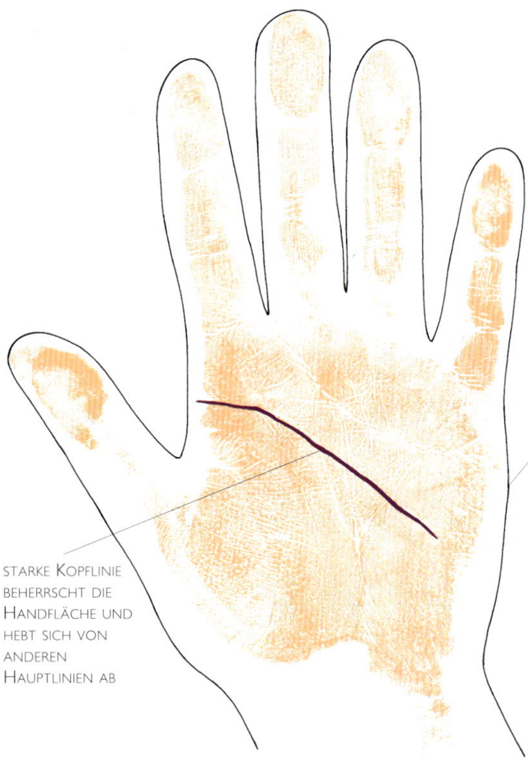

Klares Denken
Eine ausgeprägte Kopflinie verrät einen scharfen Geist und kann Schwächen an anderer Stelle der Hand ausgleichen.

Schwache Konzentration
Eine schwache Kopflinie erscheint dünn und brüchig; sie deutet auf eine Person, die geistige Energien nicht bündeln und erfolgreich kanalisieren kann.

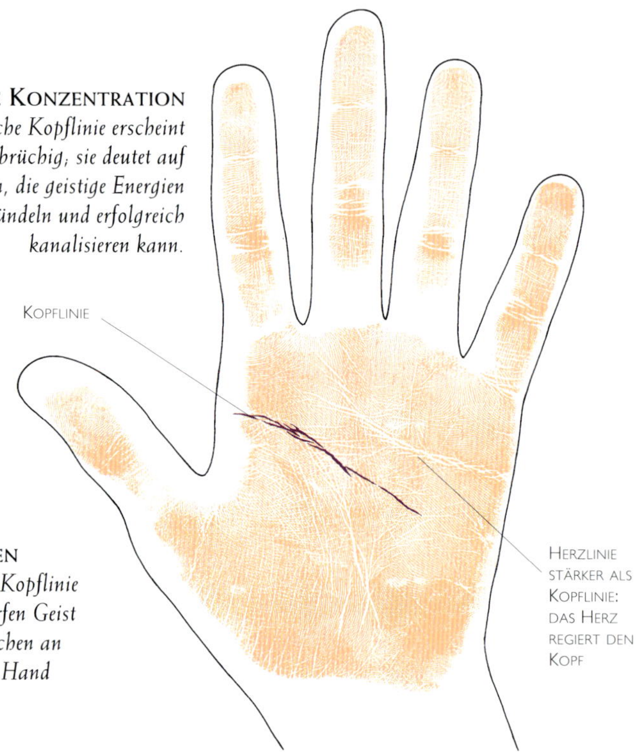

Die starke Kopflinie

Dynamische Denker haben starke Kopflinien. Je stärker und klarer die Linie ist, desto größer ist die Klarheit der Gedanken. Der Geist arbeitet logisch; Entscheidungen werden vernünftig begründet und bringen Erfolg. Sie besitzen ein hervorragendes Begriffsvermögen und können sich lange konzentrieren.

Eine schwache Kopflinie

Eine schwache Kopflinie ist ein Zeichen für einen „flatterhaften" Geist und schlechte Konzentration. Vielleicht fehlt es Ihnen auch an Vernunft, da Sie sehr zur Tagträumerei neigen und etwas unrealistische Erwartungen hegen. Entscheidungen fallen Ihnen schwer, und Sie stützen sie oft auf Emotionen statt auf Logik.

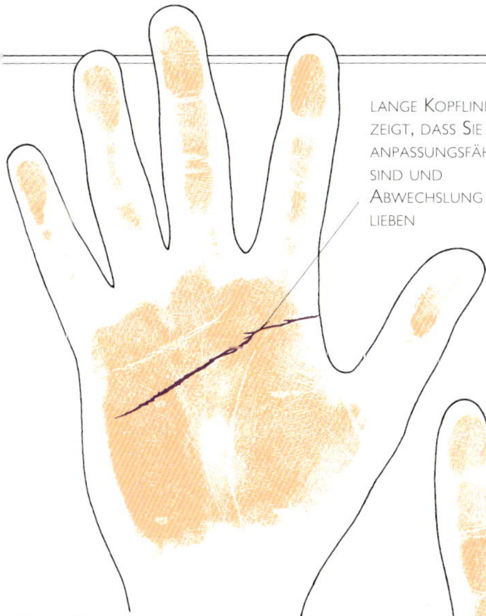

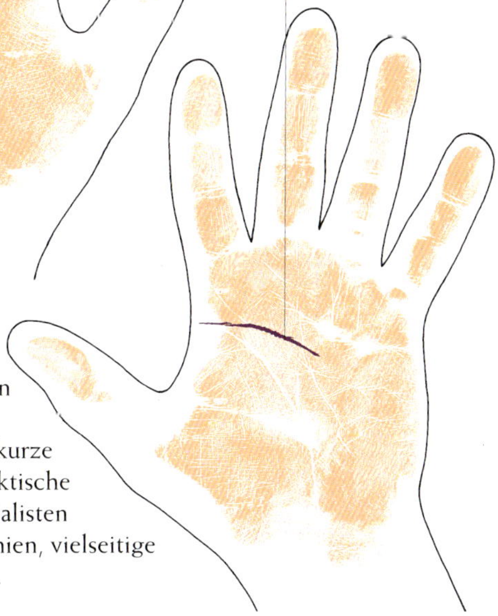

DIE LÄNGE DER KOPFLINIE

Eine lange Kopflinie ist ein Zeichen für einen forschenden Geist mit vielen Interessen. Eine kurze Linie weist auf eine praktische Veranlagung hin. Spezialisten haben oft kurze Kopflinien, vielseitige Menschen haben lange.

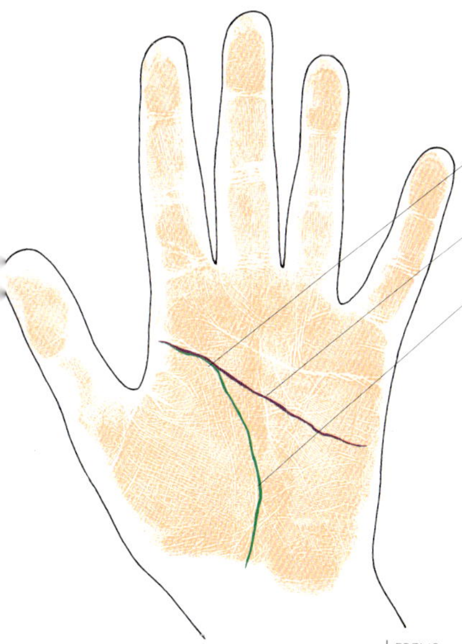

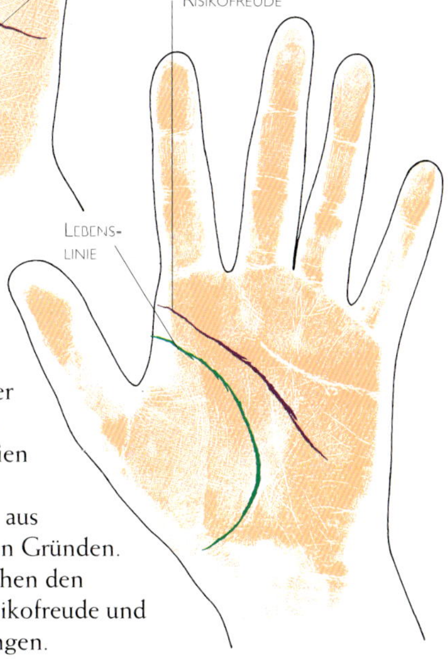

DER BEGINN DER KOPFLINIE

Die Kopflinie eines harmonischen Menschen beginnt ein wenig über der Lebenslinie oder löst sich früh von ihr. Sind die Linien eine Zeitlang verbunden, verraten sie Abhängigkeit aus familiären oder beruflichen Gründen. Ein großer Abstand zwischen den Linien ist ein Indiz für Risikofreude und unbesonnene Entscheidungen.

Die Hände der Primaten

DIE HAND DES MENSCHEN HAT MIT DEN HÄNDEN SEINER NÄCHSTEN VERWANDTEN, DER AFFEN, MEHR GEMEINSAM ALS MIT DEN HÄNDEN ALLER ANDEREN SÄUGETIERE.

DIE Hände der Menschen und Affen haben etwas Außergewöhnliches gemeinsam: einen Daumen, der den anderen Fingern gegenübersteht. Dadurch wird die Hand zu einer einzigartigen Greifhand und ermöglicht sehr präzises Arbeiten. Während der menschliche Daumen sich zu einem sehr geschickten Finger entwickelt hat, ist der Daumen des Affen eher rudimentär geblieben.

AM ANFANG
Die Hände eines Kindes und eines Affen sind sehr ähnlich.

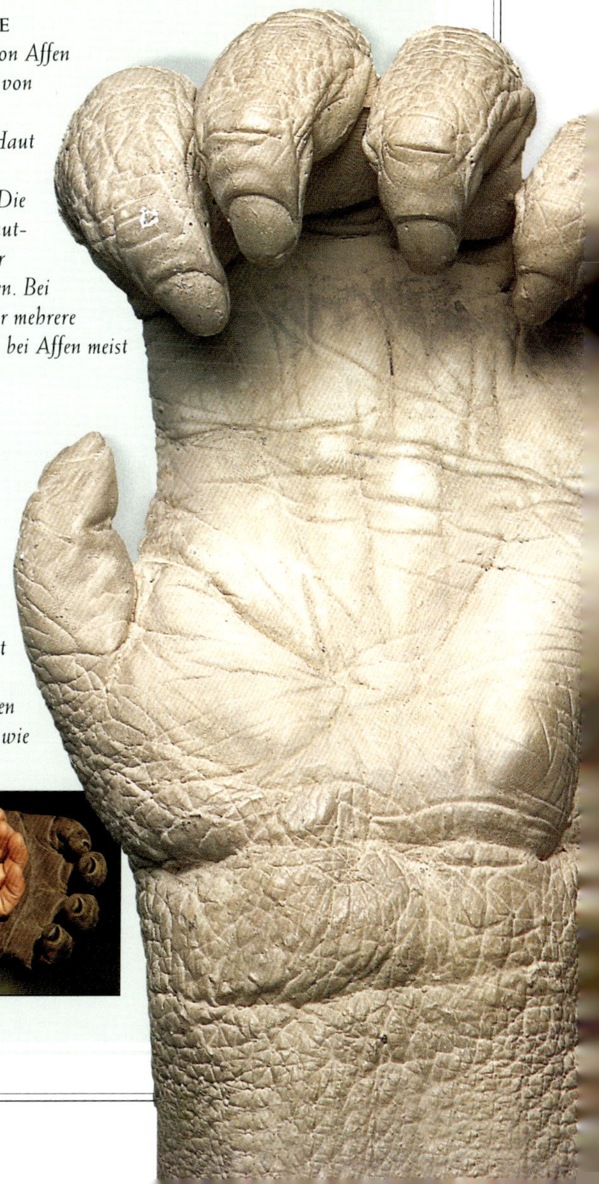

FINGERABDRÜCKE
Die Fingerspitzen von Affen und Menschen sind von flachen Nägeln geschützt, und die Haut der Hände zeigt die vertrauten Muster. Die Komplexität der Hautmuster hängt mit der Intelligenz zusammen. Bei Menschen finden wir mehrere Arten von Mustern, bei Affen meist nur einfache Bögen.

LINIEN
Die Hand eines Gorillas ist viel größer als eine Menschenhand, weist aber ähnliche Linien auf. Vielleicht lassen die Linien der Affen ebenso auf ihren Charakter schließen wie unsere Linien.

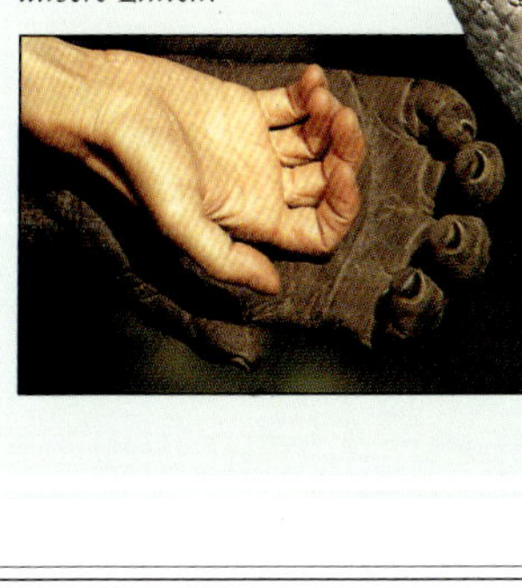

DIE PSYCHOLOGIE DER KOPFLINIE

WENN es eine Linie auf der Hand gibt, die Wesentliches aussagt, dann die Kopflinie. Sie offenbart Ihre grundlegenden psychologischen Merkmale. Kopflinien können sehr verschieden sein, was Länge und Stärke betrifft. Wenn Sie untersuchen, ob die Kopflinie lang oder kurz, flach oder tief, fein oder grob ist, erhalten Sie wertvolle Informationen. Der Verlauf der Linie zeigt, wie und was Sie denken. Die Kopflinie verrät, wie Sie mit Problemen umgehen, wo Ihre Interessen liegen und wie Ihre Intelligenz sich entwickelt.

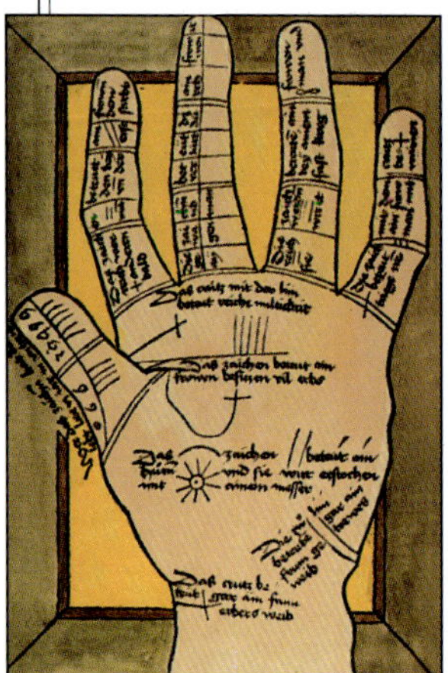

MITTELALTERLICHE CHIROLOGIE
Ein handbemalter Holzschnitt aus dem ersten gedruckten Buch über Chirologie, Die Kunst Ciromantia *von Johann Hartlieb, 1475.*

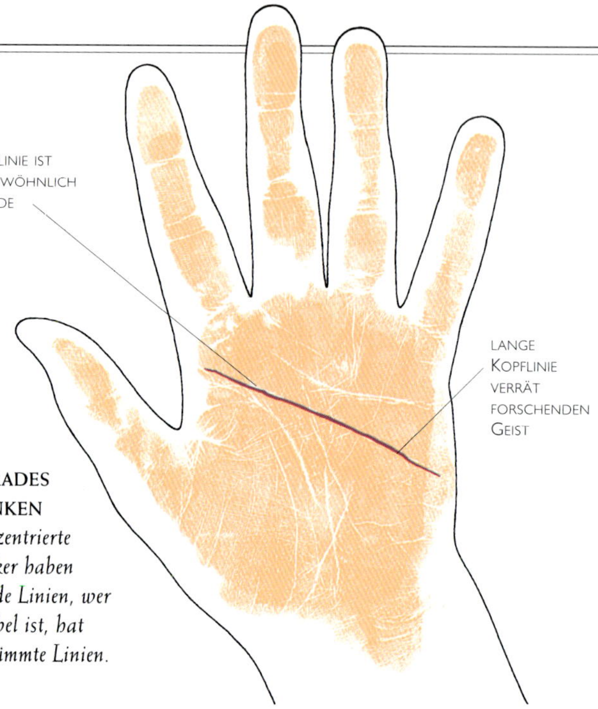

GERADES DENKEN
Konzentrierte Denker haben gerade Linien, wer flexibel ist, hat gekrümmte Linien.

DIE GERADE KOPFLINIE

Wenn eine Linie so gerade ist, als sei sie mit dem Lineal gezogen, weist sie auf einen pragmatischen und analytischen Geist hin. Wenn Sie diese Linie besitzen, sind Sie praktisch und logisch veranlagt und können sich gut konzentrieren. Sie lassen sich bei der Arbeit nicht ablenken. Diese Linie verrät auch Begabung für Mathematik, Wissenschaft, Technik und Geschäft sowie für manuelle und praktische Tätigkeiten.

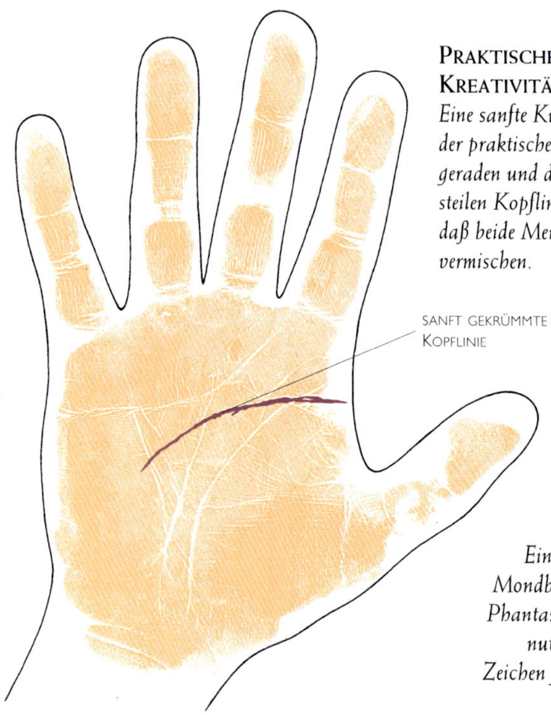

PRAKTISCHE KREATIVITÄT
Eine sanfte Kurve zwischen der praktischen Begabung der geraden und der Phantasie der steilen Kopflinie bewirkt oft, daß beide Merkmale sich vermischen.

DIE GEKRÜMMTE KOPFLINIE

Macht die Kopflinie einen sanften Bogen, sind Sie an Experimenten und schöpferischem Tun interessiert, aber auch praktisch begabt. Sie sind ein hervorragender Kommunikator und für die Arbeit bei den Medien geeignet. Auch auf Begabung für Sprache und Literatur, Sozialwissenschaften und Psychologie weist diese Linie hin.

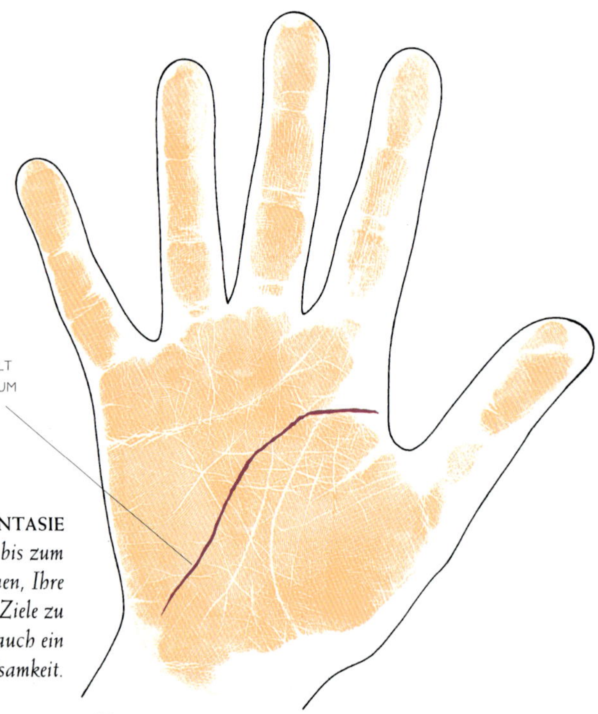

PHANTASIE
Eine Kopflinie, die sich bis zum Mondberg erstreckt, rät Ihnen, Ihre Phantasie für schöpferische Ziele zu nutzen. Diese Linie ist auch ein Zeichen für extreme Empfindsamkeit.

DIE STEILE KOPFLINIE

Die Kopflinie, die zum Mondberg führt, verspricht Kreativität und künstlerisches Talent. Je steiler die Linie abfällt, desto mehr Phantasie besitzen Sie. Maler, Dichter und Schriftsteller dürfen sich über diese Linie freuen. Wenn die Kopflinie jedoch tief in den Mondberg eintaucht, der das Unbewußte symbolisiert, besteht die Gefahr, daß Sie Ihren Realitätssinn verlieren.

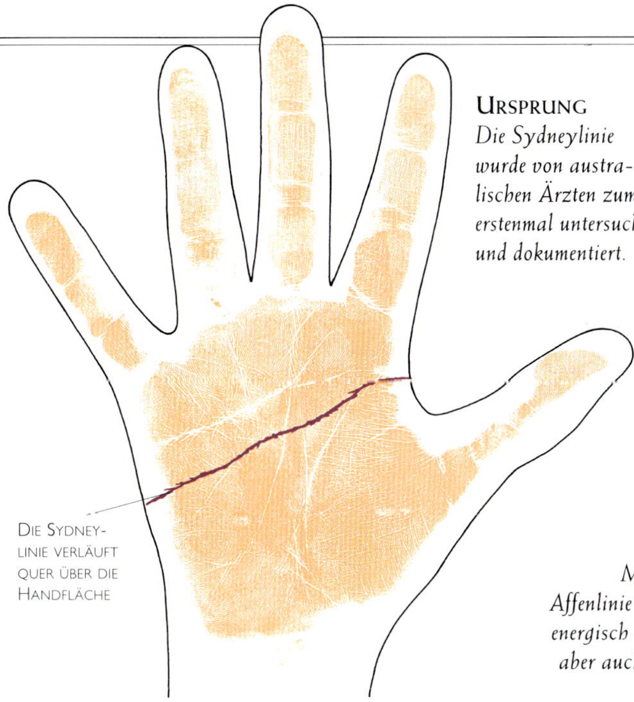

URSPRUNG

Die Sydneylinie wurde von australischen Ärzten zum erstenmal untersucht und dokumentiert.

DIE AFFENLINIE

Die Affenlinie entsteht, wenn Kopf- und Herzlinie zu einer Linie verschmelzen, die von einer Handkante zur anderen verläuft. Sie kommt selten vor und ist eines der Merkmale, die bei Chromosomendefekten wie dem Down-Syndrom auftreten. Auf einer normalen Hand enthüllt die Affenlinie starke Emotionen, die entstehen, wenn Herz und Geist verschmelzen.

KOMPLEXITÄT

Menschen mit einer Affenlinie sind oft komplex, energisch und zielorientiert, aber auch eifersüchtig und egozentrisch.

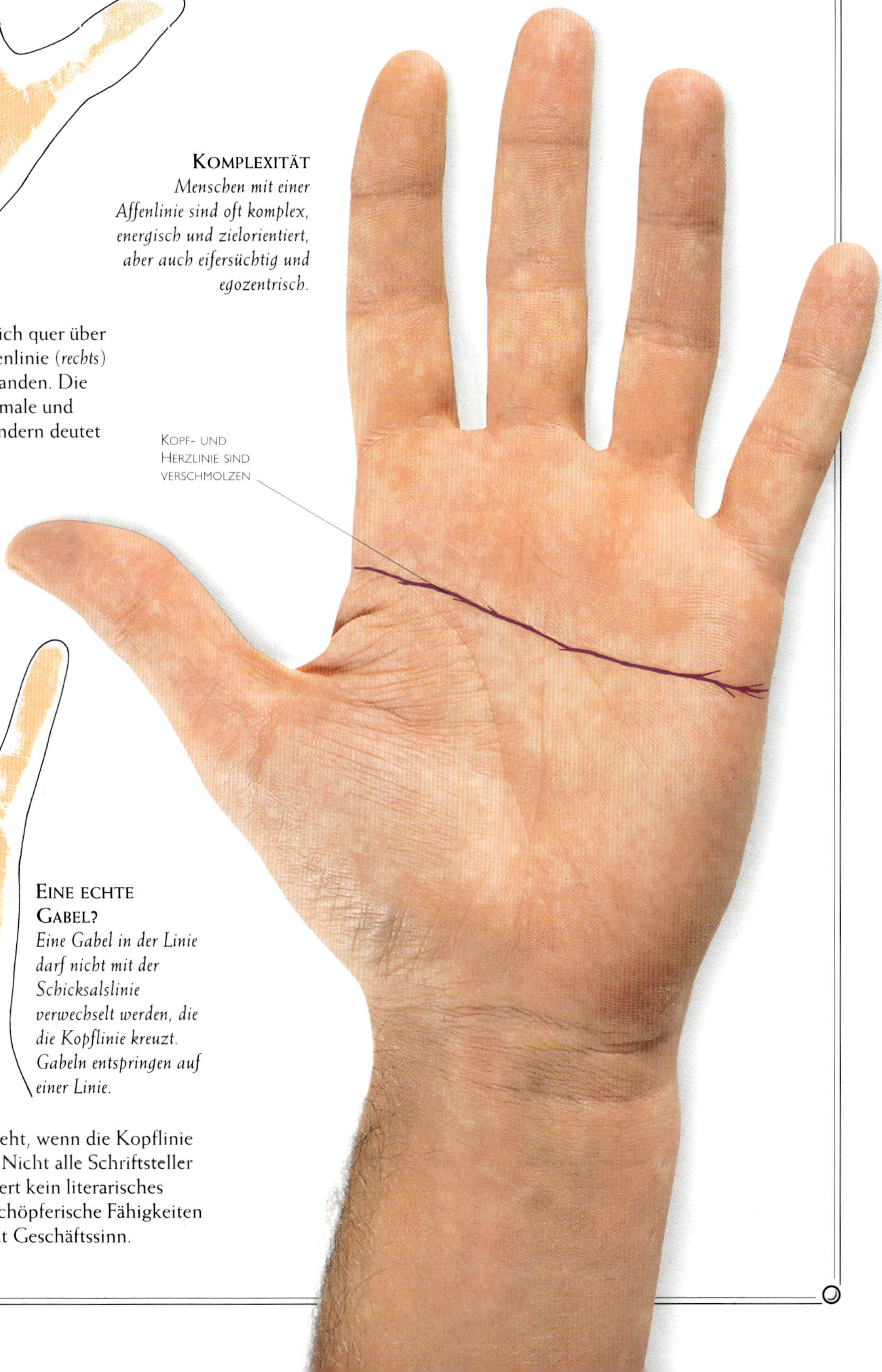

DIE SYDNEYLINIE

Die Sydneylinie ist eine Kopflinie, die sich quer über den Handteller erstreckt. Sie ist der Affenlinie (*rechts*) sehr ähnlich; aber die Herzlinie ist vorhanden. Die Sydneylinie symbolisiert ähnliche Merkmale und Eigenschaften wie die Affenlinie. Bei Kindern deutet sie manchmal auf Hyperaktivität hin.

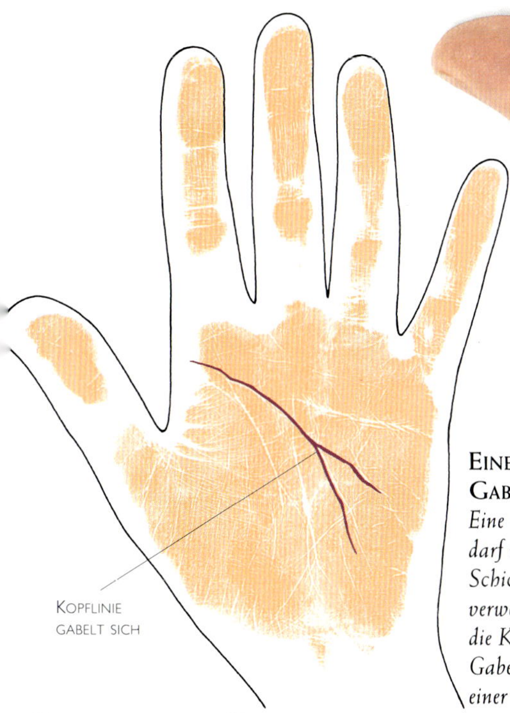

EINE ECHTE GABEL?

Eine Gabel in der Linie darf nicht mit der Schicksalslinie verwechselt werden, die die Kopflinie kreuzt. Gabeln entspringen auf einer Linie.

DIE GEGABELTE KOPFLINIE

Die klassische „Schriftstellergabel" entsteht, wenn die Kopflinie sich unterhalb des Apolloberges gabelt. Nicht alle Schriftsteller besitzen dieses Merkmal, und es garantiert kein literarisches Talent. Es weist jedoch auf erhebliche schöpferische Fähigkeiten hin. Eine Gabel am Ende der Linie verrät Geschäftssinn.

Ereigniszeichen auf der Kopflinie

Die Kopflinie ist eine Art Datenbank, die jedes Detail über Stimmungen, Reaktionen auf Probleme, intellektuelle Leistungen, Triumphe und Sorgen aufzeichnet.

Auf der Kopflinie finden sich feine Zeichen, die Sie entschlüsseln können und die Ihnen genaue Auskunft über vergangene Ereignisse geben, die zur gegenwärtigen Situation geführt haben.

Diese Zeichen erlauben Ihnen außerdem einen Blick auf Trends, Ereignisse und Situationen, mit denen Sie in der Zukunft rechnen müssen. Wenn Sie gelernt haben, diese Zeichen zeitlich einzuordnen, können Sie Ihre intellektuelle Entwicklung daran ablesen und künftigen Geschehnissen einen Schritt voraus sein.

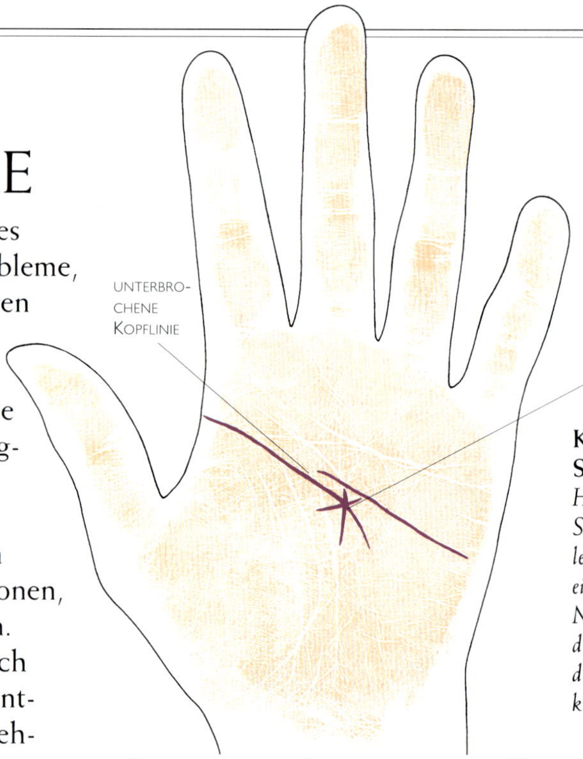

Körperliche Schocks
Hier symbolisiert der Stern eine Kopfverletzung als Folge eines Autounfalls. Nach einer vollständigen Genesung wird die Kopflinie wieder kräftig.

Brüche und Sterne auf der Kopflinie

Sterne und Brüche auf der Kopflinie symbolisieren Ereignisse, deren Ursache seelisch oder körperlich sein kann. Eine unterbrochene Linie weist auf einen vollständigen Wandel der Einstellung oder Lebensweise oder auf eine Kopfverletzung hin. Sterne können einen körperlichen Schock oder eine wundervolle Überraschung ankündigen.

Stressunverträglichkeit
Eine einsame Insel auf der Kopflinie unter dem Mittelfinger zeigt, daß Sie unter Streß nicht arbeiten können.

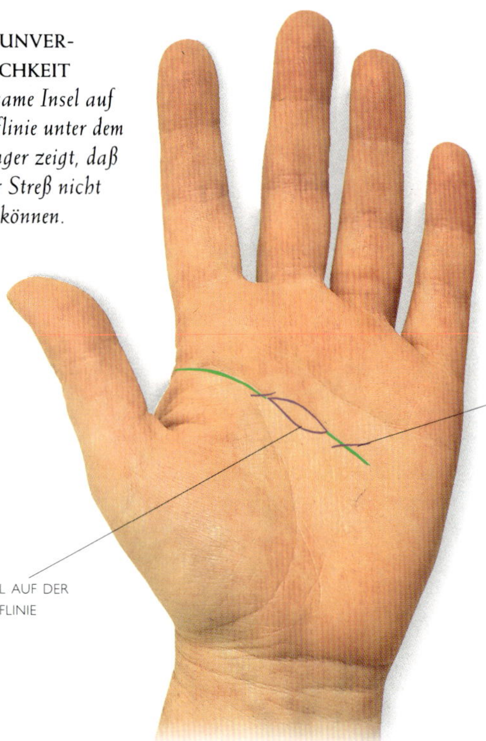

Stäbe und Inseln auf der Kopflinie

Ein Stab, der die Kopflinie kreuzt, blockiert den Energiestrom und symbolisiert ein vorübergehendes Hindernis, z.B. finanzielle oder berufliche Probleme. Inseln kündigen oft Sorgen an. Je länger die Insel ist, desto länger dauert es, das Problem zu überwinden. Eine genaue Zeitbestimmung ist möglich (*siehe Seite 65*).

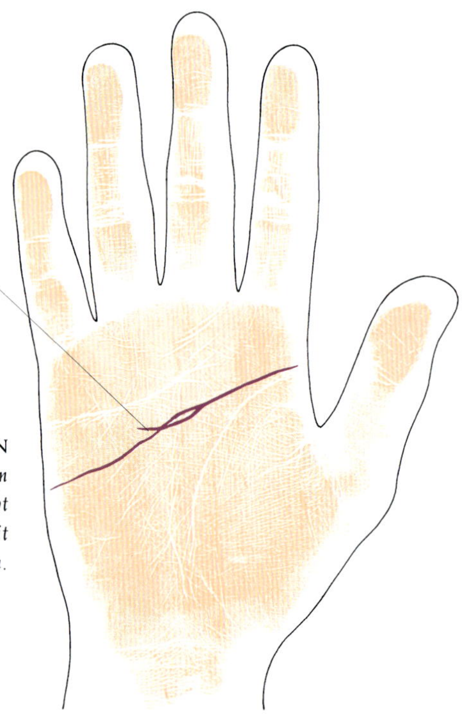

Sorgen
Ein ansteigender Ast am Ende einer Insel verspricht das Ende einer langen Zeit der Sorgen.

Äste an der Kopflinie

Zeigt ein Ast nach unten, warnt er vor Depression, zeigt er nach oben, bedeutet er Erfolg. Äste zum Zeigefinger verheißen gesellschaftlichen oder akademischen Erfolg, Äste zum Mittelfinger eine gute Karriere oder Immobilien, Äste zum Ringfinger Selbstverwirklichung und Äste zum kleinen Finger finanziellen Erfolg.

Flüsse des Lebens

DIE LINIEN UND ÄSTE AUF DER HAND SIND MIT FLÜSSEN UND NEBENFLÜSSEN VERGLEICHBAR.

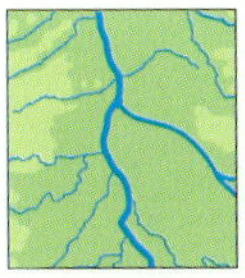

FLÜSSE befördern lebenspendendes Wasser rund um die Erde. Handlinien symbolisieren Energieströme, die über die Landkarte der Hand fließen. Und so wie Flüsse trübe oder klar, tief oder flach, langsam oder schnell sein können, spiegelt die Qualität unserer Energie sich in den Handlinien wider. Tiefe Linien, die keine Dämme in Form von Stäben kreuzen, zeigen, daß die Energie ungehindert fließt. Linien mit Hindernissen oder Inseln weisen dagegen auf Störungen im Energiestrom hin.

ABGELENKTE ENERGIE
Äste auf den Handlinien gleichen Nebenflüssen, die das umgebende Land bewässern. Sie tragen den Einfluß der Linien zu anderen Bereichen der Hand.

DIE KOPFLINIE ALS ZEITSKALA

SIE können die Ereignisse auf der Kopflinie in eine Zeitskala eintragen. Leider gibt es keine Standardskala, die für jede Hand paßt. Wenn Sie aber das Prinzip kennen, können Sie die Skala an die Größe Ihrer Hand anpassen. Am besten üben Sie mit Freunden und Angehörigen.

SO WENDEN SIE DIE ZEITSKALA AN

Auf dem Handabdruck einer Journalistin (*unten*) ist das erste bedeutsame Zeichen auf der Kopflinie nach der 20-Jahres-Marke ein Ast, der zum Mittelfinger zeigt. In diesem Fall symbolisiert er ein gutes Grundstücksgeschäft. Ein Stab bei 27 Jahren verrät berufliche Probleme und die folgende Insel einen Rückschlag in der Karriere, der etwa neun Jahre dauert. Bei 36 Jahren erkennen wir drei Merkmale auf der Linie, die das Problem lösen helfen: 1. Die Insel endet. 2. Ein Ast zeigt zum Ringfinger – das bedeutet Selbstverwirklichung. 3. Die Kopflinie wird kräftiger. Diese Journalistin fand in der Tat eine neue Stellung, in der sie großen Erfolg hatte. Sie gewann neues Vertrauen in ihre Arbeit, was die nun ausgeprägte Kopflinie bestätigt.

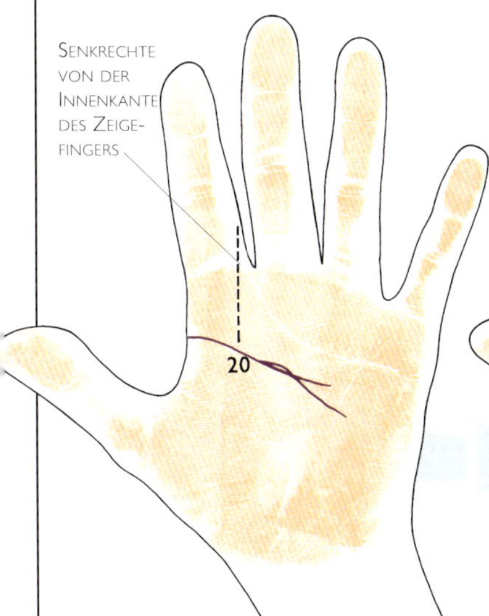

1 Zeichnen Sie eine Senkrechte von der Innenkante des Zeigefingers zur Kopflinie. Dieser Punkt steht für ein Alter von 20 Jahren. Die Linie von der Daumenkante bis zu diesem Punkt entspricht den ersten 20 Lebensjahren. Wenn Sie wollen, können Sie diese Jahre markieren.

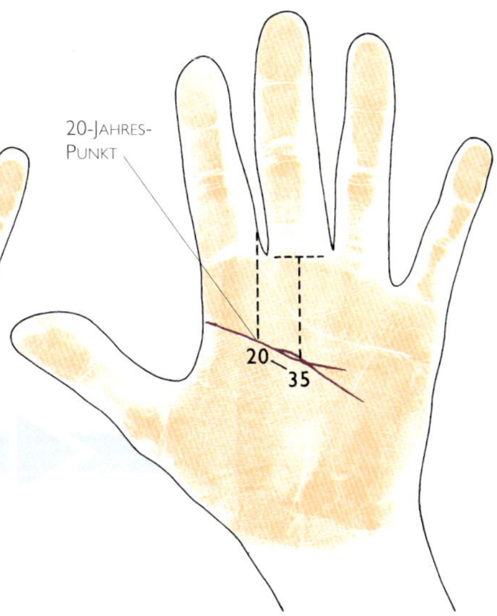

2 Unterteilen Sie die Linie an der 20-Jahres-Marke mit einem spitzen Bleistift. Ein Millimeter entspricht einem Jahr. Ziehen Sie noch eine Linie von der Mitte des Mittelfingers zur Kopflinie. Dieser Punkt markiert 35 Jahre. Beachten Sie, daß kurze Lebenslinien kein kurzes Leben, sondern praktisches Talent bedeuten.

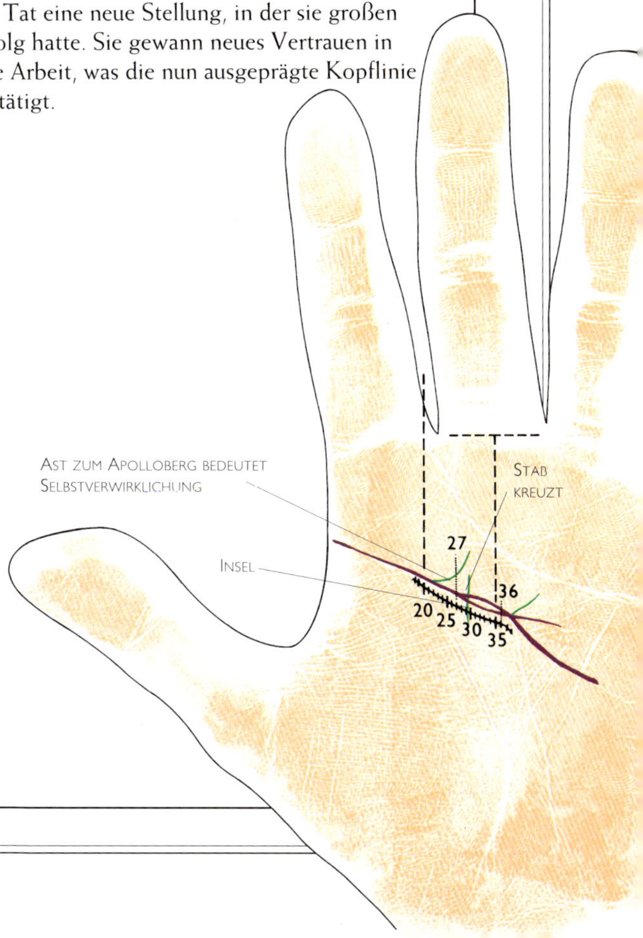

DIE HERZLINIE

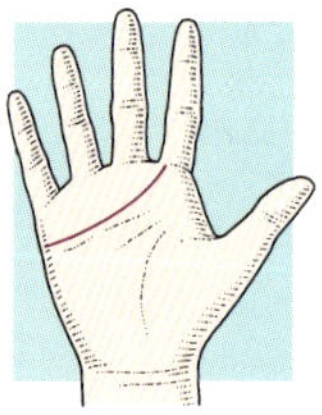

DIE Herzlinie, die oberste waagrechte Linie auf der Handfläche, hilft Ihnen, Ihre Gefühle zu verstehen.

Sie verrät außerdem, wie Sie mit anderen umgehen, und ihre Lage und Form enthüllen Ihre empfindlichen Stellen, Ihre Emotionen, Ihre Einstellung zum Partner und zur Sexualität sowie Ihre Erwartungen an Liebe und Ehe. Das sind wichtige Komponenten des Selbstausdrucks und der instinktiven Reaktionen auf andere.

Die Herzlinie beginnt in jenem Teil der Handfläche, der das Unbewußte symbolisiert.

Sie zeigt, ob Sie leidenschaftlich oder kühl, passiv und unterwürfig oder stark und dominant sind; ob Sie sich auf den ersten Blick verlieben oder Ihre Gefühle erst nach reiflicher Überlegung festlegen und offenbaren; ob Ihr Herz den Verstand beherrscht oder umgekehrt.

TYPISCHE MERKMALE DER HERZLINIE

DIE Herzlinie symbolisiert nicht nur die Liebe, sondern gibt auch Hinweise zum Zustand des Herzens und der Blutgefäße. Ihre Länge und Richtung gibt Auskunft über Gefühle und Emotionen.

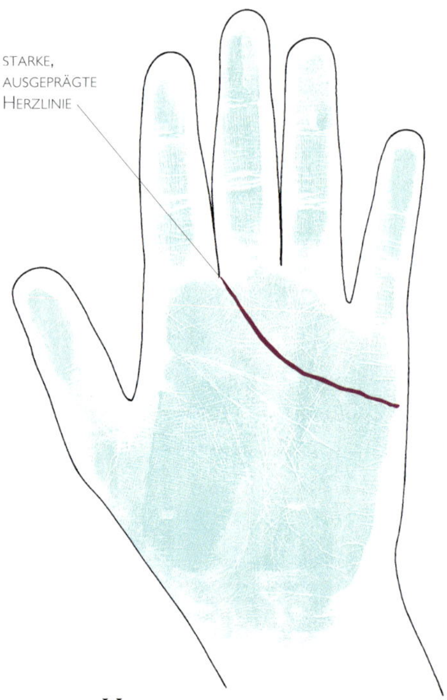

DER AUFBAU

Eine stark zerfranste Herzlinie ist ein Indiz für emotionale Instabilität. Sie kann aber auch Mineralmangel oder ein chemisches Ungleichgewicht enthüllen.

FARBE

Ist die Herzlinie hellrot oder erheblich dunkler als die anderen Linien, sind Sie ein leidenschaftlicher oder aufbrausender Mensch. Wenn sie sehr blaß ist, verrät sie Egoismus, Kälte oder Gleichgültigkeit.

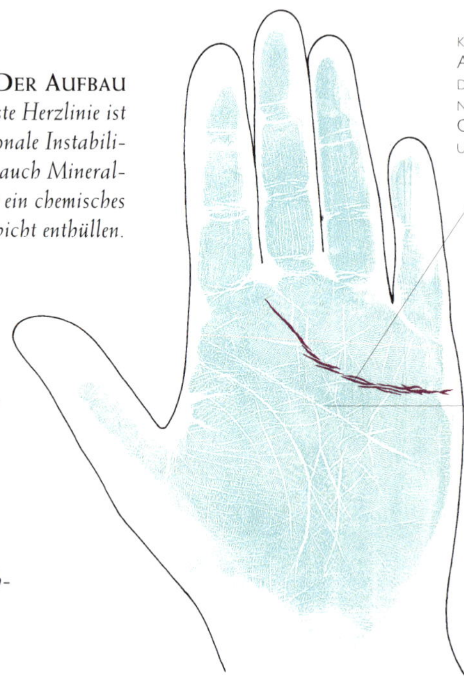

DIE STARKE HERZLINIE

Ist die Herzlinie klar und gut ausgeprägt, sind Sie warm und großzügig zu anderen und von Ihrer Sexualität überzeugt. Wenn die Linie die auffälligste auf der Hand ist, haben Ihre Emotionen möglicherweise die Oberhand über andere Aspekte Ihres Lebens gewonnen. Menschen mit dominanter Herzlinie handeln oft impulsiv, ohne an die Folgen zu denken.

DIE SCHWACHE HERZLINIE

Nur wenige Menschen haben eine vollkommen geformte Herzlinie; aber wenn die Linie schwächer als die anderen Linien oder kettenförmig oder blaß ist, müssen Sie mit problematischen und unbefriedigenden emotionalen Beziehungen rechnen. Unsicherheit kann Beziehungen zerstören. Sie sind leicht zu beeinflussen und wollen ständig vom Partner bestätigt werden.

Die hoch- oder tiefliegende Herzlinie

Wenn die Herzlinie sehr hoch liegt, empfinden Sie Liebe auf eine fast spirituelle Art. Ihre Beziehungen sind gefühlsbetont, und Sie wollen vom Partner ständig unterstützt und beachtet werden. Verläuft die Herzlinie weiter unten, befinden die Emotionen sich im Bereich der Kopflinie, so daß die Vernunft sie mäßigt. Eine solche Linie ist ein Zeichen für Warmherzigkeit und Großzügigkeit.

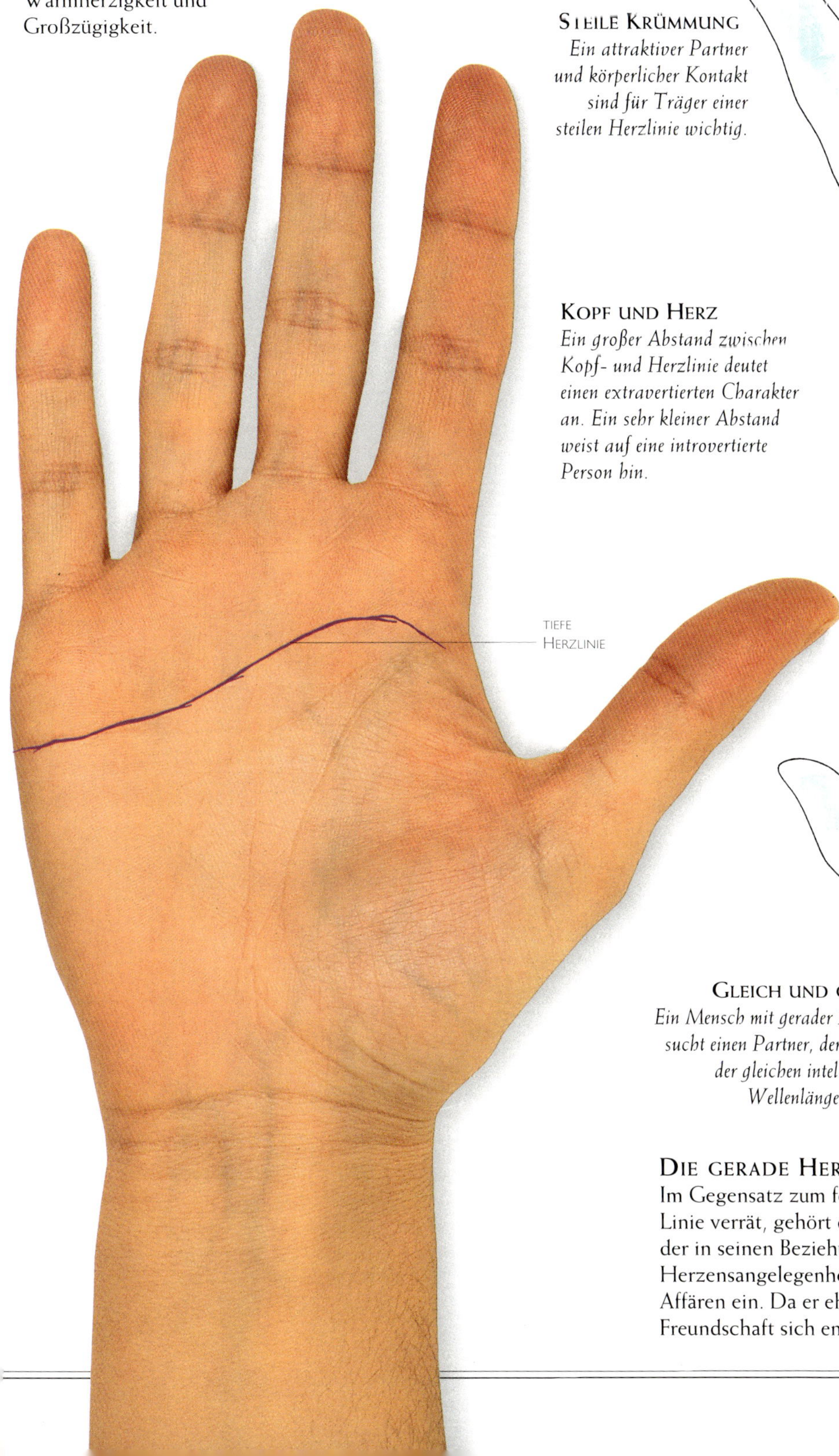

Die gekrümmte Herzlinie

Eine gekrümmte Herzlinie verrät einen starken Geschlechtstrieb. Wer sie besitzt, möchte in der Liebe den Ton angeben und beim Sex den ersten Schritt tun. Er ist leidenschaftlich und vital, und körperliche Lust ist für ihn äußerst wichtig.

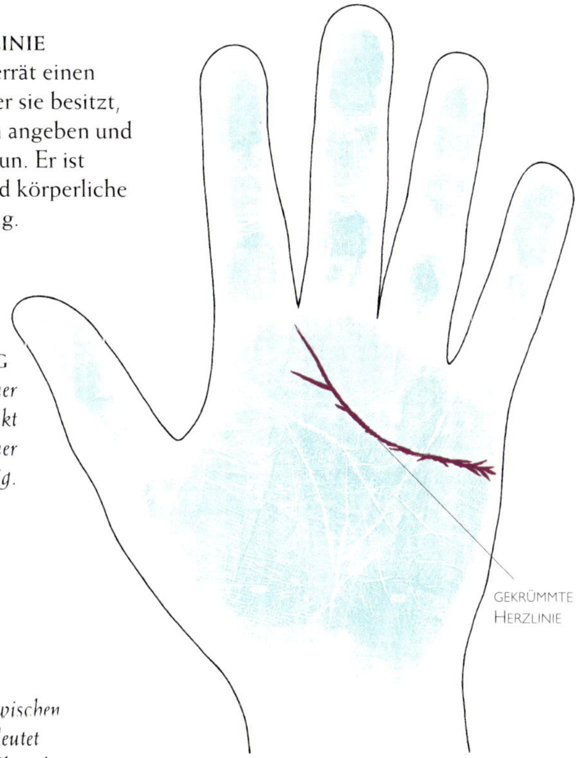

Steile Krümmung
Ein attraktiver Partner und körperlicher Kontakt sind für Träger einer steilen Herzlinie wichtig.

Kopf und Herz
Ein großer Abstand zwischen Kopf- und Herzlinie deutet einen extravertierten Charakter an. Ein sehr kleiner Abstand weist auf eine introvertierte Person hin.

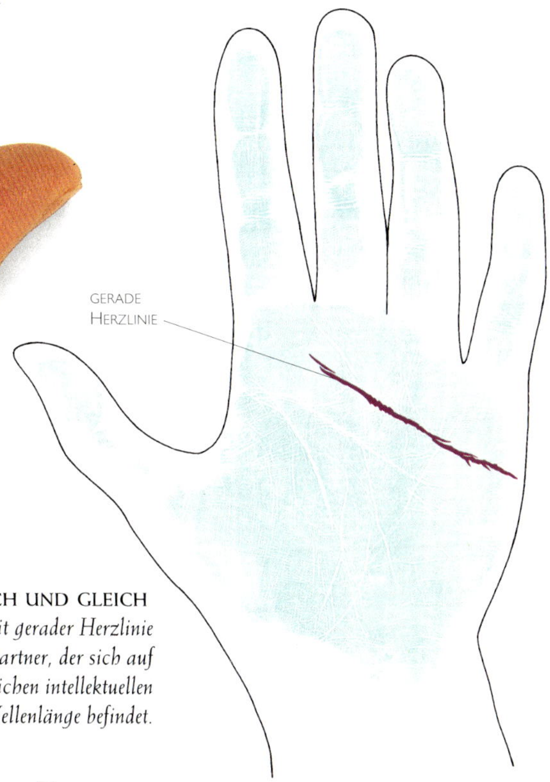

Gleich und gleich
Ein Mensch mit gerader Herzlinie sucht einen Partner, der sich auf der gleichen intellektuellen Wellenlänge befindet.

Die gerade Herzlinie

Im Gegensatz zum feurigen Temperament, das die gekrümmte Linie verrät, gehört die gerade Herzlinie zu einem Menschen, der in seinen Beziehungen mehr Vernunft walten läßt. Er ist in Herzensangelegenheiten schlau und läßt sich nicht voreilig auf Affären ein. Da er eher passiv ist, engagiert er sich erst, wenn eine Freundschaft sich entwickelt hat.

ARTEN VON HERZLINIEN

DIE meisten Herzlinien – es gibt nur sehr wenige Ausnahmen – beginnen am Rand der Handfläche unmittelbar unter dem kleinen Finger und verlaufen quer über den oberen Teil der Hand. Die meisten enden unter der Wurzel des Zeigefingers, einige reichen bis zum Rand der Hand und manche enden schon unterhalb des Mittelfingers. Der Aufbau der Herzlinie und der Ort, an dem sie endet, spiegeln Ihre sexuellen Neigungen und Ihre Fähigkeit, zu lieben und Liebe zu empfangen, wider.

HERZ ZU HERZ
Diese Karikatur von George du Maurier erschien am 6. Dezember 1886 im Punch. Sie zeigt, daß Handlesen sich als Vorwand für einen harmlosen Flirt eignet.

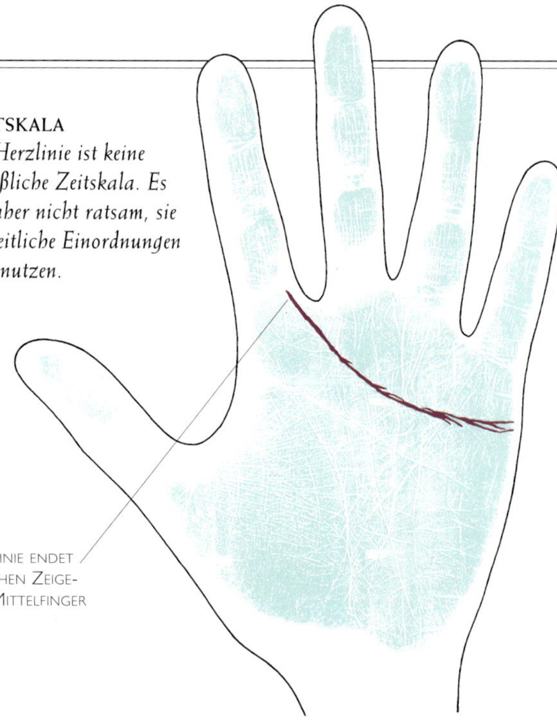

ZEITSKALA
Die Herzlinie ist keine verläßliche Zeitskala. Es ist daher nicht ratsam, sie für zeitliche Einordnungen zu benutzen.

HERZLINIE ENDET AM JUPITERBERG

Wenn Ihre Herzlinie bis hinauf zur Wurzel des Jupiterfingers reicht, neigen Sie dazu, ein Perfektionist in Herzensangelegenheiten zu sein. Sie haben hohe Maßstäbe und Erwartungen. Wenn Sie sich jedoch an einen Partner gebunden haben, werden Sie hingebungsvoll und ehrlich sein.

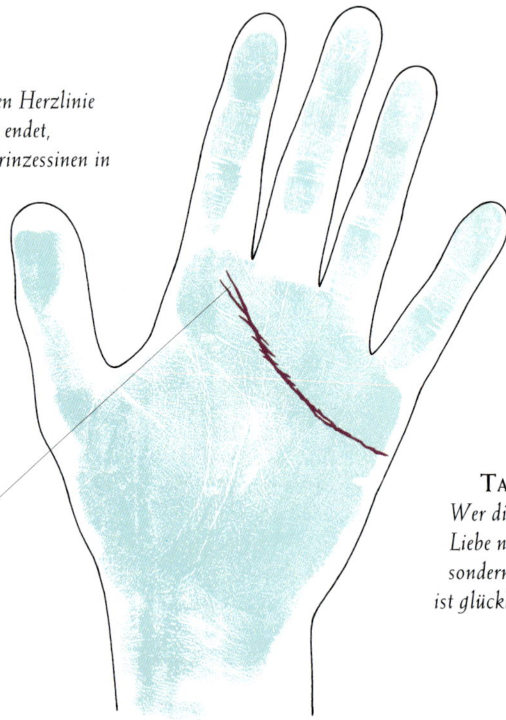

ROMANTIK
Menschen, deren Herzlinie am Jupiterberg endet, träumen von Prinzessinen in Not und von Rittern in glänzender Rüstung.

HERZLINIE ENDET AUF DEM JUPITERBERG

Wenn Ihre Herzlinie mitten auf dem Jupiterberg endet, sind Sie hoffnungslos romantisch. Sie sehen die Liebe durch eine rosarote Brille und neigen dazu, Partner auf ein Podest zu stellen. Leider sind Sie enttäuscht, wenn Sie entdecken, daß der Partner auch nur sterblich ist. Sie brauchen mehr Realismus, um sich und dem Partner Enttäuschungen zu ersparen.

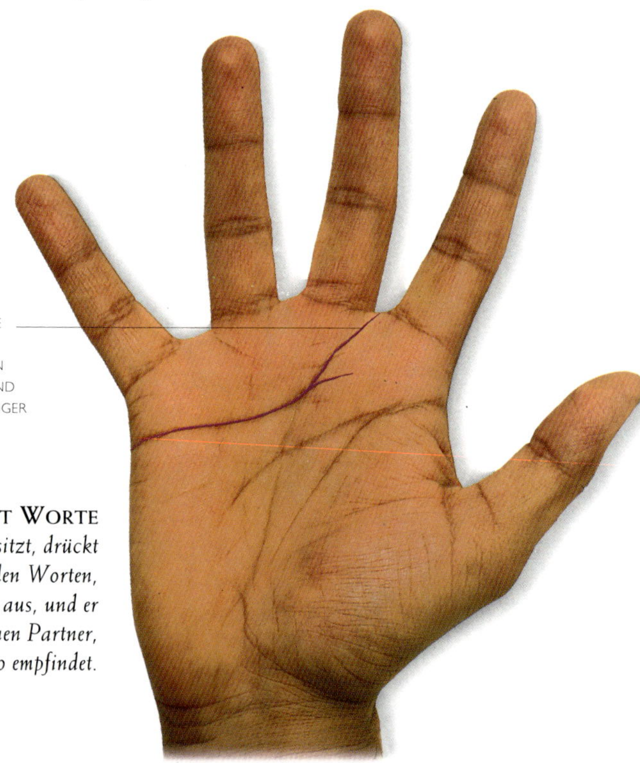

TATEN STATT WORTE
Wer diese Linie besitzt, drückt Liebe nicht mit vielen Worten, sondern körperlich aus, und er ist glücklich über einen Partner, der ebenso empfindet.

HERZLINIE ENDET ZWICHEN DEN FINGERN

Es kommt recht häufig vor, daß die Herzlinie zwischen Zeige- und Mittelfinger endet. Dieses Merkmal verrät Gefühlsbetontheit. Ihre Liebe ist tief; aber Sie zeigen Ihre Gefühle durch das, was Sie für andere – Liebespartner, Angehörige, Freunde – tun, und reden nicht gerne darüber.

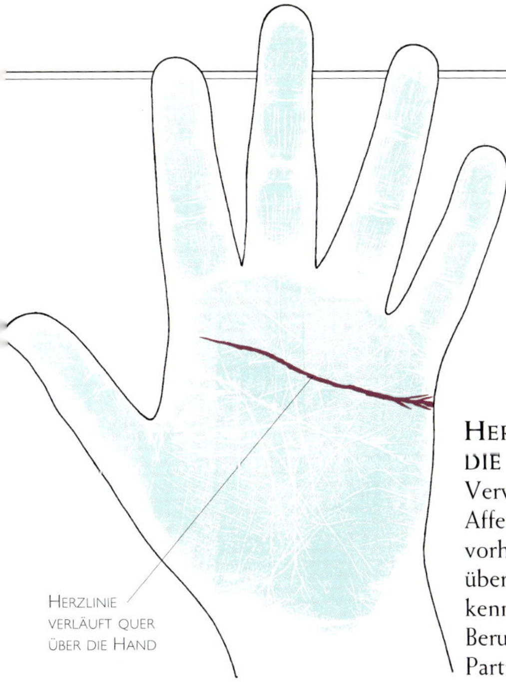

DER ORGANISATOR
Menschen, die immer wieder gebeten werden, Verantwortung zu übernehmen und in Ausschüssen mitzuarbeiten, besitzen fast immer eine Herzlinie, die quer über die Hand verläuft.

HERZLINIE VERLÄUFT QUER ÜBER DIE HANDFLÄCHE

Verwechseln Sie diese Linie nicht mit der Affenlinie (*Seite 63*). Die Kopflinie ist hier vorhanden, und die Herzlinie verläuft quer über die Hand zur Daumenkante. Sie kennzeichnet den Arbeitswütigen, dem der Beruf wichtiger ist als seine Gefühle. Partner und Angehörige können sich dabei vernachlässigt vorkommen.

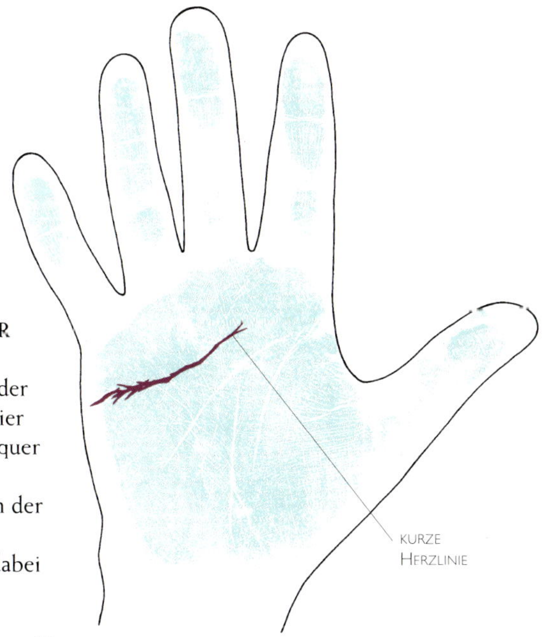

DIE KURZE HERZLINIE

Reicht die Herzlinie nur bis zum Mittelfinger, enthüllt sie, daß es Ihnen bei intimen Partnerschaften an Verantwortungsbewußtsein mangelt. Sie wollen zwar Spaß haben, sich aber nicht langfristig binden. Gegen flüchtige Affairen haben Sie nichts einzuwenden.

ÄSTE
Wenn die Herzlinie in einer Gabel endet, suchen die Menschen Ihre Sympathie. Führt jedoch ein Ast nach unten zur Lebenslinie, sagt er eine Enttäuschung in der Liebe voraus.

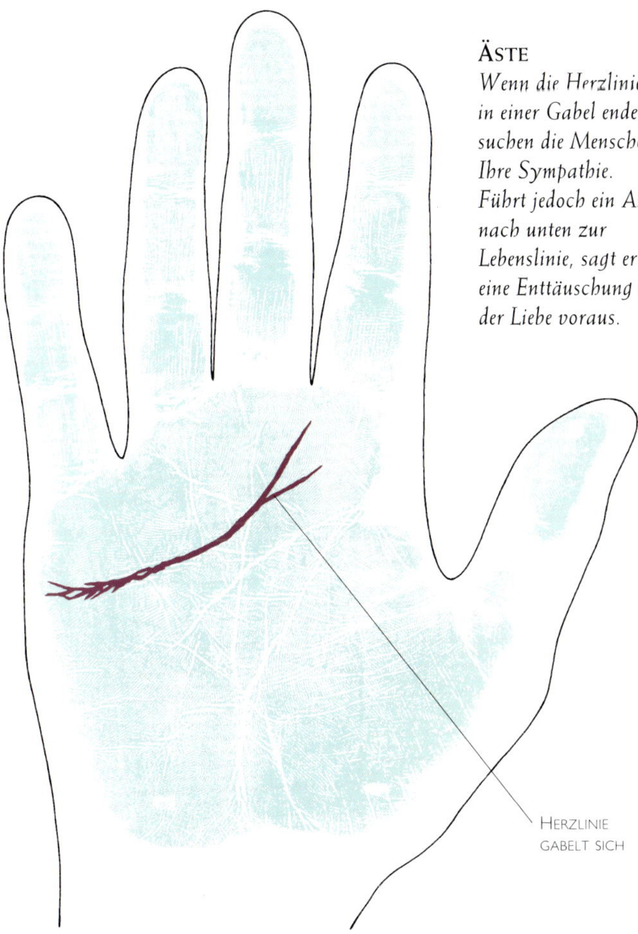

DIE GEGABELTE HERZLINIE

Eine Herzlinie, die sich gabelt, ist ein Glückszeichen, weil sie in der Regel die Eigenschaften des Herzens und des Kopfes vereinigt. Sie sind warmherzig, romantisch und ausgeglichen. Eine Gabel mit drei Enden ist noch günstiger, denn sie umfaßt alle positiven Merkmale der hier gezeigten Herzlinien. Sie verbinden Logik mit Gefühl, Sie können aufmerksam zuhören und Sie unterstützen Ihren Partner aufrichtig.

Ringe an den Fingern

SEIT JAHRHUNDERTEN SYMBOLISIEREN FINGERRINGE EINEN HOHEN RANG, ABER AUCH EINHEIT UND TREUE.

EIN Ring an einem Finger ist bedeutsam. Am Zeigefinger symbolisiert er das Ich sowie Eitelkeit und Ehrgeiz. Am Mittelfinger weist er auf Materialismus hin. Einen Ehering trägt man traditionell am Ringfinger, weil dieser mit dem Herzen und den Gefühlen assoziiert wird. Ringe am kleinen Finger verraten sexuelle Hemmungen.

SIGNALE
Ein Ring bedeutet Ansehen, aber er ist auch ein Schmuck oder ein Symbol. Die Auswahl des Fingers verrät jedoch mehr über das Innere des Trägers, als dieser ahnt.

Die Schicksalslinie

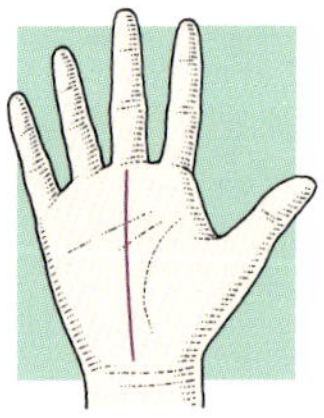

Die Lebenslinie symbolisiert die Lebensqualität, die Kopflinie verrät viel über den Geist und die Herzlinie enthüllt die Gefühle.

Die Schicksalslinie gibt Auskunft über die Arbeit und die Einstellung zur Umwelt. Sie läuft senkrecht über die Hand und zieht alle Fäden zusammen, aus denen das Leben und die Persönlichkeit gewebt sind.

Sie zeigt, wie Sie Talente nutzen, wie Sie sich benehmen und in welchem Umfang Sie Ihr Leben und Ihre persönlichen Umstände bestimmen.

Im Idealfall läuft die Schicksalslinie vom Handgelenk durch die Handmitte zur Fingerwurzel und ähnelt einer stützenden Zeltstange. In der heutigen Zeit der Mobilität und der neuen beruflichen Anforderungen sind Schicksalslinien jedoch häufig unterbrochen, oder sie ändern mehrere Male die Richtung.

Der Vergleich mit dem Zeltstab liefert auch den Schlüssel zur Bedeutung dieser Linie. Sie zeigt, wieviel Verantwortung Sie tragen können und was Sie aus dieser Verantwortung machen.

Typische Merkmale der Schicksalslinie

Nicht alle Schicksalslinien sind gerade oder starke, stabförmige Gebilde. Viele sind unterbrochen oder bestehen aus mehreren sich überlappenden Teilen. Manche beginnen in einer Ecke der Hand oder wurzeln in einer anderen Linie. Andere fangen erst in der Mitte der Hand an, und bisweilen sind sie gar nicht vorhanden.

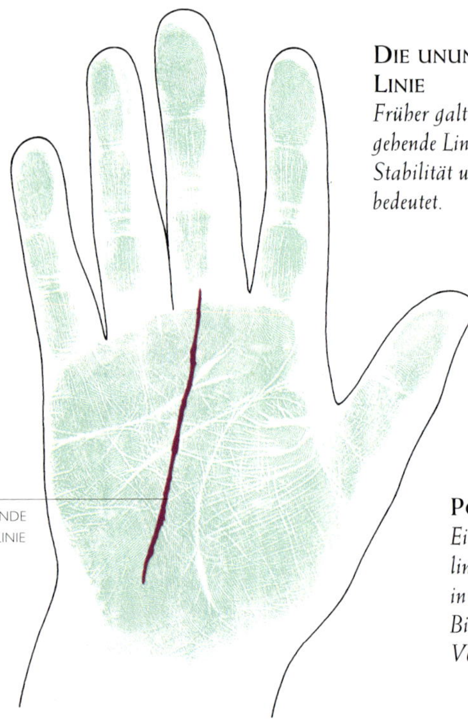

Die ununterbrochene Linie
Früher galt die gerade, durchgehende Linie als ideal, da sie Stabilität und Sicherheit bedeutet.

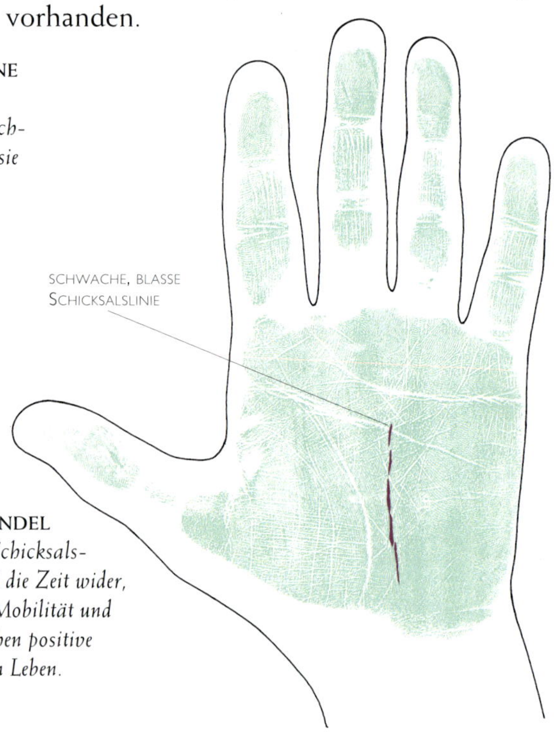

Positiver Wandel
Eine gebrochene Schicksalslinie spiegelt wohl die Zeit wider, in der wir leben. Mobilität und Bildung ermöglichen positive Veränderungen im Leben.

Die starke Schicksalslinie
Eine starke, ausgeprägte Schicksalslinie gehört einem motivierten, zielstrebigen Menschen. Er ist vertrauenswürdig, aufrichtig und besitzt Führungsqualitäten. Dank dieser Charakterstärke ist er Herr seines Schicksals.

Die schwache Schicksalslinie
Eine bruchstückhafte oder blasse Schicksalslinie deutet auf eine unstete Lebensweise hin. Sie nehmen Ihr Schicksal nicht in die eigene Hand. Durch eine positive Einstellung können Sie jedoch eine schwache Linie mit der Zeit kräftigen.

Orientalisches Handlesen

IN DER KULTUR DES OSTENS HAT DIE CHIROLOGIE EINE GRÖSSERE BEDEUTUNG ALS IM WESTEN.

IM Orient hat das Handlesen ein viel größeres Ansehen und mehr Anhänger als im Westen, wo Religion und Wissenschaft sie bekämpfen. Chirologen werden regelmäßig konsultiert, besonders vor neuen geschäftlichen Projekten, vor einer Heirat oder nach der Geburt eines Kindes. Auch in der Praxis sieht das Handlesen etwas anders aus; Raszetten (Linien am Handgelenk) und der Daumen werden beispielsweise intensiver studiert.

ZEICHEN AUF DER HAND
Der größte Unterschied zwischen der Chirologie des Ostens und des Westens ist bei der Bedeutung der Nebenzeichen erkennbar – vielleicht weil sie oft östlichen Schriftzeichen ähneln.

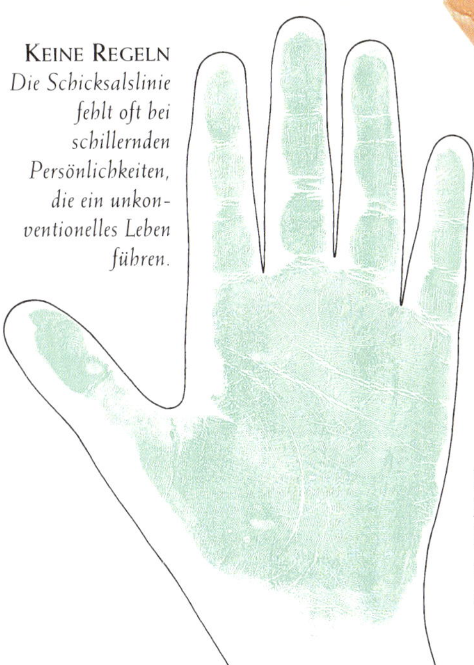

KEINE REGELN
Die Schicksalslinie fehlt oft bei schillernden Persönlichkeiten, die ein unkonventionelles Leben führen.

DIE DOPPELTE SCHICKSALSLINIE

Mitunter sehen wir zwei Schicksalslinien an einer Hand. Ihre Bedeutung hängt davon ab, wo die Verdoppelung beginnt. Eine parallele Nebenlinie der Hauptschicksalslinie zeigt, daß Sie zwei Berufe haben. Eine Linie, die vom Mondberg zur Schicksalslinie führt und ihr dann folgt, steht für einen Geschäfts- oder Liebespartner. Ist der doppelte Teil kurz, sind Sie vielseitig interessiert oder versuchen sich in mehreren Berufen gleichzeitig.

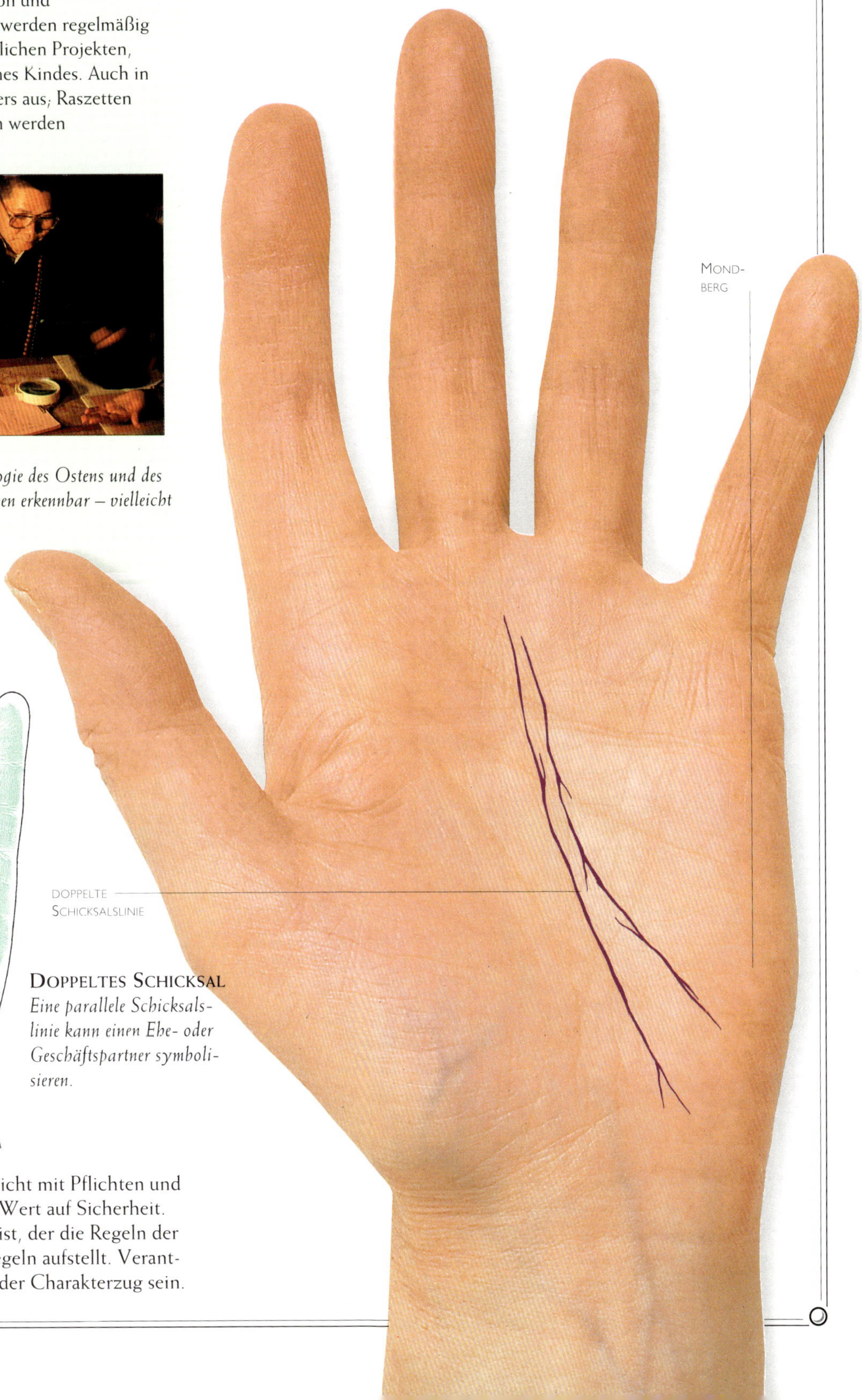

DOPPELTES SCHICKSAL
Eine parallele Schicksalslinie kann einen Ehe- oder Geschäftspartner symbolisieren.

DIE FEHLENDE SCHICKSALSLINIE

Fehlt die Schicksalslinie, wollen Sie sich nicht mit Pflichten und Verantwortung belasten und legen wenig Wert auf Sicherheit. Möglicherweise sind Sie ein Nonkonformist, der die Regeln der Gesellschaft ablehnt und seine eigenen Regeln aufstellt. Verantwortungslosigkeit kann ein hervorstechender Charakterzug sein.

Anfang und Ende der Schicksalslinie

Die Schicksalslinie verläuft durch die Handmitte an der Grenze zwischen der bewußten und unbewußten Seite der Hand. Darum symbolisiert sie Ihre Fähigkeit, Vernunft und Intuition zu verbinden. Die Position dieser Linie zeigt, wie Sie Ihre Talente nutzen, wie Sie Ihre Bedürfnisse mit den Bedürfnissen anderer in Einklang bringen und welchen Platz Sie in der großen Welt einnehmen.

Es kommt selten vor, daß die Schicksalslinie völlig gerade ist und sich vom Handgelenk bis zum Mittelfinger erstreckt. Meist endet sie unterhalb des Fingers, und ihr Anfang ist bei jedem Menschen verschieden. Der Beginn ist ebensowichtig wie das Ende.

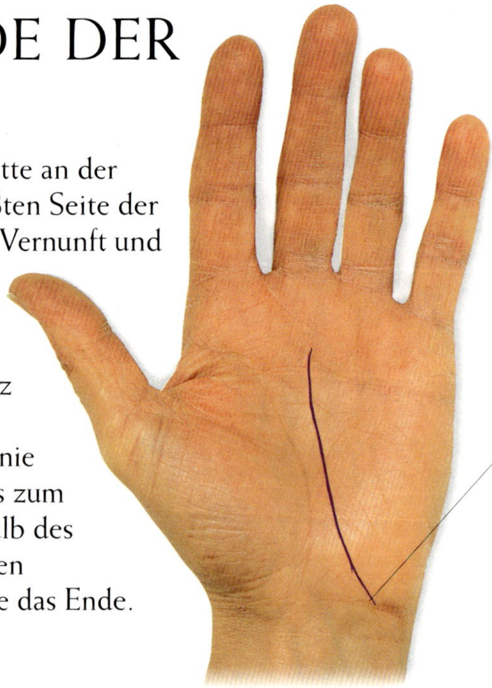

Schicksalslinie beginnt auf dem Mondberg
Da der Mondberg der Bereich der Phantasie ist, zeigt die dort beginnende Schicksalslinie, daß Sie schöpferisch interessiert oder tätig sind. Wer mit anderen Menschen oder in der Öffentlichkeit arbeitet, besitzt dieses Merkmal ebenfalls.

Mond-Einfluss
Unter dem Einfluß des Mondberges spielen Glück und der gute Wille anderer eine große Rolle in der erfolgreichen Laufbahn dieses Menschen.

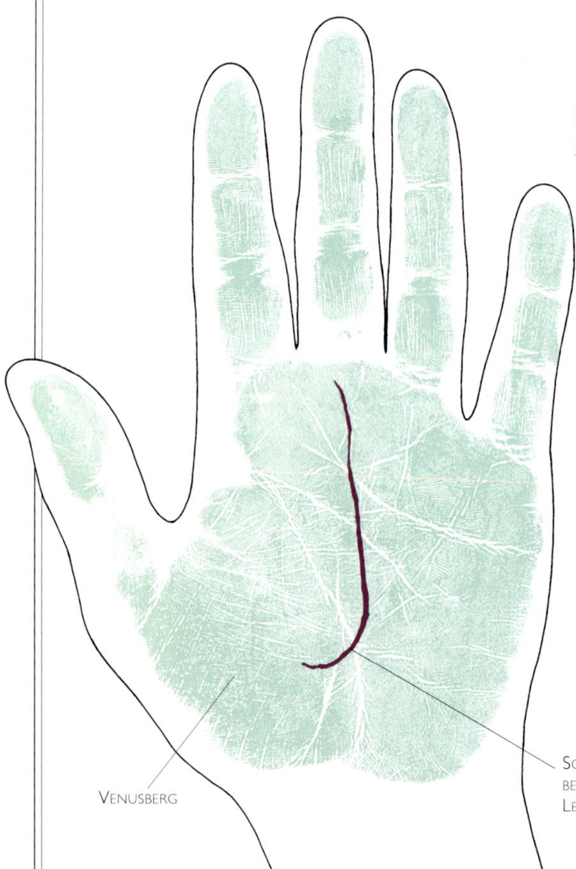

Familienbande
Entspringt die Schicksalslinie auf der Lebenslinie, fühlen Sie sich Ihren Eltern und Ihrer Familie ein Leben lang eng verbunden.

Spätstart
Eine Schicksalslinie, die am Handgelenk anfängt und unter dem Mittelfinger endet, ist ein Indiz für ein geregeltes, vorhersagbares Leben. Beginnt die Linie weiter oben, deutet sie an, daß Sie Ihre wahre Bestimmung erst in der Lebensmitte finden.

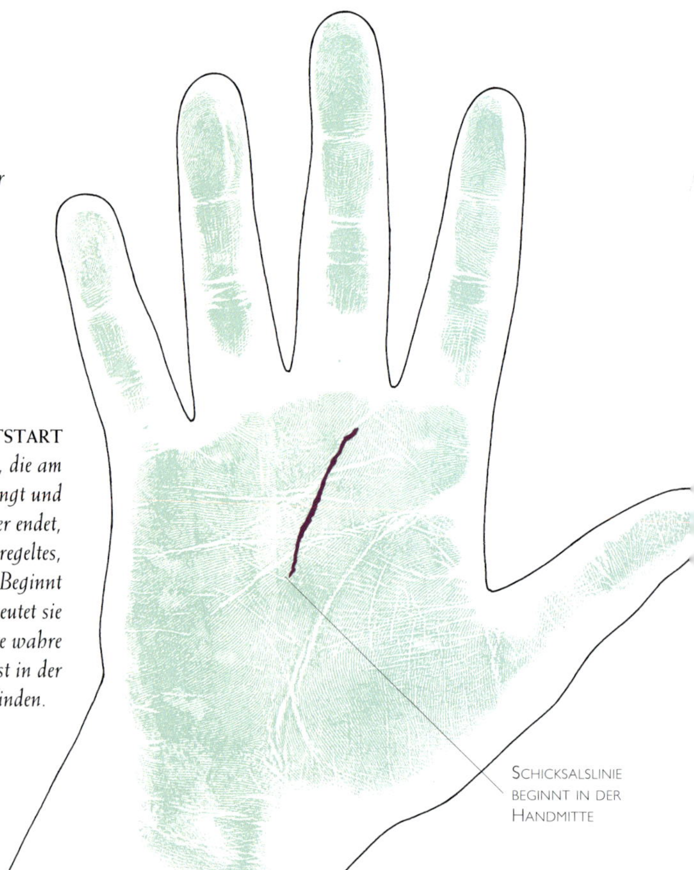

Schicksalslinie beginnt auf der Lebenslinie
Wenn die Schicksalslinie auf dem Venusberg und auf der Lebenslinie beginnt, hat die Familie einen großen Einfluß auf Sie. Vielleicht arbeiten Sie in einem Familienbetrieb, oder Ihre Eltern haben Ihr Geschäft aufgebaut. Wahrscheinlich haben Sie auch eine enge Beziehung zu Ihren Kindern.

Schicksalslinie beginnt in der Handmitte
Wenn die Schicksalslinie im Zentrum der Handfläche anfängt, finden Sie Ihre Bestimmung wohl erst um die Lebensmitte. Dann kann es sein, daß Sie den richtigen Beruf wählen oder eine Familie gründen.

Stigmata

STIGMA BEDEUTET AUF GRIECHISCH „ZEICHEN". FRÜHER WAR ES EIN ZEICHEN, DAS MAN SKLAVEN UND TIEREN EINBRANNTE.

CHRISTEN verstehen unter Stigmata Male, die den Kreuzigungswunden Christi gleichen. Gläubige, an deren Körper Stigmata auftreten, behaupten, sie seien Zeichen Gottes. Wissenschaftler meinen, diese körperlichen Veränderungen seien auf den religiösen Eifer zurückzuführen.

STIGMATIKER
Der erste und berühmteste Stigmatiker war der hl. Franz von Assisi 1224. Die bekannte Theresa Neumann (rechts) starb 1962.

DIE GEGABELTE SCHICKSALSLINIE
Die Schicksalslinie gibt Auskunft über Pflichten und Verantwortung und endet daher auf dem Saturnberg. Manchmal ist das Ende eine Gabel. Wenn die Äste zum Merkur-, Apollo- oder Jupiterberg zeigen, verheißen sie ein erfülltes Leben und eine erfolgreiche Karriere.

GLÜCK
Gabelungen, die zum Apolloberg zeigen, versprechen Ruhm oder Glück.

SCHICKSALSLINIE ENDET AUF DEM JUPITERBERG
Der Jupiterberg symbolisiert Status und Prestige. Eine Schicksalslinie, die auf diesem Berg endet, sehen wir oft bei Menschen, die einen angesehenen Beruf haben oder über Macht und Einfluß verfügen.

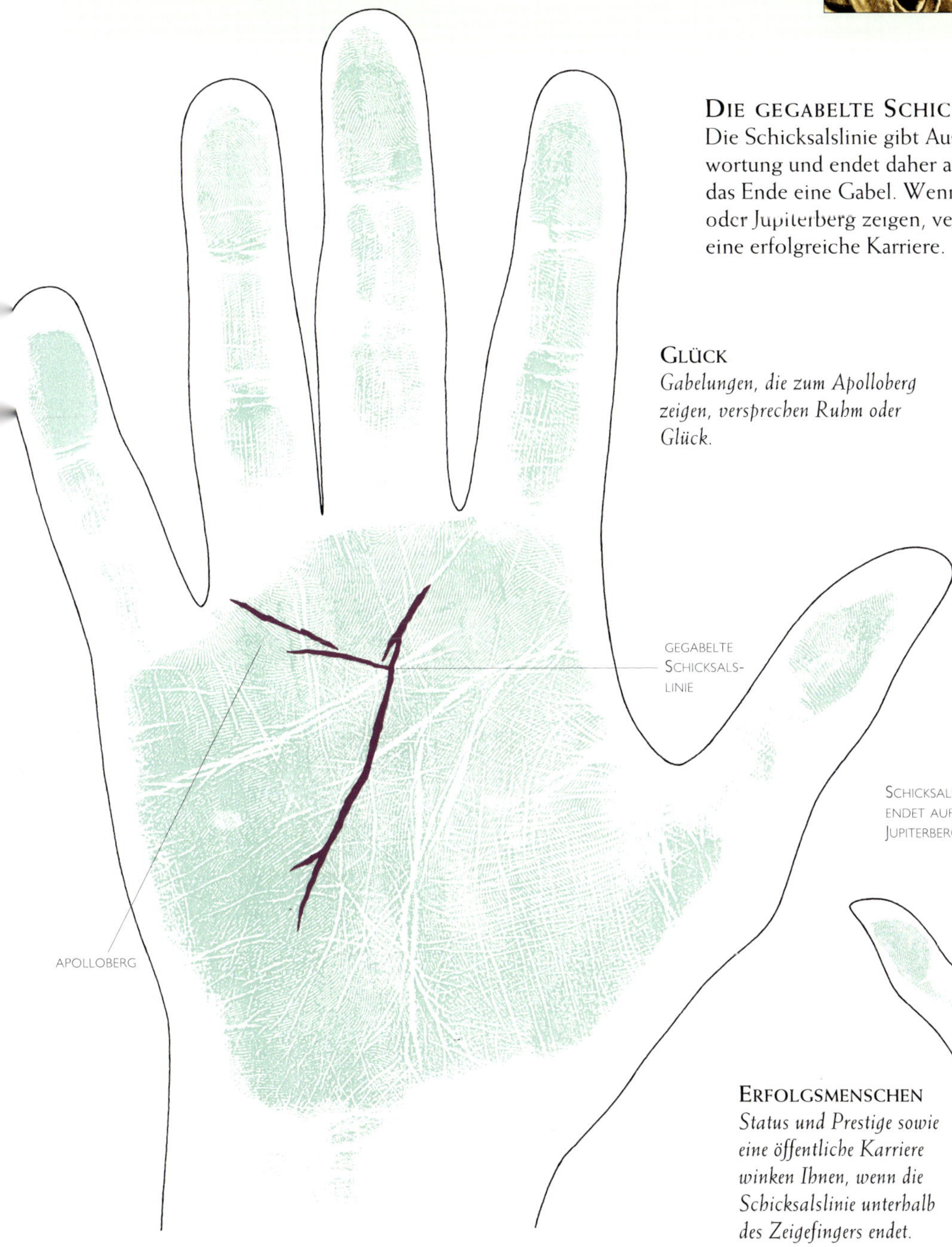

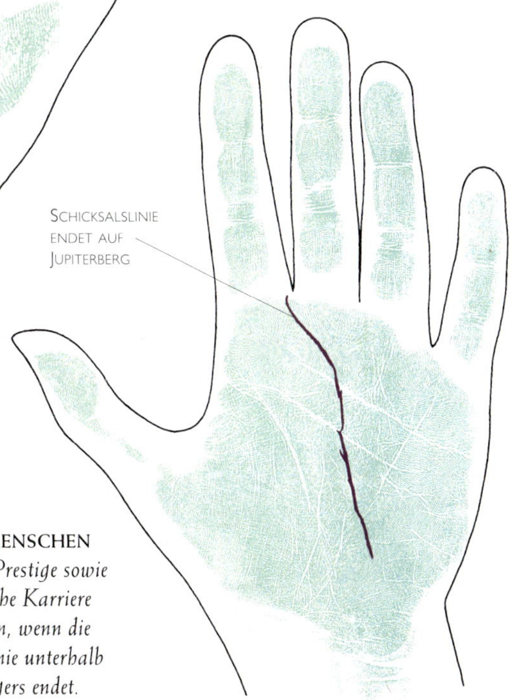

ERFOLGSMENSCHEN
Status und Prestige sowie eine öffentliche Karriere winken Ihnen, wenn die Schicksalslinie unterhalb des Zeigefingers endet.

Ereigniszeichen auf der Schicksalslinie

Unsere Vorfahren glaubten noch, Leben und Schicksal seien schon bei der Geburt vorherbestimmt. Sie dachten nicht daran, daß die Umwelt ebenfalls die Persönlichkeit formt und daß wir freie Entscheidungen treffen können. Sie waren im Gegenteil davon überzeugt, daß die Schicksalslinie in die Hand des Kleinkindes eingeprägt sei und daß sie das Leben von der Wiege bis zur Bahre festlege.

Heute glauben wir dagegen, daß wir unser Schicksal selbst formen, wenn auch zum größten Teil unbewußt. Nervenimpulse und biochemische Prozesse rufen Zeichen auf den Handlinien hervor, die möglicherweise mit künftigen Ereignissen zusammenhängen. Die Schicksalslinie ist uns demnach stets einige Schritte voraus und ein Vorbote dessen, was kommt.

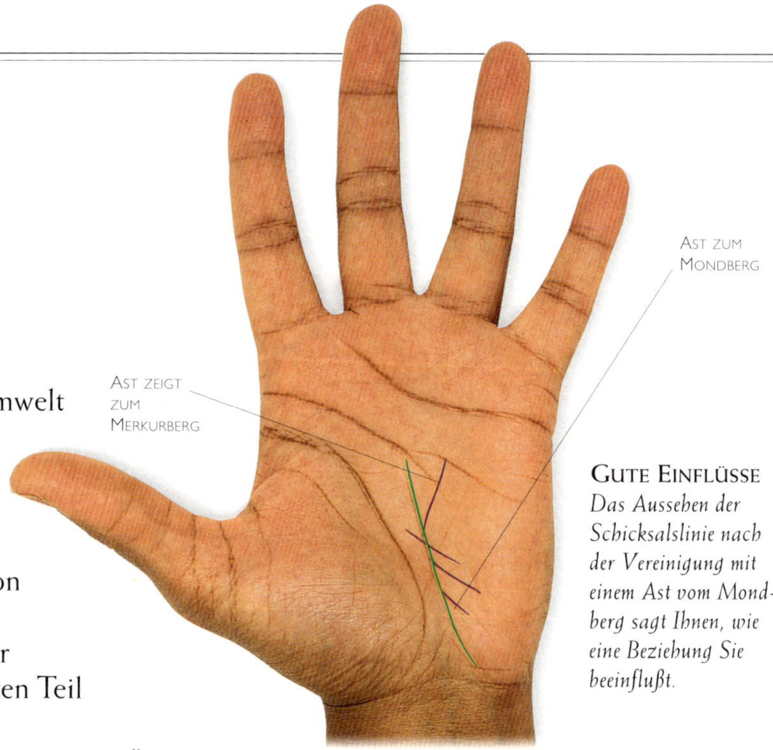

Gute Einflüsse
Das Aussehen der Schicksalslinie nach der Vereinigung mit einem Ast vom Mondberg sagt Ihnen, wie eine Beziehung Sie beeinflußt.

Äste an der Schicksalslinie

Äste, die zu den Bergen führen, bedeuten Erfolg: finanziellen Erfolg (Merkurberg), persönliche Erfüllung (Apolloberg), materiellen Gewinn (Saturnberg) und Prestige (Jupiterberg). Äste, die vom Mondberg zur Schicksalslinie führen, symbolisieren Beziehungen. Wenn sie die Linie nicht erreichen, sagen sie Mißerfolg voraus. Vereinigt sich ein Ast vom Mondberg mit der Schicksalslinie, verspricht er eine erfolgreiche Partnerschaft.

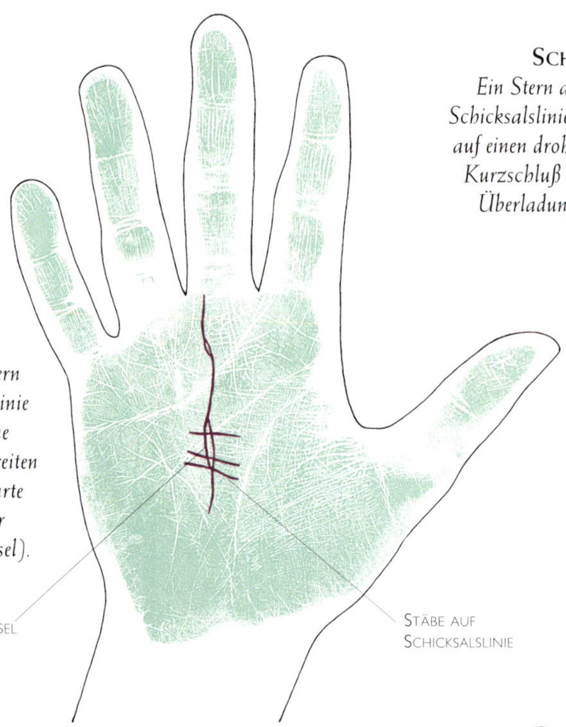

Harte Zeiten
Wenn Sie einen Stern auf der Schicksalslinie sehen, kann das eine Warnung sein: Bereiten Sie sich auf eine harte Zeit vor (die Dauer verrät Ihnen die Insel).

Stäbe und Inseln auf der Schicksalslinie

Ein kurzer Stab quer durch die Schicksalslinie steht für ein vorübergehendes Hindernis, mit dem Sie sich befassen müssen. Ihre Pläne können auf Widerstand stoßen, oder ein Kollege macht Ihnen Schwierigkeiten. Eine Insel ist ein Zeichen für finanzielle Engpässe oder eine Enttäuschung im Beruf oder im Privatleben.

Schock
Ein Stern auf der Schicksalslinie weist auf einen drohenden Kurzschluß wegen Überladung hin.

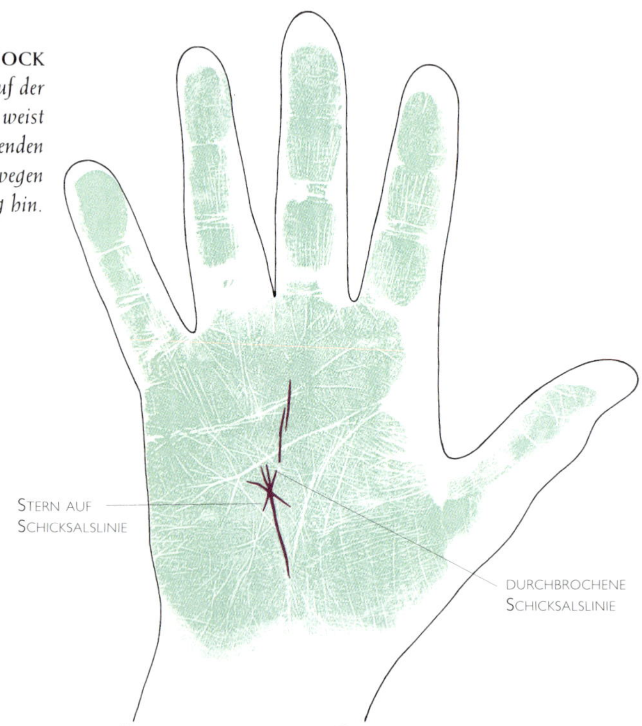

Sterne und Brüche auf der Schicksalslinie

Ein Stern steht für ein Erlebnis, das Ihr Leben plötzlich beeinflußt – ein Schock oder eine Überraschung. Eine Bruchstelle symbolisiert große Veränderung im Beruf oder in der Lebensweise. Ein offener Bruch steht für einen erzwungenen, sich überlappende Enden für einen bewußt herbeigeführten Wandel.

DIE SCHICKSALSLINIE ALS ZEITSKALA

Es ist nicht leicht, Ereignisse zeitlich festzulegen, weil es viele verschiedene Hände gibt. Eine weitere Komplikation ist der Umstand, daß die Skala auf der Schicksalslinie schwieriger einzutragen ist als auf anderen Hauptlinien. Wenn es aber gelingt, können Sie wichtige Wendepunkte oder Meilensteine ablesen, die auf Sie zukommen. Die Schicksalslinie hält Ihre Fortschritte im Leben fest. Jedes Zeichen, jeder Bruch, jede Abweichung steht für ein bestimmtes Ereignis. Die Zeitskala verrät Ihnen, wann Sie den Beruf wechseln, wann die Hochzeitsglocken läuten und wann Sie Ihr Geschäft erweitern. Sie warnt vor Enttäuschungen, finanziellen Problemen und Schwierigkeiten aller Art.

DIE ANWENDUNG DER ZEITSKALA

Auf dem Handabdruck einer Frau (*unten*) zeigt der Teil der Schicksallinie, der die Jahre 32 bis 51 umfaßt, viel Aktivität. Beachten Sie die Doppellinie, die den Beginn einer Beziehung mit 37 Jahren ankündigt. Bei 42 folgt dem kreuzenden Stab, der Probleme bedeutet, sofort eine Insel, die bis 51 dauert. Dann beginnt ein neuer Teil der Schicksalslinie, der eine neue Lebensphase symbolisiert.

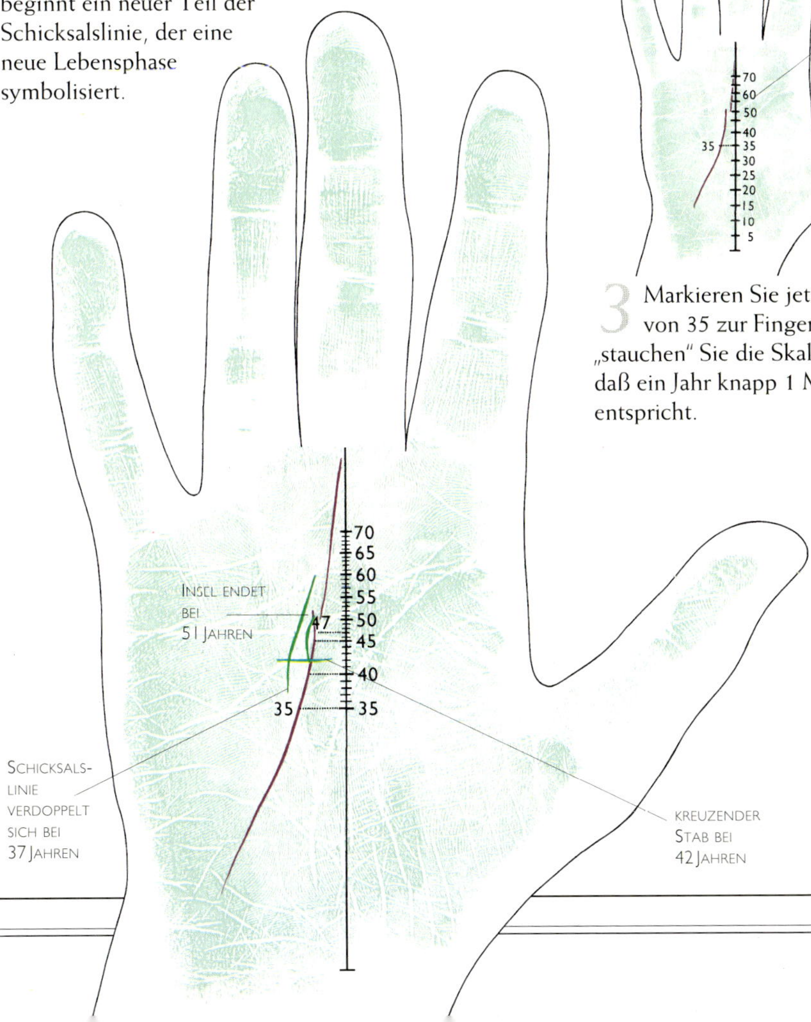

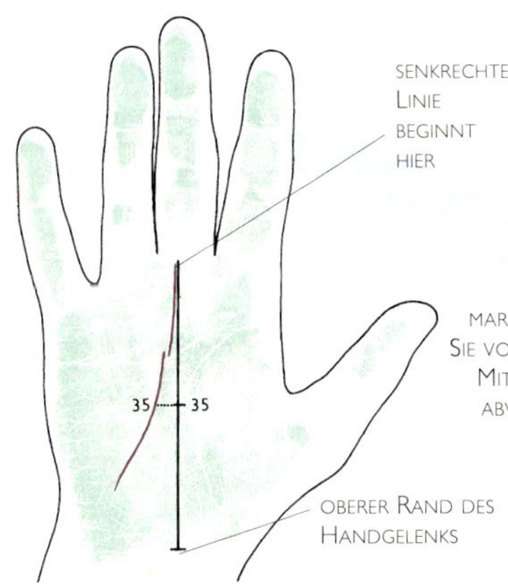

1 Ziehen Sie auf einem Handabdruck eine senkrechte Linie von der Wurzel des Mittelfingers hinab zur ersten Raszette am oberen Rand des Handgelenks. Die Mitte dieser Linie steht für 35 Jahre.

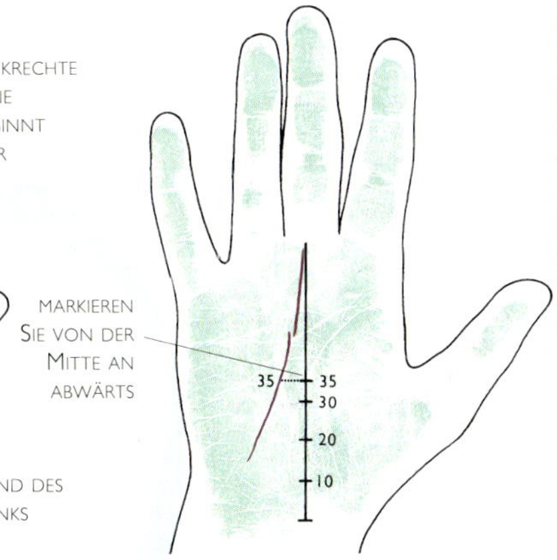

2 Tragen Sie nun die Jahre von der Mitte nach unten ein. Der Nullpunkt liegt auf dem Handgelenk, und 1 Millimeter enspricht einem Jahr. Wenn Sie eine lange oder kurze Hand haben, nehmen Sie für ein Jahr etwas mehr oder weniger als 1 Millimeter.

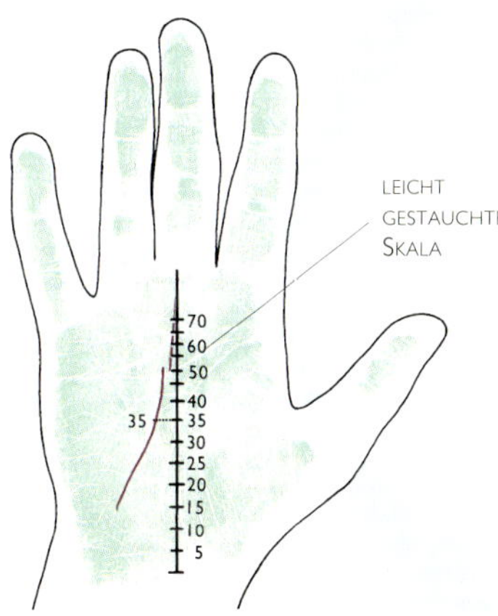

3 Markieren Sie jetzt die Jahre von 35 zur Fingerwurzel, aber „stauchen" Sie die Skala leicht, so daß ein Jahr knapp 1 Millimeter entspricht.

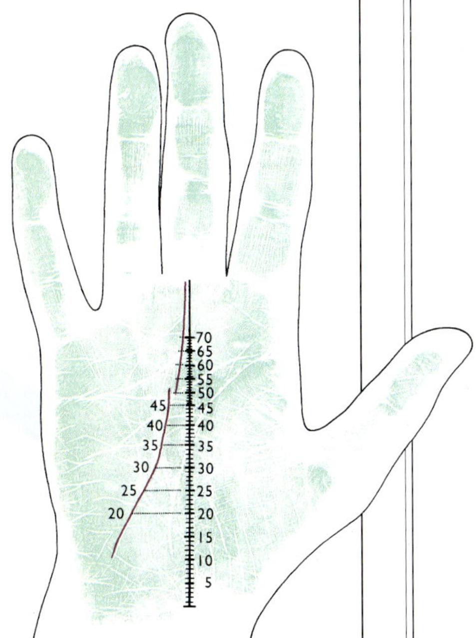

4 Nun können Sie die Skala auf die Schicksalslinie übertragen. Ziehen Sie von jeder Markierung auf der Schicksalslinie eine waagrechte Linie zur Skala, und Sie können recht genau ablesen, wann die angekündigten Ereignisse sich zutragen werden.

UNTERSCHIEDE ZWISCHEN DEN HÄNDEN

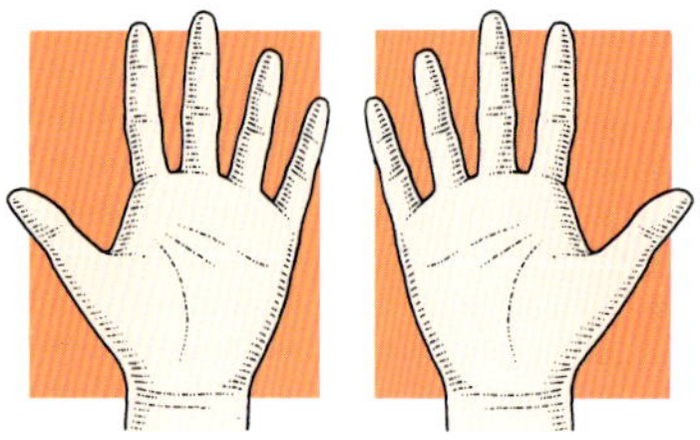

DIE Zeichen auf der Handfläche sind nicht nur bei jedem Menschen, sondern auch auf jeder Hand verschieden. Jede Hand ist einzigartig, und die rechte ist mit der linken nicht identisch. Vielleicht sehen beide gleich aus, und die Linien bilden ähnliche Muster; aber wenn Sie genau hinsehen, erkennen Sie deutliche Unterschiede.

Eben diese Unterschiede bringen die Fülle und Subtilität der Persönlichkeit zum Ausdruck. Sie spiegeln die Komplexität des Geistes wider und zeigen uns den Unterschied zwischen unserem Fühlen und Handeln. Eine Hand enthüllt Persönlichkeitsmerkmale und Fähigkeiten, die andere sagt uns, wie wir beides ausdrücken. Wenn die Unterschiede zwischen den Händen erheblich sind, haben Sie Ihr Potential ausgeschöpft, oder Sie besitzen verborgene Reserven, die Sie in Zukunft nutzen können.

POTENTIAL UND ENTWICKLUNG

DIE rechte Hand enthält andere Informationen als die linke: Die Linke symbolisiert das innere Selbst und die ererbten Fähigkeiten, die Rechte die äußere Fassade und die Entwicklung der Talente. Bei Linkshändern ist es umgekehrt. Unterschiede zwischen den Händen spiegeln dieses Spannungsverhältnis und unsere Fortschritte seit der Kindheit wider.

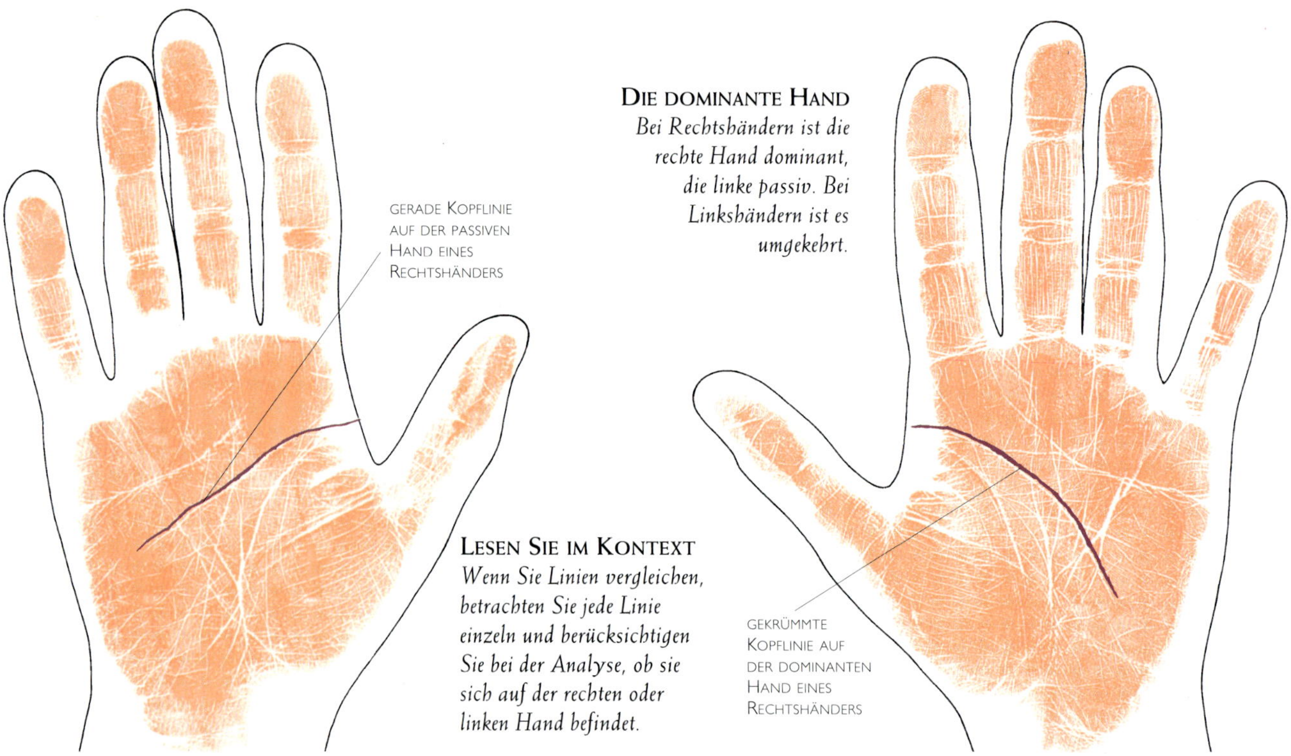

DIE DOMINANTE HAND
Bei Rechtshändern ist die rechte Hand dominant, die linke passiv. Bei Linkshändern ist es umgekehrt.

LESEN SIE IM KONTEXT
Wenn Sie Linien vergleichen, betrachten Sie jede Linie einzeln und berücksichtigen Sie bei der Analyse, ob sie sich auf der rechten oder linken Hand befindet.

UNTERSCHIEDE ZWICHEN KOPFLINIEN

Unterschiedliche Kopflinien lenken die Aufmerksamkeit auf die Entwicklung des Geistes. Enthält die dominante Hand eine stärkere oder längere Kopflinie, haben Sie größere intellektuelle Fortschritte gemacht, als Ihr ursprüngliches Potential es versprach. Ist das Gegenteil der Fall, haben Sie Ihr Potential nicht genutzt. Eine gerade Kopflinie auf der passiven Hand und eine gekrümmte auf der dominanten zeigen, daß Sie einen Mangel an Vision in Ihrer Jugend überwunden haben. Kinder mit geraden Kopflinien sollten wir ermuntern, ihre Interessen zu erweitern, um flexibler zu werden. Der umgekehrte Fall läßt darauf schließen, daß Sie Ihre früh vorhandene Kreativität strukturiert haben.

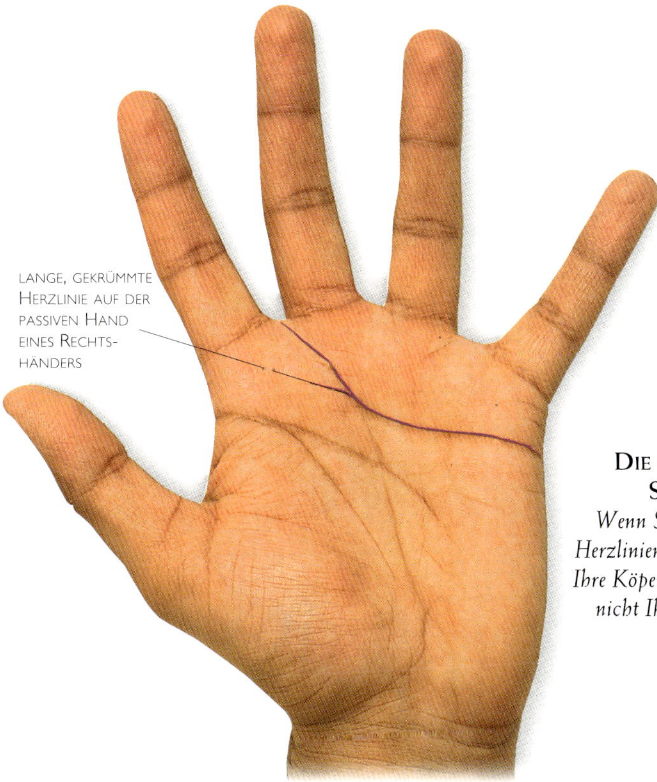

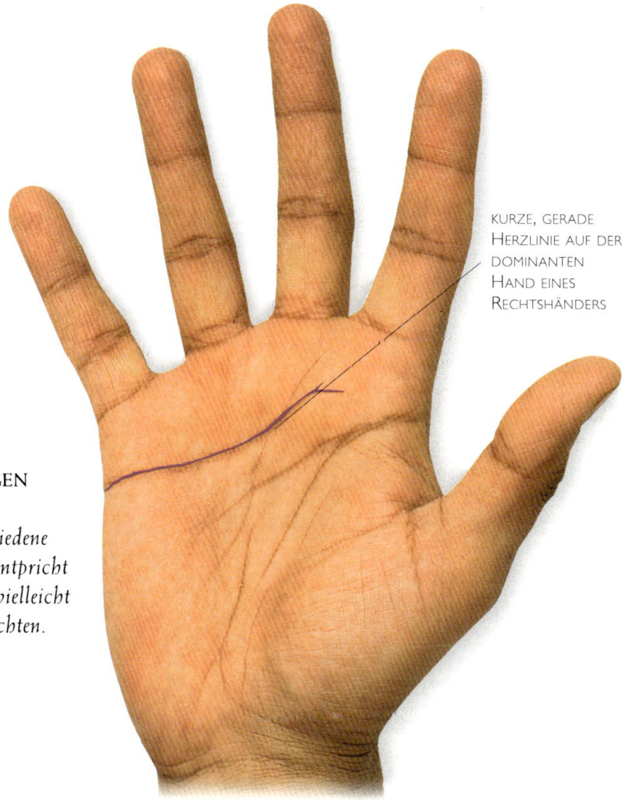

DIE RICHTIGEN SIGNALE

Wenn Sie verschiedene Herzlinien haben, entpricht Ihre Köpersprache vielleicht nicht Ihren Absichten.

UNTERSCHIEDE ZWISCHEN DEN HERZLINIEN

Die Herzlinie symbolisiert die Gefühle und die Beziehungen zu anderen. Darum sprechen Abweichungen zwischen den Linien der rechten und der linken Hand für ein Ungleichgewicht zwischen den Gefühlen und der Art und Weise, wie wir die Gefühle ausdrücken.

Ungleichheiten zwischen den Herzlinien helfen uns oft, Mißverständnisse in einer Beziehung zu erklären. Eine gekrümmte Herzlinie an der passiven Hand neben einer geraden auf der dominanten Hand verrät beispielsweise, daß eine sanfte, romantische Natur sich hinter einer rauhen Schale verbirgt.

UNTERSCHIEDE ZWISCHEN DEN SCHICKSALSLINIEN

Die Schicksalslinie zeichnet unsere Fortschritte im Leben auf. Unterschiede zwischen den Händen zeigen daher, daß Sie versuchen, Ihr Schicksal zu bestimmen. Eine schwache Linie auf der passiven Hand neben einer starken auf der dominanten verrät zum Beispiel, daß Sie einen Mangel an Selbstvertrauen durch eine positive Einstellung überwunden haben.

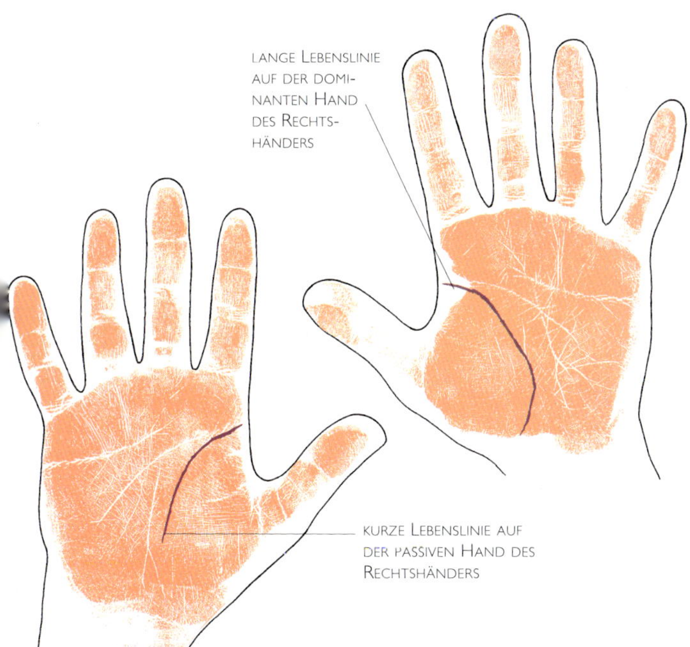

UNTERSCHIEDE ZWISCHEN DEN LEBENSLINIEN

Verschiedene Lebenslinien liefern Informationen über die Gesundheit. Eine kurze oder unterbrochene Linie auf der passiven Hand neben einer langen, starken auf der dominanten Hand zeigt, daß eine Krankheit abgewendet wurde. Hat nur die dominante Hand eine unterbrochene Lebenslinie, schadet die Lebensweise der Gesundheit.

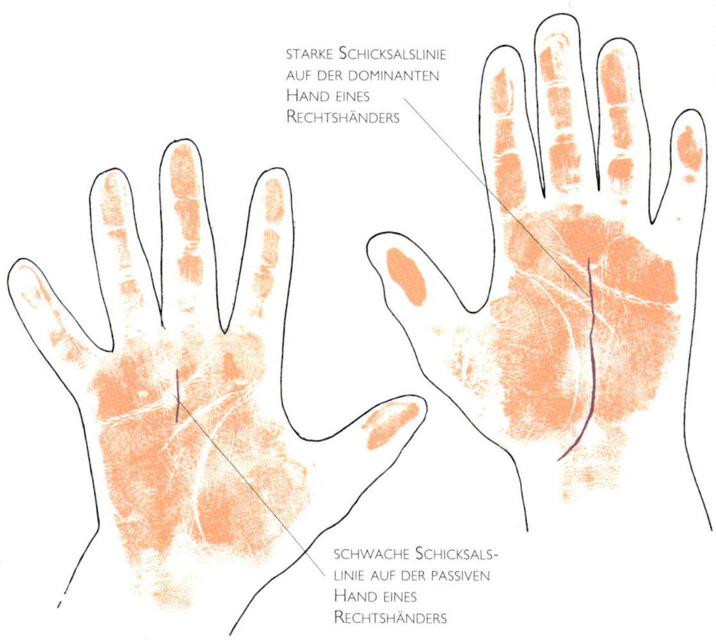

Die Apollolinie

Die Apollolinie, manchmal auch Sonnenlinie genannt, offenbart innere Zufriedenheit. Diese Linie, die wir nicht auf allen Händen finden, ist ein Zeichen dafür, daß Erfolg Sie glücklich gemacht hat. Sie symbolisiert die Fähigkeit, das Leben zu genießen und in der Arbeit Erfüllung zu finden. Kurz gesagt, steht sie für den „Wohlfühl-Faktor".

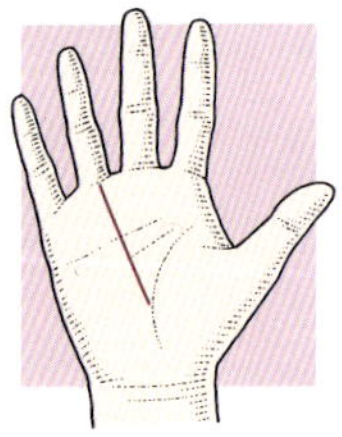

Früher galt diese Linie als Garant für Ruhm und Reichtum. Man glaubte, sie verspreche Glück und Erfolg in Fülle. Heutige Chirologen bringen die Apollolinie eher mit Kreativität in Verbindung. Die Linie ist nämlich bei schöpferischen Menschen fast immer vorhanden, und obwohl viele von ihnen mit ihrem Talent Geld verdienen, gibt die Linie im Grunde Auskunft über das Maß an persönlicher Erfüllung, die dem Talent zu verdanken ist.

Typische Merkmale der Apollolinie

Die Apollolinie kann wie die Schicksalslinie an verschiedenen Stellen beginnen. Nur selten fängt sie auf dem Mondberg an, häufig weiter oben und noch öfter oberhalb der Herzlinie. In jedem Fall endet sie auf dem Apolloberg.

Spätstart
Wenn die Apollolinie hoch oben beginnt, stellt sich der Erfolg später im Leben ein.

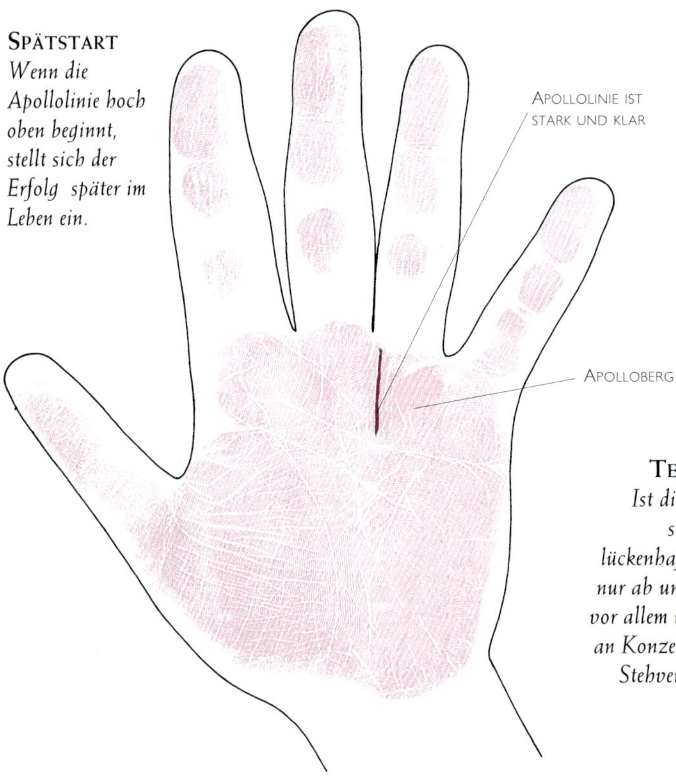

Teilerfolge
Ist die Apollolinie schwach oder lückenhaft, haben Sie nur ab und zu Erfolg, vor allem weil es Ihnen an Konzentration und Stehvermögen fehlt.

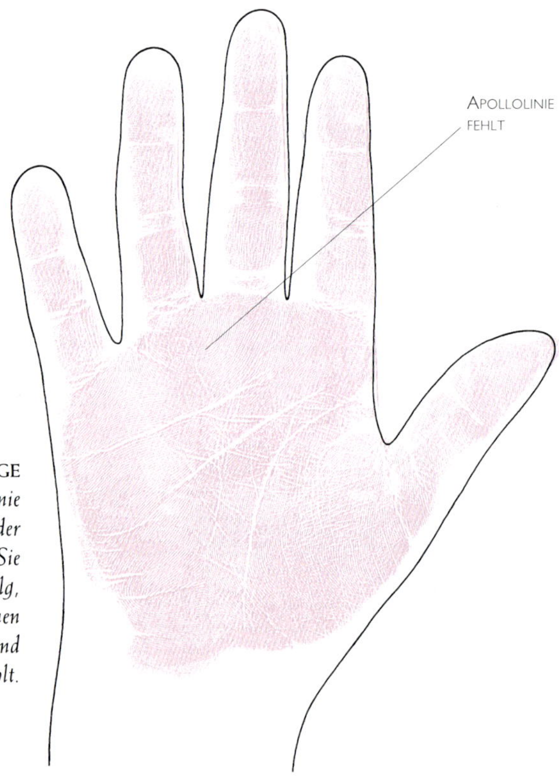

Die starke Apollolinie

Eine ausgeprägte Apollolinie kennzeichnet die charismatische Persönlichkeit. Sie sind charmant, fröhlich und aufgeschlossen. Je länger die Linie ist, desto holder ist Ihnen das Glück. Sie sind begabt und zur rechten Zeit am richtigen Ort.

Die schwache oder fehlende Apollolinie

Nicht jeder besitzt eine Apollolinie, und mitunter ist sie sehr schwach. Das bedeutet weder Mangel an Begabung noch Armut, sondern einen gewissen Zynismus oder fehlende Befriedigung, vielleicht auch das Gefühl, Glück sei unerreichbar.

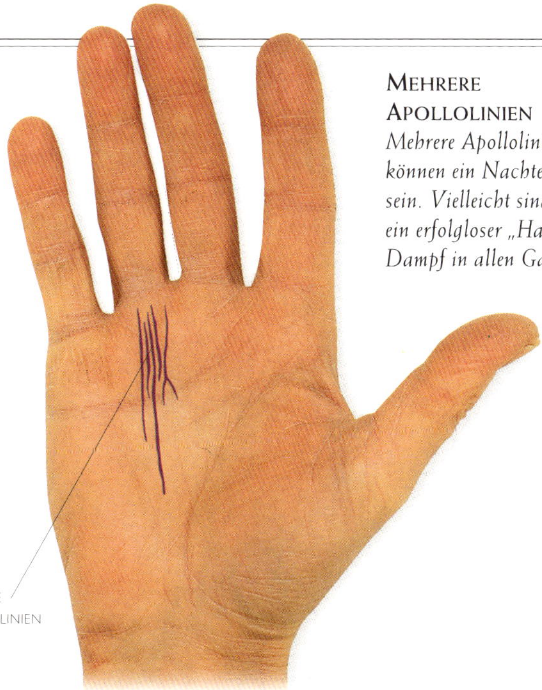

MEHRERE APOLLOLINIEN
Mehrere Apollolinien können ein Nachteil sein. Vielleicht sind Sie ein erfolgloser „Hans Dampf in allen Gassen".

MEHRERE APOLLOLINIEN

Mehrere Apollolinien sind ein Zeichen dafür, daß Sie vielseitig talentiert sind. Sie kennen sich auf mehreren Gebieten gut aus, und wenn Sie Ihre Begabungen nutzen, verspricht die Linie Ihnen Erfolg und Erfüllung.

Die Hand im Shiatsu

DAS JAPANISCHE SHIATSU VERWENDET FINGERDRUCK, UM DIE ENERGIEKANÄLE ZU STIMULIEREN UND DIE HARMONIE IM KÖRPER WIEDERHERZUSTELLEN.

BEI der Geburt befindet der Körper sich im Gleichgewicht. Diese natürliche Harmonie leidet jedoch unter dem Streß des Lebens. Jitsu (überschüssige Energie) in einem Organ führt zu kyo (Energiemangel) in einem anderen, und die Folge ist Krankheit. Bestimmte Punkte an der Hand sind direkt mit den inneren Organen verbunden. Wenn wir auf diese Punkte drücken, befreien wir blockierte Energie und harmonisieren den Organismus.

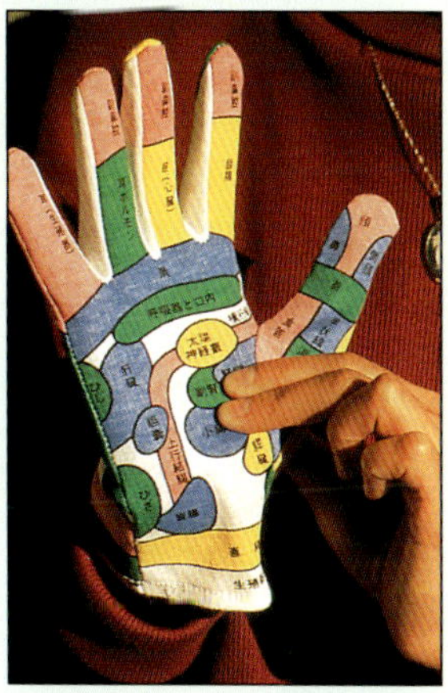

DRUCKPUNKTE
Punkte an der Hand sind mit bestimmten inneren Organen verbunden.

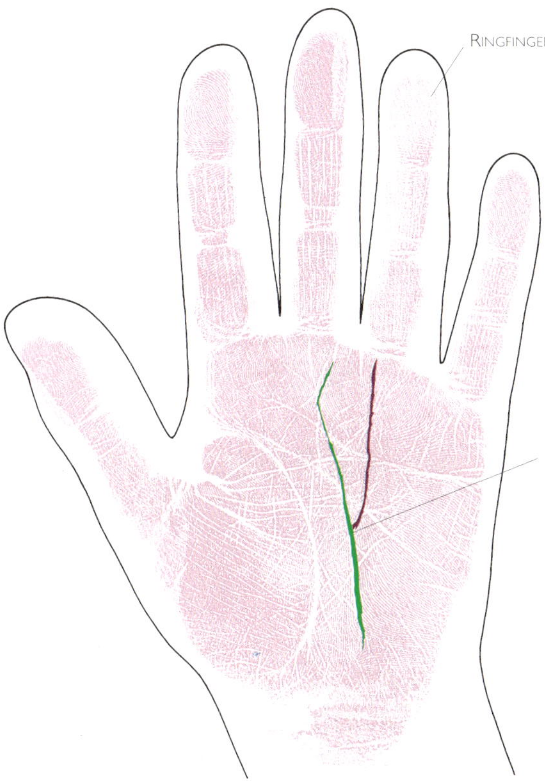

FRÜHER ERFOLG
Eine Apollolinie, die auf dem Mondberg entspringt, verspricht frühen Erfolg im Leben, z. B. für einen „Kinderstar".

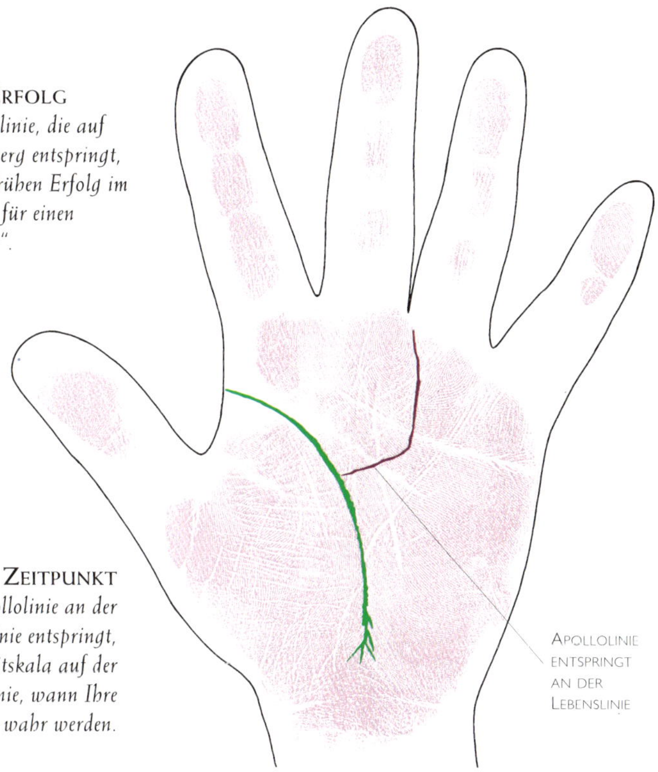

DER ZEITPUNKT
Wenn die Apollolinie an der Lebenslinie entspringt, verrät die Zeitskala auf der Lebenslinie, wann Ihre Träume wahr werden.

DIE APOLLOLINIE ALS AST DER SCHICKSALSLINIE

Es kommt häufig vor, daß die Apollolinie von der Schicksalslinie abzweigt und zum Ringfinger führt. Das bedeutet, daß Ihre Talente früh erkannt werden und daß Sie dank dieser Begabung und dank harter Arbeit Erfolg haben werden.

DIE APOLLOLINIE ALS AST DER LEBENSLINIE

Eine Apollolinie, die von der Lebenslinie abzweigt, ist selten. Sie sagt Wohlstand durch eigene Bemühungen voraus. Wenn die Linie in der Lebenslinie oder auf dem Venusberg entspringt, verspricht sie Geld oder Besitz durch die Familie.

Ereigniszeichen auf der Apollolinie

Da die Apollolinie Erfüllung symbolisiert, spiegeln Zeichen auf dieser Linie jene Ereignisse wider, die sich auf unser Glück und Wohlbefinden auswirken. Auch hier gibt es positive und negative Zeichen. Allerdings ist die Apollolinie selbst ein Maßstab dafür, wie glücklich wir sind – mit dem Leben, mit geliebten Menschen, mit unserem Ansehen –, und darum deuten die Zeichen meist auf getrübtes Glück hin.

Seltsamerweise ist der Stern, der ja auf anderen Linien als Unglücksbringer gilt, auf der Apollolinie ein Glücksbote.

Apollo
Apollo war der griechische Sonnengott und Patron der Kreativität, vor allem der Kunst und der Musik.

Glück im Lotto
Ein Stern auf der Apollolinie kann z. B. einen Lottogewinn ankündigen.

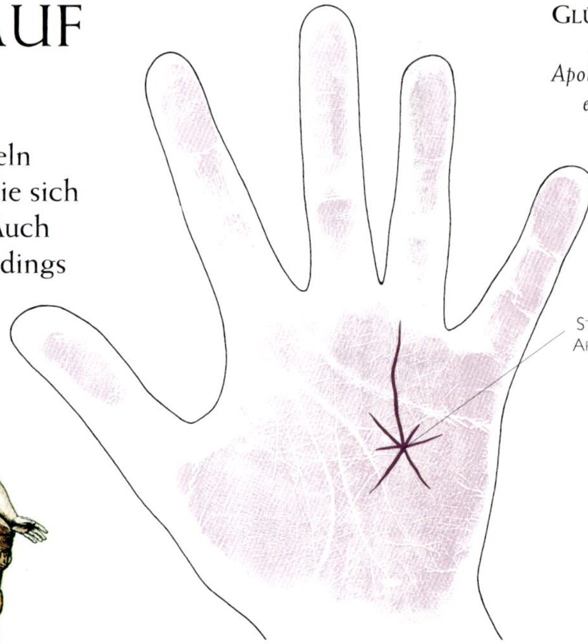

Ein Stern auf der Apollolinie

Auf der Apollolinie verliert der Stern seine negative Bedeutung und verspricht statt dessen Glück. Er zeigt, wann Ihr Talent und Ihre harte Arbeit anerkannt oder wann Sie Erfolg haben werden. Unerwartetes Glück, Ehrungen, Preise oder Erfolg über Nacht können Ihnen bevorstehen.

Schlechte Presse
Früher galt eine Insel auf der Apollolinie als Symbol eines Skandals. Nach heutigem Verständnis warnt sie vor einem Verlust oder einer Schädigung des Ansehens.

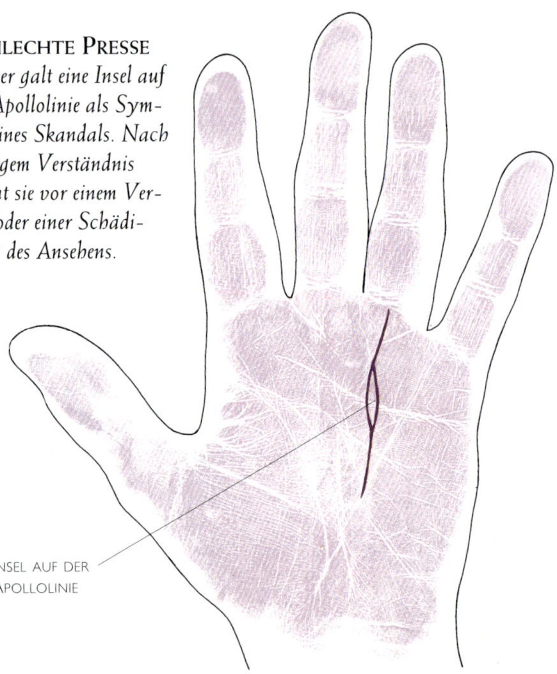

Eine Insel auf der Apollolinie

Inseln bedeuten immer eine Schwächung des Aspekts, den die Linie symbolisiert. Hier spiegelt die Insel einen vorübergehenden Verlust der Zufriedenheit und des Seelenfriedens wider. Es kann sich um eine Phase mit Geldproblemen oder um den Verlust der Ehre oder des Ansehens handeln. Da diese Phase der Länge der Insel entpricht, können Sie ihre Dauer bestimmen *(siehe Seite 81)*.

Genesung
Die Stärke der Apollolinie nach einem Kreuz oder Stab zeigt, was eine Störung angerichtet hat. Ist die Linie kräftig, gibt es keine bleibenden Schäden; ist sie schwach, hat Ihr Selbstvertrauen gelitten.

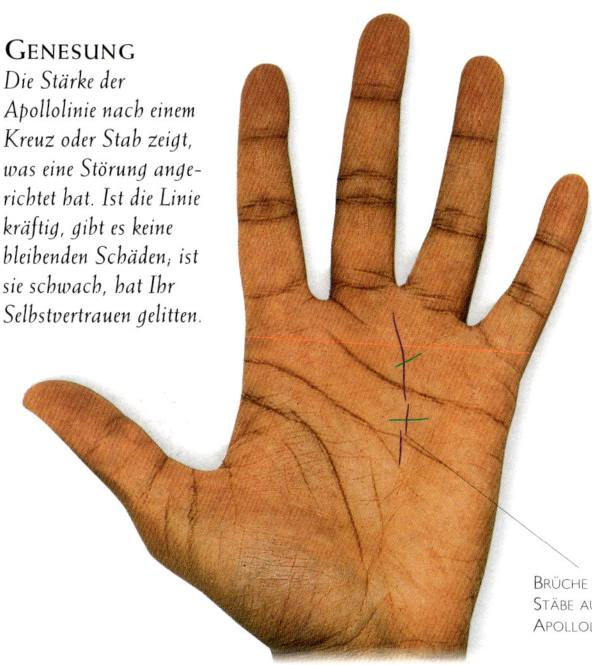

Stäbe, Kreuze und Brüche auf der Apollolinie

Ein Stab symbolisiert immer einen Rückschlag oder ein Hindernis. Auf der Apollolinie steht er für einen Ausrutscher, der Sie auf dem Weg zum Erfolg eine Zeitlang aufhält. Zwei Stäbe, die ein Kreuz bilden, warnen vor Enttäuschungen oder vor äußeren Einflüssen, die Ihrem guten Ruf schaden. Ein Bruch in der Linie zeigt einen Wandel an: Ein Abenteuer ist beendet, und ein neues beginnt.

Berühmte Abdrücke

VIELE BERÜHMTE LEUTE HABEN AUF DEM HOLLYWOOD BOULEVARD IHRE „UNTERSCHRIFT" HINTERLASSEN.

AUTOGRAMM
Clint Eastwood setzt eine lange Tradition fort, die am 17. Mai 1927 begann. Filmstars schmücken den Hollywood Boulevard mit Hand- und Fußabdrucken.

ANGEBLICH trat N. Talmadge auf nassem Zement vor dem Chinesischen Theater am Hollywood Boulevard, als S. Grauman das Gebäude 1927 errichtete. Grauman überredete M. Pickford und D. Fairbanks, ihre Hände und Füße ebenfalls zu verewigen – so begann das größte Autogrammalbum der Welt. Eigentlich stammt die Idee von J. Klossner, Graumans französischem Steinmetz, der wie üblich mit Handabdruck „signierte".

DIE APOLLOLINIE ALS ZEITSKALA

UM Ereignisse zeitlich einzuordnen, die auf der Apollolinie markiert sind, gehen Sie ähnlich vor wie bei der Schicksalslinie (*Seite 75*). Zeichnen Sie die Skala von der Handmitte aus nach unten, und übertragen Sie die Jahresstriche auf die Apollolinie. Apollolinien sind verschieden lang; viele beginnen erst in der Handmitte, manche erst oberhalb der Herzlinie.

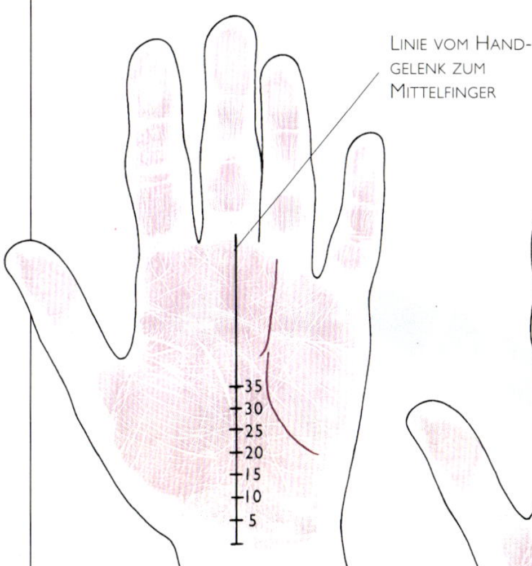

1 Ziehen Sie eine senkrechte Linie von der obersten Raszette zur Wurzel des Mittelfingers. Markieren Sie den Mittelpunkt mit 35, und tragen Sie die folgenden Jahre abwärts auf der Linie ein. 1 Millimeter entspricht einem Jahr, und das Jahr 0 liegt auf dem Gelenk.

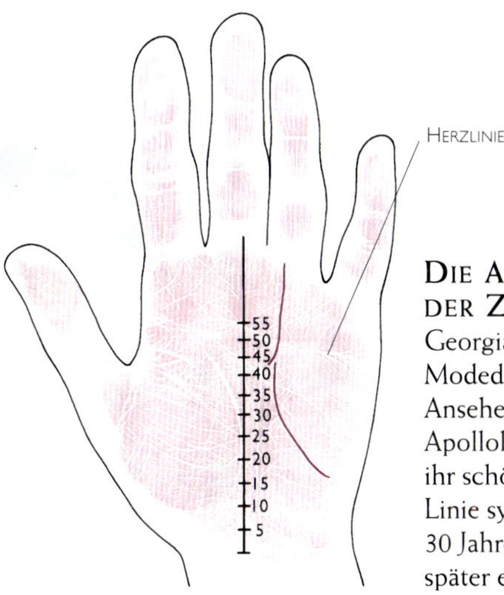

2 Tragen Sie nun nach oben die künftigen Jahre ein. Sie müssen aber die Skala leicht „stauchen", so daß ein Jahr knapp 1 Millimeter entspricht. Übertragen Sie die Jahresstriche waagrecht auf die Apollolinie (die möglicherweise erst jenseits der Herzlinie anfängt).

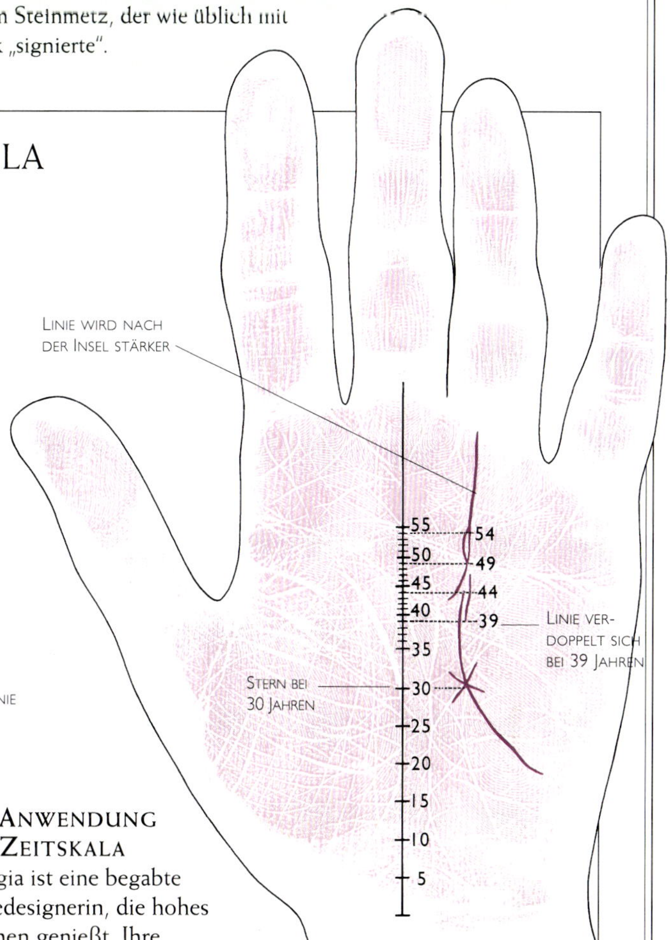

DIE ANWENDUNG DER ZEITSKALA
Georgia ist eine begabte Modedesignerin, die hohes Ansehen genießt. Ihre Apollolinie beginn weit unten am Mondberg und bestätigt somit ihr schöpferisches Talent und ihre Phantasie. Ein Stern auf der Linie symbolisiert den Beifall, den sie erhielt, als sie im Alter von 30 Jahren ihre erste große Kollektion vorführte. Neun Jahre später eröffnete sie einige Kosmetikgeschäfte, die sehr erfolgreich waren. Die doppelte Apollolinie bei 39 steht für dieses doppelte Wagnis. Als sie 44 war, hörte sie auf, Strickwaren zu entwerfen, und verkaufte Stoffe für die Innendekoration. Hier finden wir einen Bruch auf der Apollolinie. Zu schnelle Expansion, falsche Beratung und eine Katastrophe in ihrer Beziehung führten zum Zusammenbruch ihres Unternehmens und zu einer schwierigen finanziellen Lage, die fast fünf Jahre andauerte. Eine Insel zwischen 49 und 54 verrät ihre Enttäuschung und ihren Prestigeverlust. Vom 54. Jahr an wird die Linie deutlich kräftiger – sie entwarf erneut Strickwaren und hatte damit enormen Erfolg.

Nebenlinien und Nebenmuster

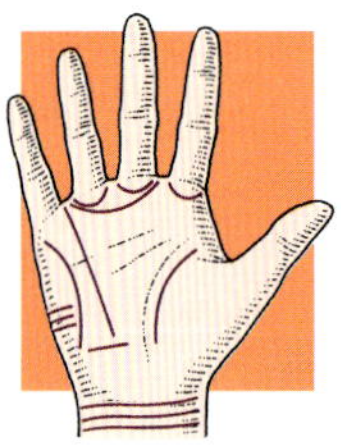

Einige der hier beschriebenen Nebenlinien und Nebenmuster sind selten zu sehen; aber wenn sie auftreten, ergänzen und vertiefen sie die Persönlichkeitsanalyse. Sie helfen Ihnen, ungewöhnliche Merkmale Ihres Charakters zu erforschen.

Diese kleinen Linien ergänzen die Deutung jeder Handanalyse. Sie modifizieren Persönlichkeitszüge, erleichtern das Einordnen und unterstreichen natürliche Eignungen und spezielle Begabungen.

Manche Menschen besitzen viele solcher Linien oder Muster, andere haben nahezu „gesichtslose" Hände.

Die meisten Menschen besitzen zwei oder drei Nebenlinien- oder Muster, am häufigsten eine Merkurlinie in verschiedenen Varianten.

Die Analyse der Nebenlinien

Die Merkurlinie kann auf dem Mond- oder Venusberg oder auf der Lebenslinie beginnen. Gewöhnlich führt sie quer über die Hand zum Merkurberg. Die Via Lascivia und die Reiselinien verlaufen parallel zur äußeren Handkante, die Marslinien befinden sich innerhalb der Lebenslinie.

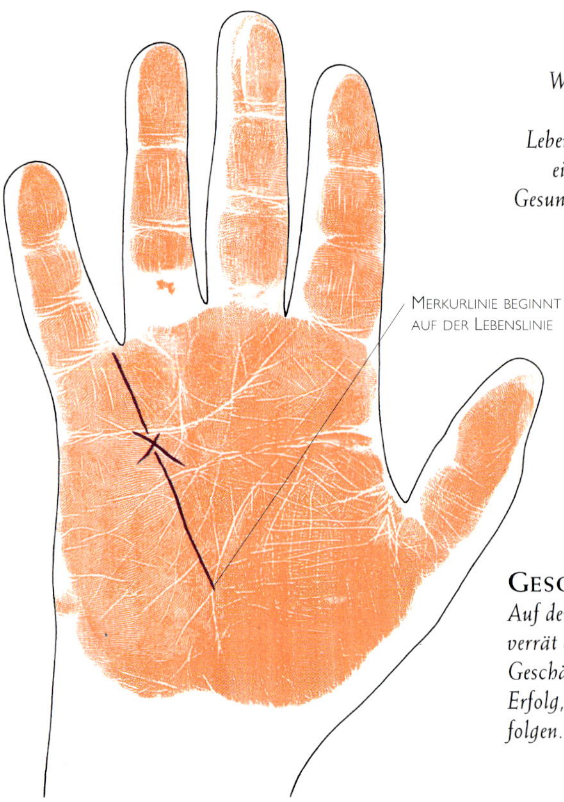

Geschäftssinn
Auf dem Handabdruck links verrät eine starke Merkurlinie Geschäftssinn. Sie haben Erfolg, weil Sie Ihrem Instinkt folgen.

Gesundheit
Wenn die Merkurlinie auf dem Venusberg beginnt und die Lebenslinie kreuzt, arbeiten Sie in einem Pflegeberuf oder sind an Gesundheitsfragen sehr interessiert.

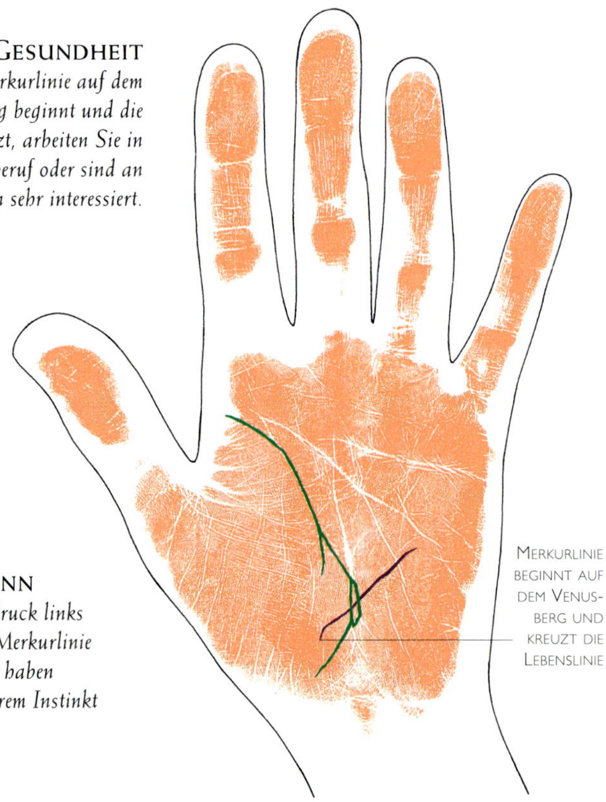

Der Einfluss der Merkurlinie auf das Geschäft

Die Merkurlinie ist ein Indikator für den Geschäftssinn, wenn sie auf dem Mondberg oder auf der Lebenslinie beginnt. Geschäftlicher Erfolg ist Ihnen sicher, weil Sie Ihrer Intuition folgen und zudem schlau und weitsichtig sind.

Der Einfluss der Merkurlinie auf die Gesundheit

Früher glaubte man, die Merkurlinie bedeute Krankheit und es sei besser, sie nicht zu besitzen. Moderne Chirologen halten sie für einen Indikator der Gesundheit. Bei Müdigkeit wird die Linie z.B. stärker, Entspannung bringt sie zum Verschwinden.

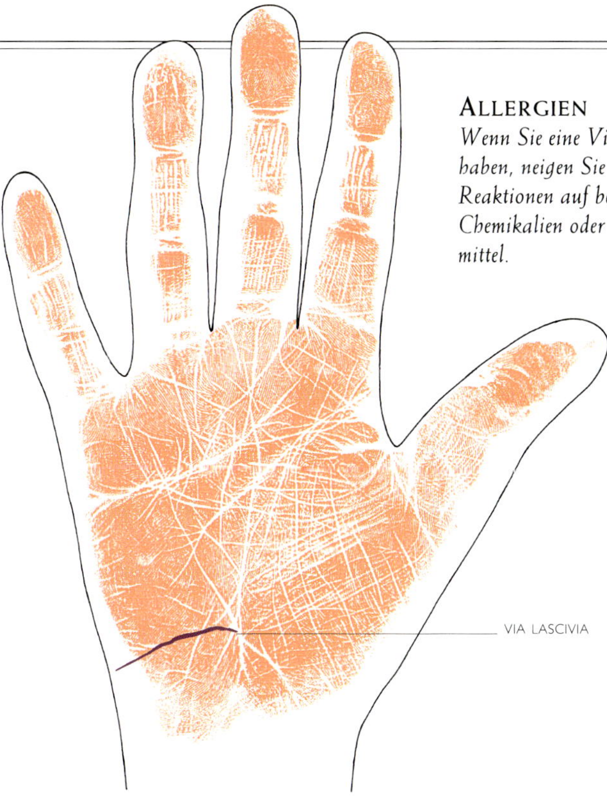

ALLERGIEN
Wenn Sie eine Via Lascivia haben, neigen Sie zu abnormen Reaktionen auf bestimmte Chemikalien oder Nahrungsmittel.

LANGE REISE
Entdecker und Reisende besitzen oft mehrere kräftige Reiselinien. Je länger und stärker sie sind, desto wichtiger und weiter ist die Reise, die sie ankündigen.

DIE VIA LASCIVIA

Die Via Lascivia ist eine waagrechte Linie auf dem Mondberg. Früher schloß man daraus auf Liederlichkeit. Moderne Forscher haben jedoch entdeckt, daß sie auf Allergien hinweist. Darum nennt man sie heute oft Allergielinie.

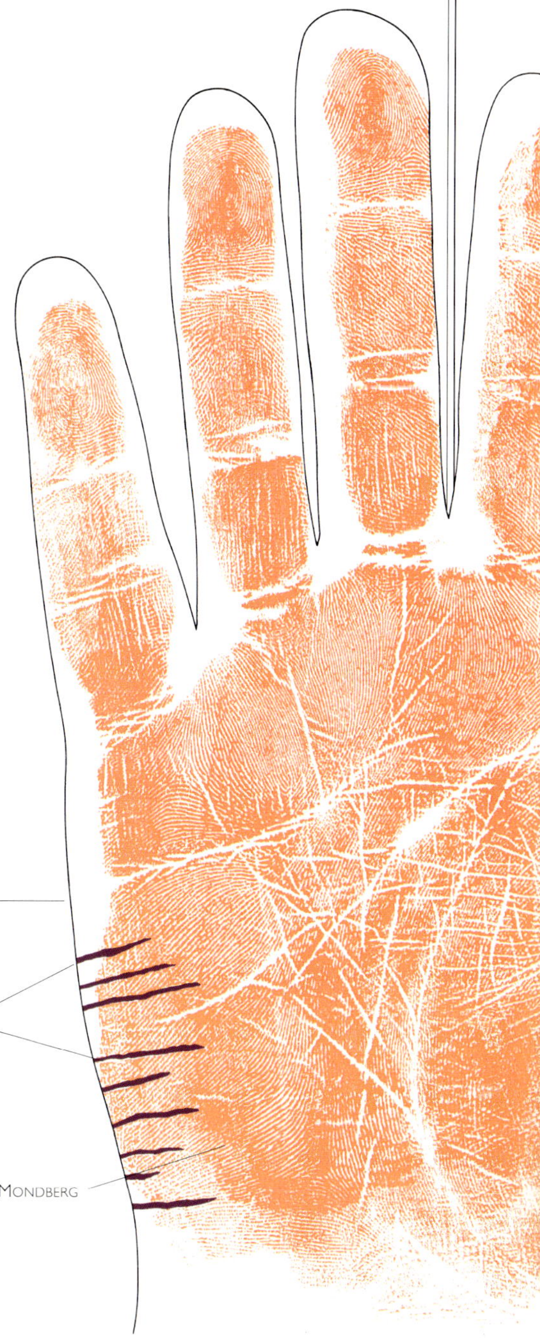

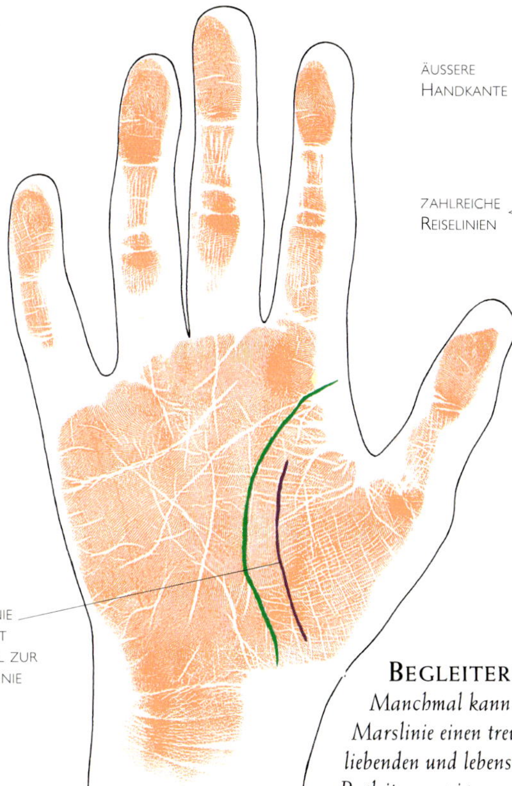

MARS
Mars, der mythologische Gott des Krieges, symbolisiert dynamische Energie. Diese manifestiert sich positiv als Mut und Ausdauer, negativ als Aggressivität und brutale Kraft.

BEGLEITER
Manchmal kann die Marslinie einen treuen, liebenden und lebenslangen Begleiter anzeigen.

DIE MARSLINIE

Die Marslinie verläuft innen parallel zur Lebenslinie. Manche sind kurz, andere überschatten die gesamte Lebenslinie. Die Marslinie steht für Schutz und Vitalität. Wenn eine Linie neben einem Bruch in der Lebenslinie verläuft (*siehe Seite 57*), bedeutet dies, daß die Abwehrkräfte trotz Gesundheitsproblemen stark sind.

DIE REISELINIEN

Reisende und jene Leute, die Sie an weit entfernte Orte bringen, erkennen Sie an waagrechten Linien, die an der Handkante beginnen und über den Mondberg und den großen Marsberg verlaufen. Je mehr Linien Sie besitzen, desto weiter kommen Sie herum. Unversehrte Linien versprechen eine sichere Reise. Inseln, Stäbe oder Brüche warnen vor Schwierigkeiten.

SO ANALYSIEREN SIE NEBENMUSTER

JEDER Mensch besitzt Raszetten (Linien am Handgelenk). Der Venusgürtel und der Bogen der Intuition kommen dagegen viel seltener vor. Noch ungewöhnlicher sind die halbkreisförmigen Linien an den Fingerwurzeln.

Diese Zeichen stärken oder schwächen die Merkmale, welche die betreffenden Handzonen symbolisieren. Manche haben eine negative, andere eine positive Bedeutung. Alle helfen Ihnen, Ihre Persönlichkeit besser zu verstehen.

VENUS
Venus (bei den Griechen Aphrodite) wurde als Göttin der Liebe verehrt.

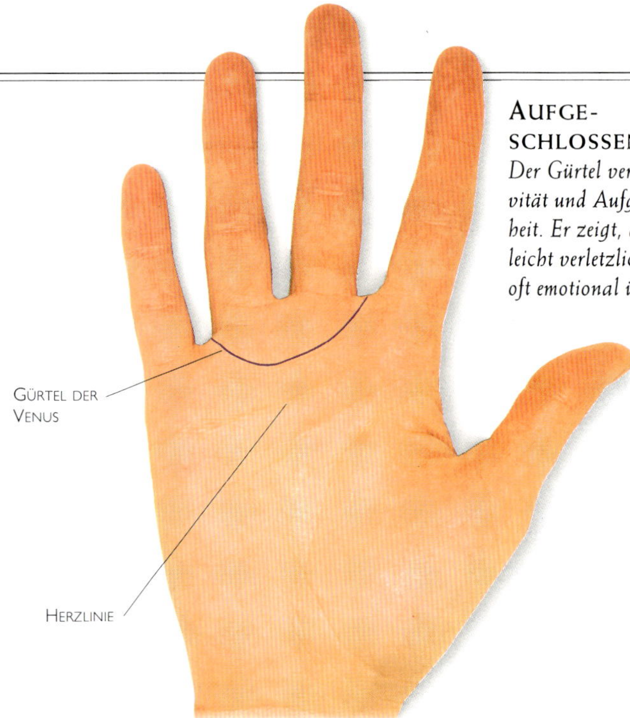

AUFGESCHLOSSENHEIT
Der Gürtel verrät Kreativität und Aufgeschlossenheit. Er zeigt, daß Sie leicht verletzlich sind und oft emotional überreagieren.

DER GÜRTEL DER VENUS

Der Gürtel der Venus, ein recht seltenes Zeichen, ist ein Halbkreis oberhalb der Herzlinie zwischen den Zentren zweier Berge. Meist besteht er aus Teilstücken. Er enthüllt starke Gefühle, heftige Emotionen und Empfindsamkeit. Menschen mit diesem Zeichen werden leicht von Anregungsmitteln abhängig.

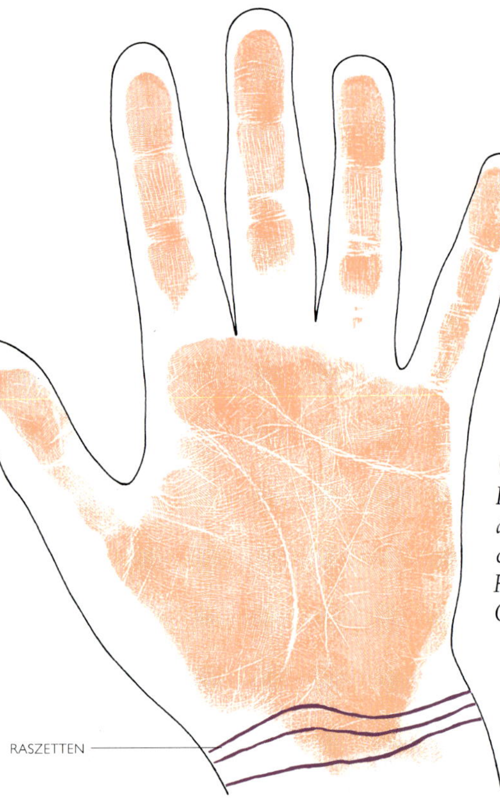

GESUNDHEIT
Handleser sind sich darüber einig, daß die oberste Raszette bei einer Frau Auskunft über den Gesundheitszustand gibt.

DIE RASZETTEN

Raszetten nennen wir die Ringe an der Grenze zwischen Hand und Handgelenk. Im Westen kümmert man sich kaum um sie; aber die orientalischen Handleser behaupten, daß drei starke, ungebrochene Raszetten Langlebigkeit bedeuten.

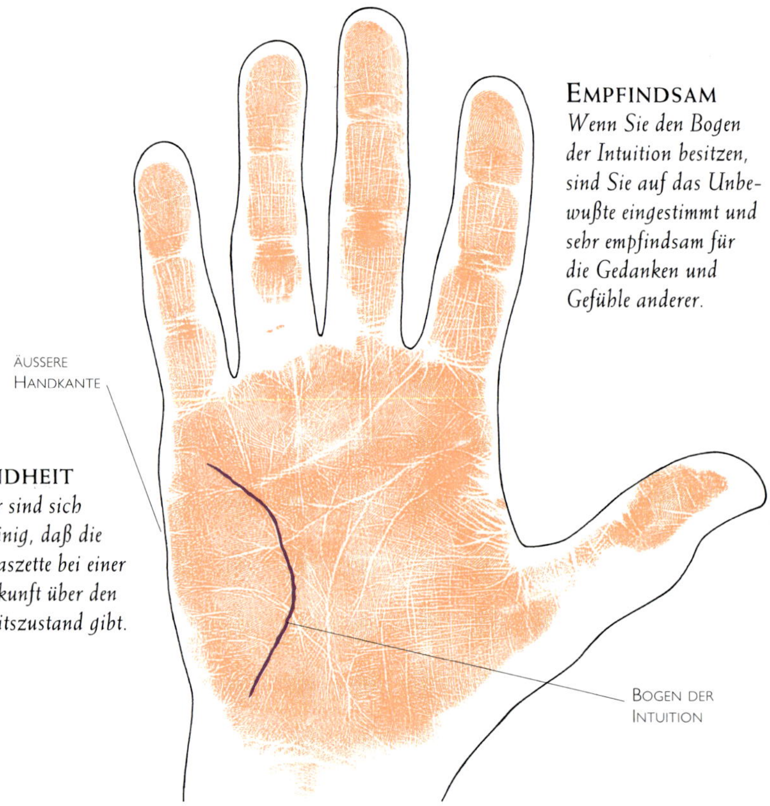

EMPFINDSAM
Wenn Sie den Bogen der Intuition besitzen, sind Sie auf das Unbewußte eingestimmt und sehr empfindsam für die Gedanken und Gefühle anderer.

DER BOGEN DER INTUITION

Den Bogen der Intuition finden wir nur selten in vollkommener Form. Diese Linie hat die Gestalt eines Halbmondes, der auf dem Mondberg beginnt und bis zur Wurzel des kleinen Fingers reicht. Dieses Zeichen steht für gute Intuition.

Der Salomonring

Der Salomonring ist manchmal fast eine gerade Linie, mitunter auch ein Halbkreis. Er befindet sich auf dem Berg an der Wurzel des Zeigefingers. Er wird mit der sagenhaften Weisheit König Salomons assoziiert und symbolisiert philosophische Einsicht. Wer ihn besitzt, ist ein guter Lehrer, Anwalt oder Richter. Oft finden wir ihn an der Hand von Menschen, die hohes Ansehen genießen und über Autorität verfügen.

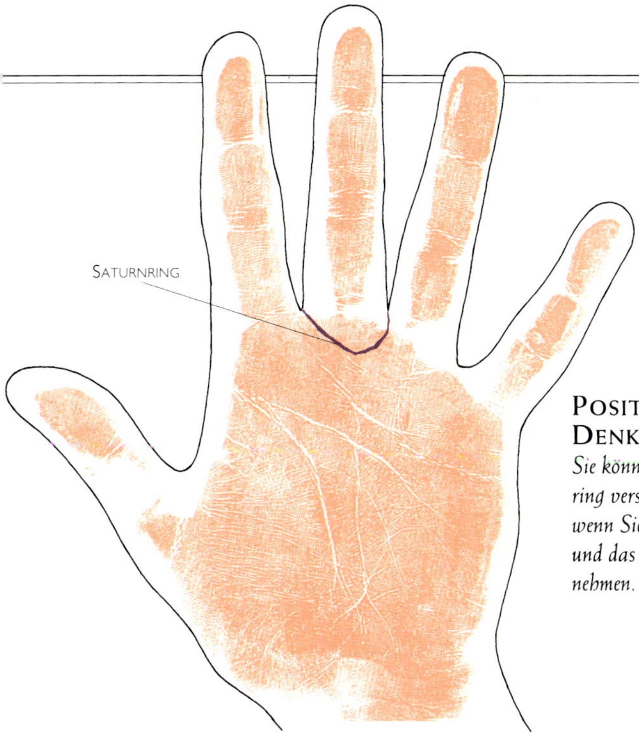

Positives Denken

Sie können einen Saturnring verschwinden lassen, wenn Sie positiv denken und das Leben leichter nehmen.

Der Saturnring

Der Saturnring, ein Bogen an der Wurzel des Mittelfingers, ist das klassische Symbol des „Miesmachers". Zum Glück kommt er selten vor und bildet meist keinen vollständigen Halbkreis. Dieses Zeichen geht mit einem Mangel an Lebensfreude oder gar mit Melancholie einher.

Kreativität

Sie können den Apolloring durch eine positive Einstellung zum Verschwinden bringen. Wenn Sie sich an kulturellen Aktivitäten beteiligen, fördern Sie Ihre künstlerische Inspiration.

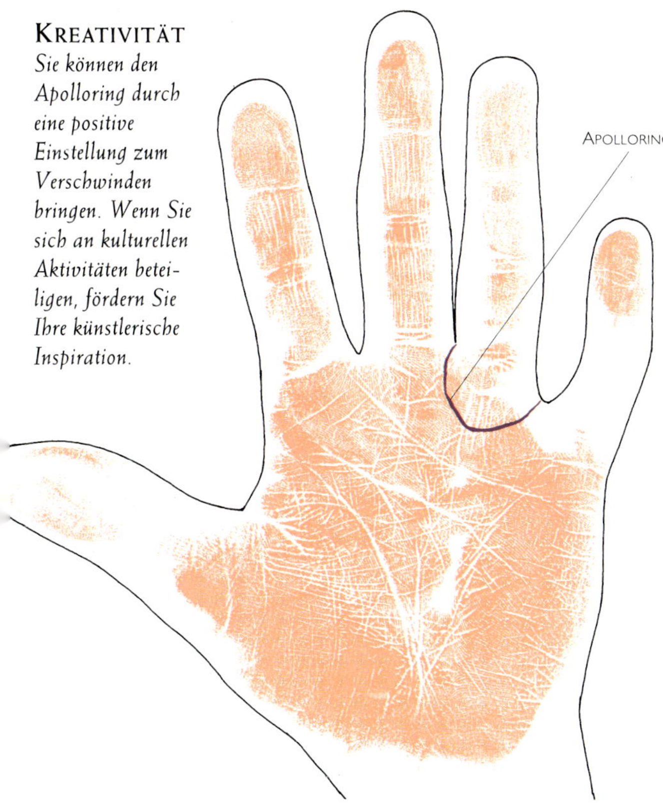

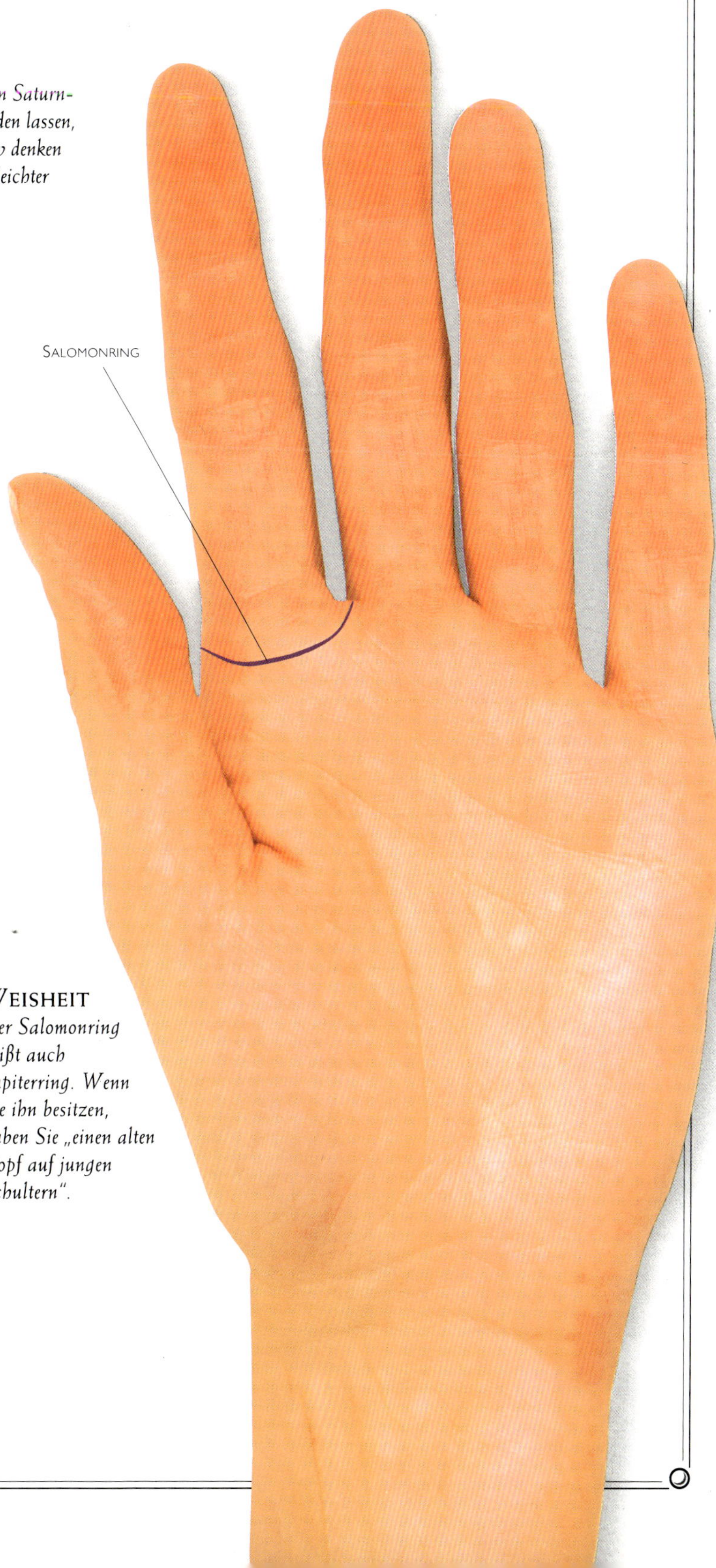

Weisheit

Der Salomonring heißt auch Jupiterring. Wenn Sie ihn besitzen, haben Sie „einen alten Kopf auf jungen Schultern".

Der Apolloring

Ein Ring auf dem Apolloberg, der den Ringfinger umgibt, ist sehr selten. Er scheint ein Hindernis zu sein, das die natürliche Spontaneität und den Optimismus lahmlegt. Der Sinn für Ästhetik ist dann schwach entwickelt, ebenso der schöpferische Ausdruck.

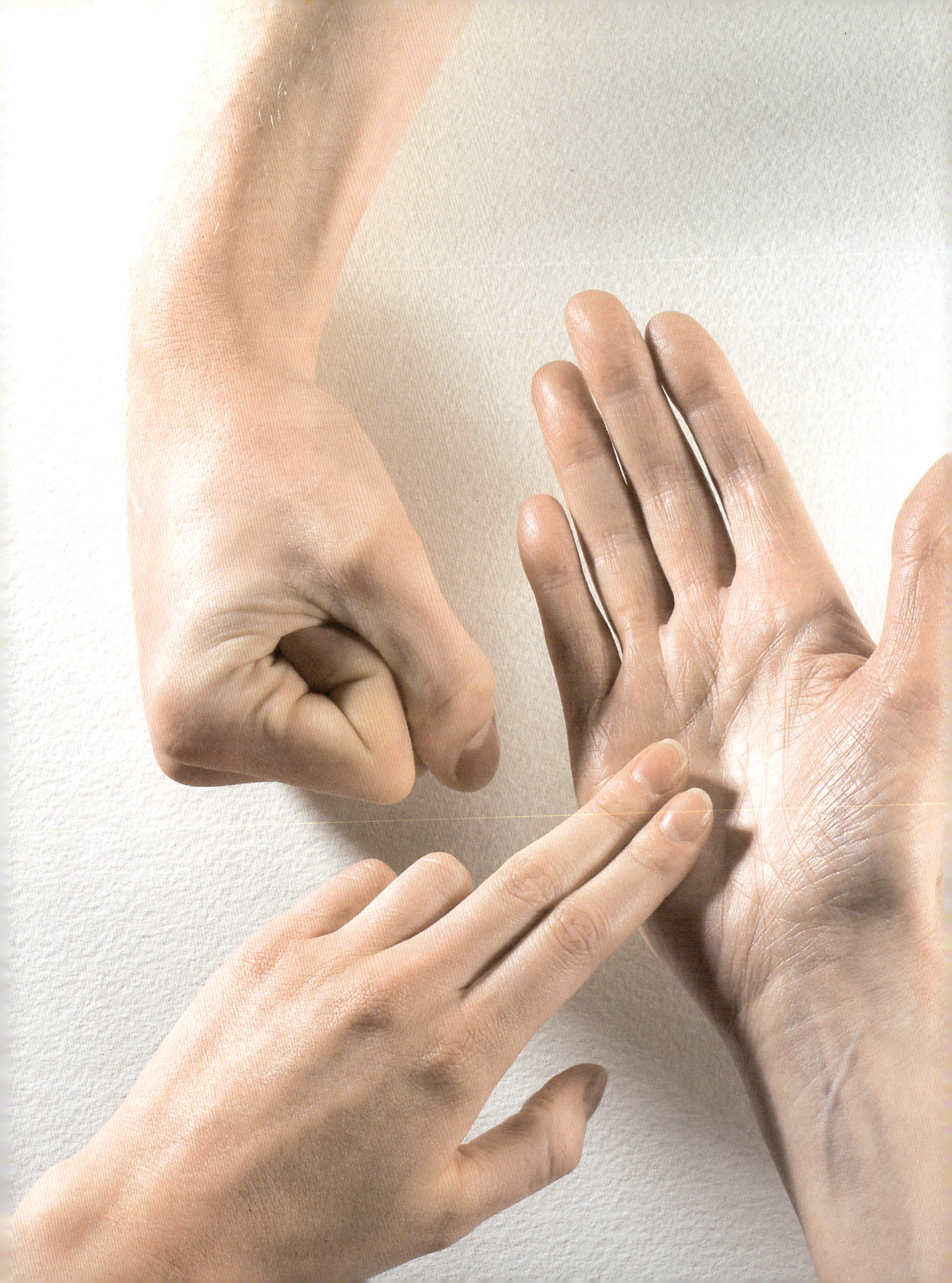

Angewandte Handanalyse

Die Hände enthalten eine Fülle von Informationen über unsere Wünsche und Motive, Neigungen und Abneigungen, unseren Umgang mit anderen, unser Verhalten in bestimmten Situationen und unsere Reaktionen auf verschiedene Ereignisse. Wir müssen nur lernen, die Zeichen zu deuten.

Einführung • Beziehungen
Passen Sie zueinander? • Die Familie • Der Beruf •
Gesundheit, Geld und Glück • Reise und Bewegung
Der Lebensabend • Wachstum und Wandel

Einführung in die Handanalyse

Vorbei ist die Zeit, als man einer Zigeunerin eine Silbermünze in die Hand drückte. Der moderne Handleser ist ein geschulter Praktiker, der oft in einem Büro arbeitet und von Menschen konsultiert wird, die Rat in allen Lebenslagen suchen. Sie möchten ein Problem lösen, eine Situation erhellen, einen Entschluß bestätigt haben oder Selbsterkenntnis erwerben. Der Chirologe sollte imstande sein, konstruktiven Rat zu erteilen und Richtungen aufzuzeigen, die der Ratsuchende einschlagen kann.

Moderne Handanalyse

Das Handlesen hat sich im Laufe von Jahrtausenden entwickelt. Reiches, auf Beobachtung gründendes Wissen bringt Ereignissse und unser Verhalten mit Mustern und Zeichen an der Hand in Verbindung. Moderne Chirologen suchen nach den wichtigsten Entsprechungen und betrachten sie im Lichte der psychologischen Erkenntnisse. Diese wertvolle Analysemethode hilft ihnen, die komplexe menschliche Seele zu erforschen. Die Handfläche und die Finger liefern Hinweise, die sie mit anderen vergleichen und dann wie ein Fotopuzzle zusammensetzen, bis sie ein Porträt des Klienten erhalten.

Ein Schritt-für-Schritt-Verfahren

Der erste Schritt der Untersuchung befaßt sich mit den körperlichen Aspekten der Hand – Aussehen, Textur, Form, Bau der Berge und Finger – und prüft, ob die Gestik lebhaft oder zurückhaltend ist. Der zweite Schritt untersucht die Zeichen und ihre Muster auf den Fingern und auf der Handfläche. Diese Zeichen sind ein Archiv der Erbanlagen und liefern bedeutsame Informationen über den Geist und die Gesundheit. Der dritte Schritt beurteilt die Linien. Sie sind eine Art Unterschrift und symbolisieren unsere körperliche, seelische und geistige Natur. Hier sind alle vergangenen und zukünftigen Ereignisse registriert. Wir können die Lebenslinie, die Kopflinie und die Schicksalslinie zu überraschend genauen Zeitskalen machen.

Der vierte Schritt sammelt alle Hinweise, die Licht auf einen bestimmten Aspekt werfen. Wird der Chirologe beispielsweise um eine Analyse der beruflichen Chancen gebeten, holt er sich Informationen von der Kopflinie, hält auf der Schicksalslinie nach Veränderungen Ausschau und sucht nach Zeichen, die etwas über den Beruf aussagen. Auf diese Weise kann er sich Einblick in jeden Bereich des Lebens verschaffen.

Die notwendige Ausrüstung
Geräte zum Drucken und ein Vergrößerungsglas sind unerläßlich für den Handleser. Der Handabdruck ist ein wichtiger Teil der Beratung, weil er oft Zeichen abbildet, die mit bloßem Auge nicht zu erkennen sind. Die Lupe wird benötigt, um Zeichen zu identifizieren.

WAHLFREIHEIT

IHR Schicksal ist nicht unwiderruflich in die Hände geschrieben. Die Linien können sich verändern, manchmal – als Reaktion auf eine Krise – schnell, bisweilen unmerklich. Eine andere Lebensweise oder Umgebung wirkt sich ebenfalls auf die Handlinien aus. Die Handanalyse zeigt Ihnen, welche Gelegenheiten die Zukunft Ihnen bietet. Es liegt an Ihnen, ob Sie die Chancen nutzen oder die Zeichen ignorieren. Die Handanalyse bestätigt, daß die Zukunft immer in Ihren Händen liegt.

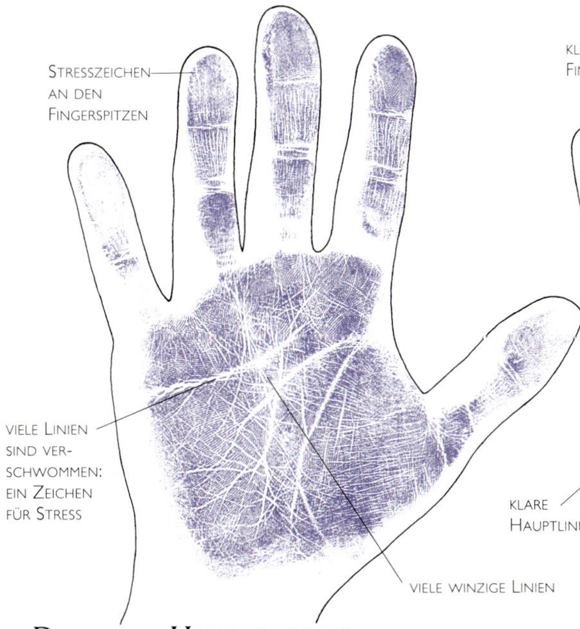

DER ERSTE HANDABDRUCK
Die Hand dieser Frau ist zehn Monate nach der Geburt ihres ersten Kindes überreich an Linien – eine Warnung vor seelischer und körperlicher Erschöpfung.

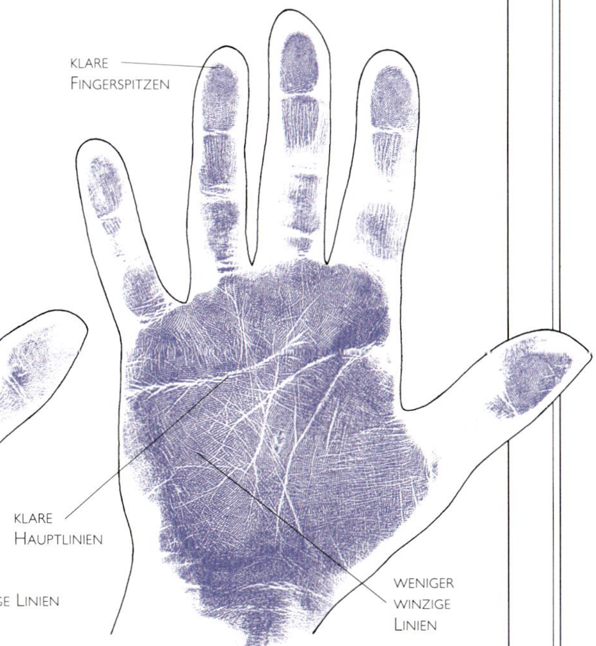

ZEHN JAHRE SPÄTER
Die Kinder gehen in die Schule, und die Frau kann sich ihren eigenen Interessen widmen. Die Hand ist „ruhig" geworden.

Der verantwortungsbewußte Handleser

Die Handanalyse kann große Macht auf Menschen ausüben und eine suggestive Wirkung haben. Eine falsche Deutung und sogar eine beiläufige Bemerkung über ein mögliches Ereignis können weitreichende Folgen haben, selbst für einen Zyniker, der sich vielleicht eines Tages, wenn er verwundbar ist, daran erinnert. Darum ist es äußerst wichtig, korrekte Informationen zu geben und daran zu denken, daß Prophezeiungen sich selbst erfüllen können. Aufklärung über den freien Willen ist ebenfalls notwendig: Wir können nicht nur unser Schicksal durch positives Tun ändern, sondern auch negative Muster und Zeichen an unseren Händen. Dazu muß der Chirologe seinen Klienten immer ermutigen.

WAS KANN DIE HANDANALYSE?
Eine Handanalyse enthüllt das komplizierte Muster der Zukunft und zeigt Ihnen vergangene Ereignisse, die sich heute auswirken. Sie ermöglicht es Ihnen, Problemen aus dem Weg zu gehen, Chancen zu nutzen und richtig zu entscheiden. Kurz: Die Handanalyse hilft Ihnen, Ihr Leben selbst in die Hand zu nehmen.

Beziehungen

Das Knüpfen von Beziehungen ist eine der schwierigsten Aufgaben des Menschen. Wir sind gesellige Wesen, und der Kontakt mit anderen liegt uns im Blut. Die Beziehungen, die wir im Leben eingehen, sind zahlreich und unterschiedlich; sie umfassen Eltern, Kinder, Freunde, Kollegen und Liebespartner. Manche Beziehungen sind überaus erfolgreich, andere entwickeln sich zur Katastrophe. Ob wir triumphieren oder scheitern, hängt weitgehend von unserer Persönlichkeit ab, und diese spiegelt sich in den Händen wider.

Die vier Handformen

Wenn wir herausfinden wollen, wie wir mit anderen zurechtkommen, gibt uns die Form der Hand erste Hinweise. Die vier Grundformen spiegeln die fundamentalen Emotionen und Reaktionen wider, verraten, wie wir anderen gegenüber auftreten, und enthüllen unser emotionales Potential.

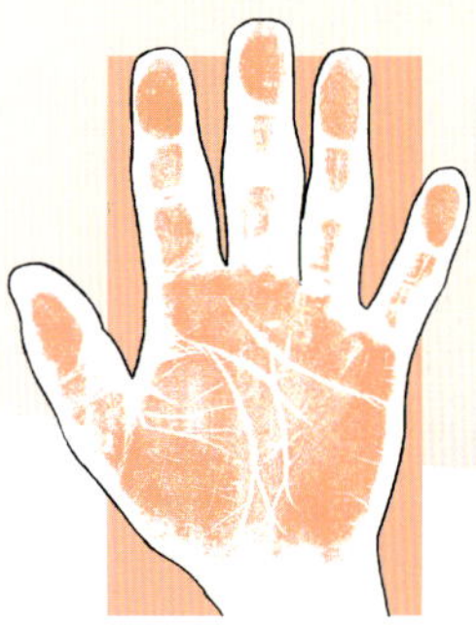

Die Erd-Hand
Sie sind für Ihre Ehrlichkeit und Ihren gesunden Menschenverstand bekannt und gelten oft als ernst. Sie sind wortkarg und nicht sehr romantisch, aber man kann sich auf Ihre Loyalität und Hilfsbereitschaft verlassen.

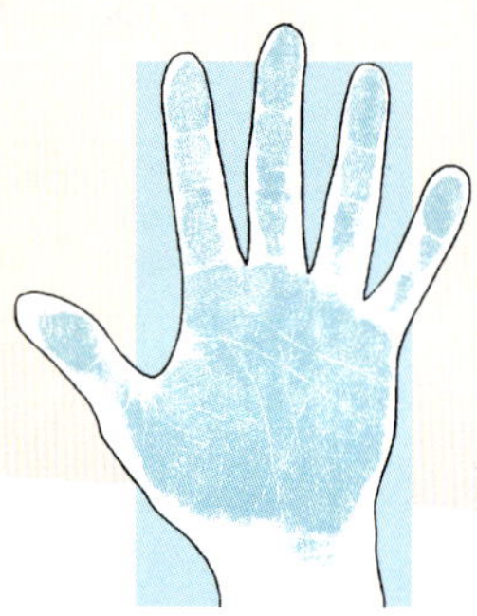

Die Luft-Hand
Sie sind intelligent und geistreich und haben viele Freunde. Was intime Partner angeht, sind Sie jedoch sehr wählerisch. Sie sind emotional stabil, erscheinen aber kühl und unfreundlich. Untreue kann ein Problem sein.

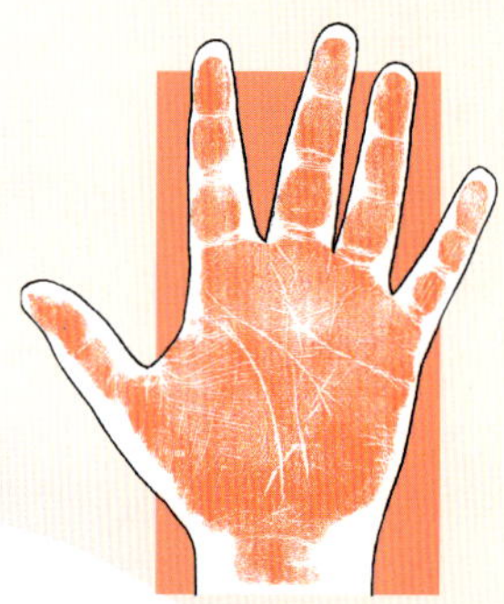

Die Feuer-Hand
Ihre Emotionen ändern sich in Sekunden. Sie sind warmherzig und ein guter Freund, brauchen aber viel Bestätigung und Lob. Sie verlieben sich leicht, aber Ihre Liebe kann auch treu und leidenschaftlich sein.

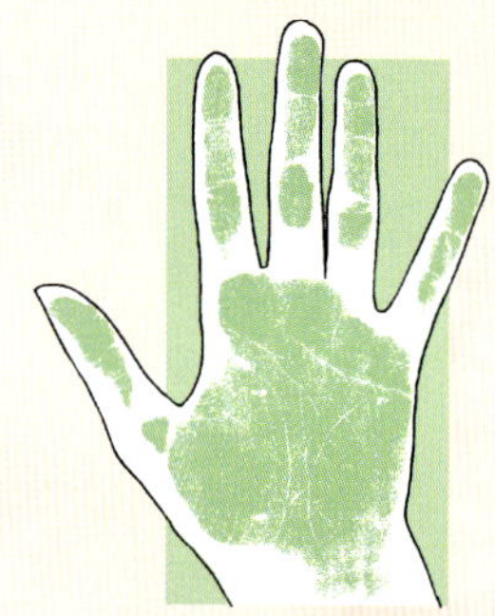

Die Wasser-Hand
Sie sind warmherzig und mitfühlend, empfindsam und romantisch, ein Idealist, was Beziehungen angeht. Sie lassen sich leicht beeindrucken, und mitunter nutzen skrupellose Leute Ihren Sanftmut aus.

Liebeskummer

Die äußere Handkante dieses Mannes ist stark gebogen, die Handfläche ist breit. Dennoch ist die Handfläche rechteckig und enthält einige starke Linien. Das deutet auf eine Feuer-Hand hin, und die Wirbel an den Fingern, die typisch für Feuer-Hände sind, bestätigen diesen Eindruck. Solche Menschen verlieben sich schnell und heftig – das verraten auch mehrere Beziehungslinien. Die große Insel auf der Kopflinie zeigt, wie diese Beziehungsprobleme den Mann verstört haben. Zum Glück endet die Insel Ende des 30. Lebensjahres, und gleichzeitig entwickelt sich die Apollolinie. Das deutet darauf hin, daß er seine Seelengefährtin bald finden wird.

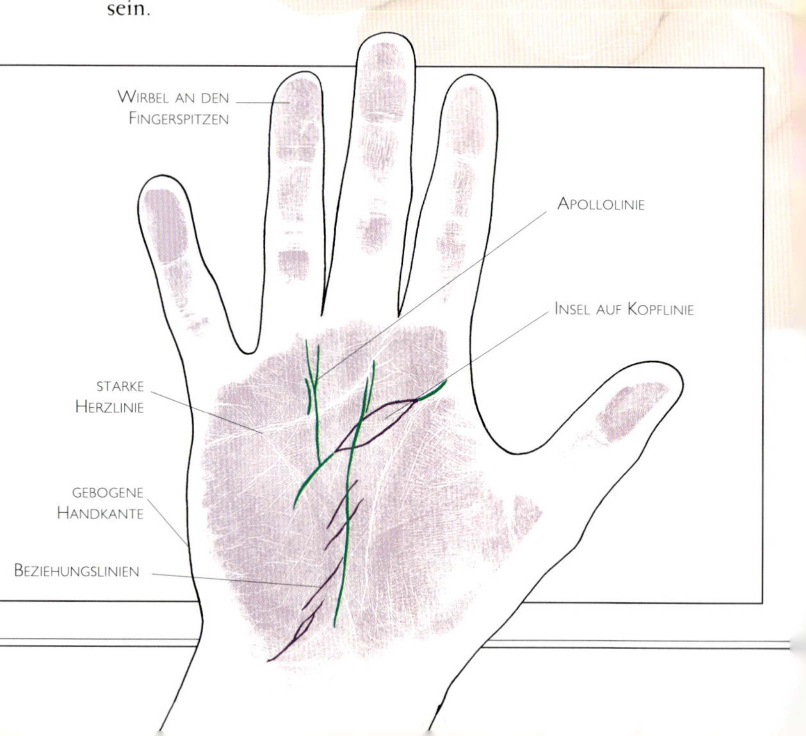

DIE EMOTIONALE REAKTION

DIE Reaktion auf andere, die sexuelle Energie und die Liebesfähigkeit spiegeln sich im Gesamteindruck der Hand wider. Im allgemeinen verraten weiche, schlaffe Hände Ichbezogenheit und Hemmungslosigkeit. Je kräftiger und härter die Hand sich anfühlt, desto beherrschter und unnachgiebiger ist die Persönlichkeit.

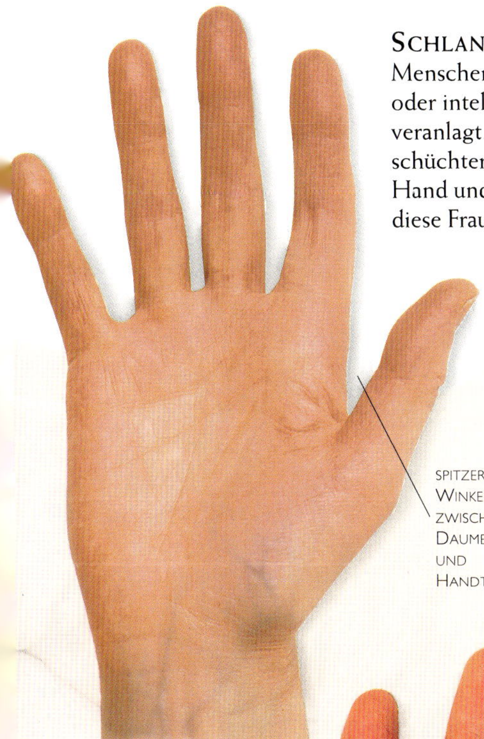

SCHLANKE HÄNDE

Menschen mit schlanken Händen sind mehr spirituell oder intellektuell und weniger leidenschaftlich veranlagt. Sie sind kaum zu begeistern, kühl und schüchtern. Hier zeigen die unterentwickelte Basis der Hand und der spitze Winkel mit dem Daumen, daß diese Frau sich anderen nicht leicht öffnet.

FLEISCHIGE HÄNDE

Eine gut gepolsterte, aber elastische Hand weist auf Energie und Kraft hin. Sie sind emotional ausgeglichen, warmherzig und sinnlich. Sie schätzen die körperliche Liebe; Libido und Leidenschaft sind stark. Hier ist der Daumen lang, biegsam und spitz: Der Träger ist aufgeschlossen und intelligent; er kann seine Energie in schöpferische Arbeit lenken.

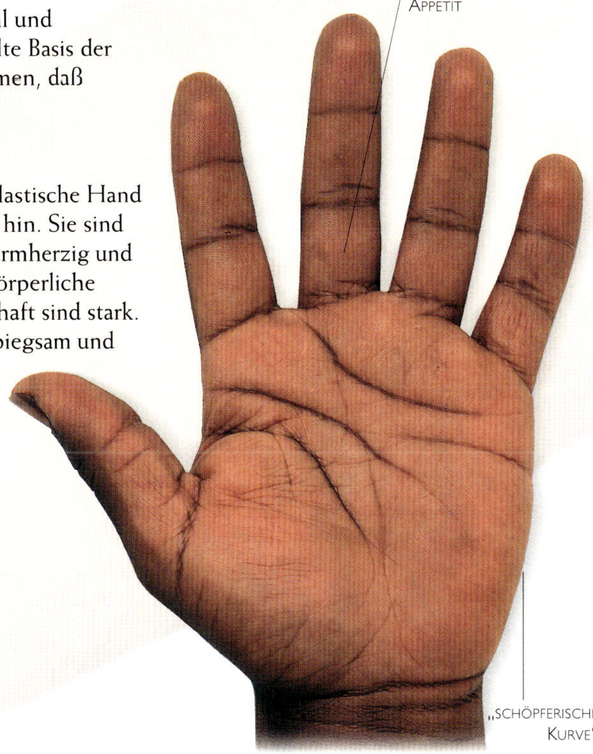

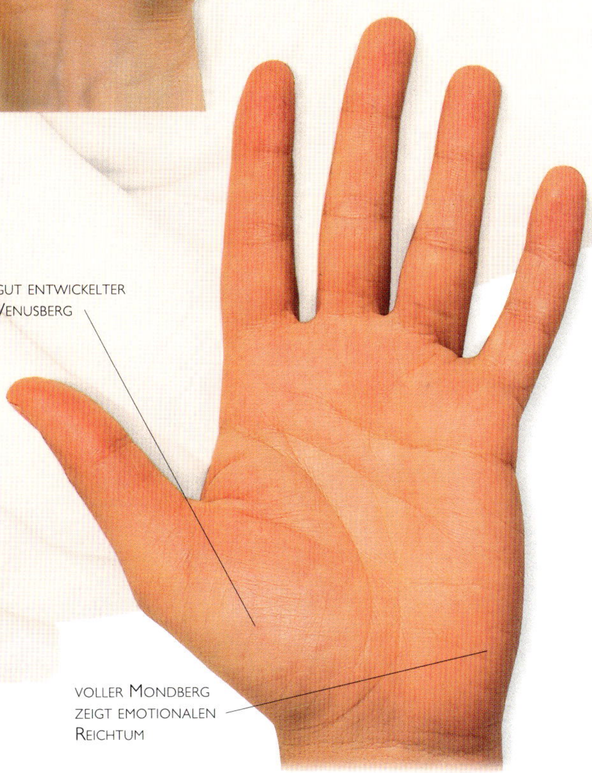

DER VENUSBERG

Der Venusberg ist der Sitz der Libido. Bei dieser Frau ist er ausgeprägt und enthüllt eine gefühlsbetonte, warmherzige und freundliche Persönlichkeit. Liebe zum Leben geht mit gesunden körperlichen Wünschen einher. Sie gilt als aufgeschlossen und nett, und in ihren intimen Beziehungen kann sie sexuelle Wünsche erfüllen.

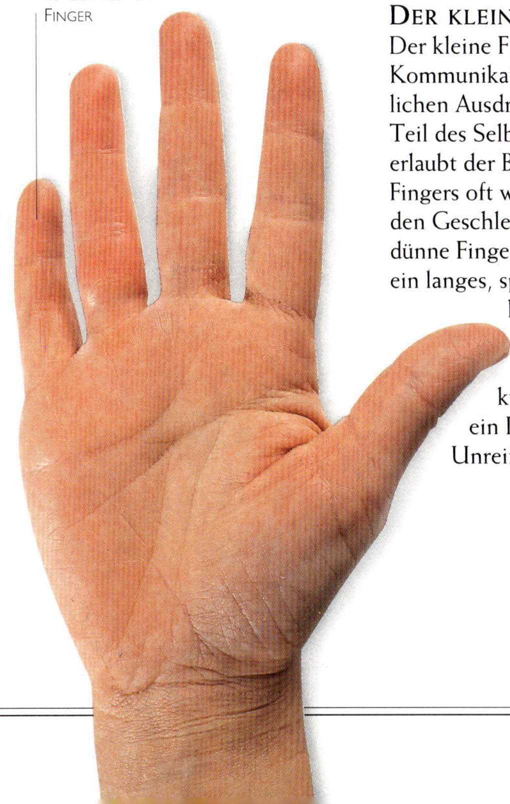

DER KLEINE FINGER

Der kleine Finger symbolisiert Kommunikation und persönlichen Ausdruck, und da der Sex Teil des Selbstausdrucks ist, erlaubt der Bau des kleinen Fingers oft wertvolle Einblicke in den Geschlechtstrieb. Lange, dünne Finger, vor allem wenn sie ein langes, spitzes Endglied haben, verraten den egoistischen Liebhaber. Sehr kurze Finger können ein Indiz für sexuelle Unreife sein.

Beziehungen in den Linien

Um erfolgreiche Beziehungen zu knüpfen, brauchen wir ein gewisses Maß an Selbsterkenntnis. Wir müssen unsere emotionalen Muster und unsere intimen Bedürfnisse und Motive kennen. Nur wenn wir uns selbst verstehen, können wir andere verstehen. Da die Herzlinie die Gefühle und den Geschlechtstrieb widerspiegelt, sollten wir sie zuerst untersuchen (*siehe Seite 66*). Andere Linien sagen ebenfalls etwas über Beziehungen aus. Die Kopflinie enthüllt zum Beispiel unsere Einstellung zu anderen und unsere emotionalen Erwartungen.

Die Handanalyse hilft uns, die Beziehung zwischen Kopf und Herz zu verstehen; aber unsere Hände erzählen uns noch mehr, sofern wir wissen, wo wir nachsehen müssen. Wir alle besitzen unsere eigenen Linien und Zeichen, die nicht nur unsere Beziehungen erhellen, sondern uns auch genau sagen, wann wir mit bestimmten Einflüssen zu rechnen haben.

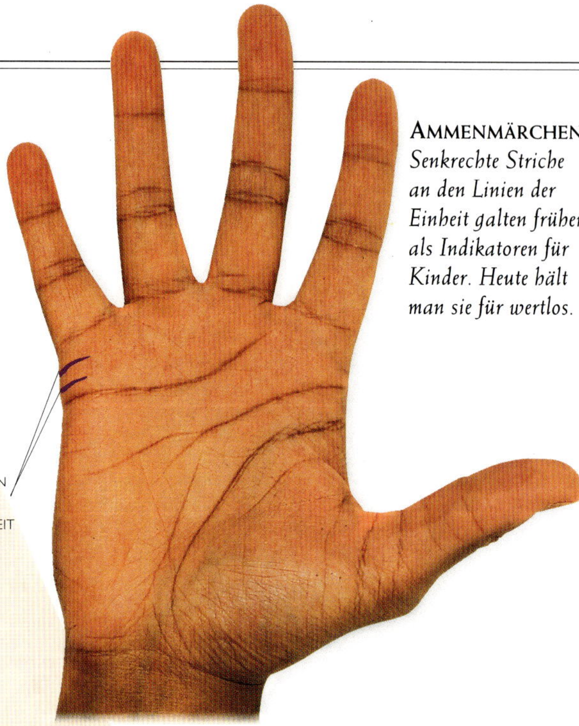

Ammenmärchen
Senkrechte Striche an den Linien der Einheit galten früher als Indikatoren für Kinder. Heute hält man sie für wertlos.

Linien der Einheit
In alten chirologischen Büchern steht, die kleinen Striche an der äußeren Handkante unter dem kleinen Finger symbolisierten Ehe oder Liebesaffären. Darum nannte man sie Linien der Einheit. Moderne Handleser halten diese Zeichen nicht für verläßlich.

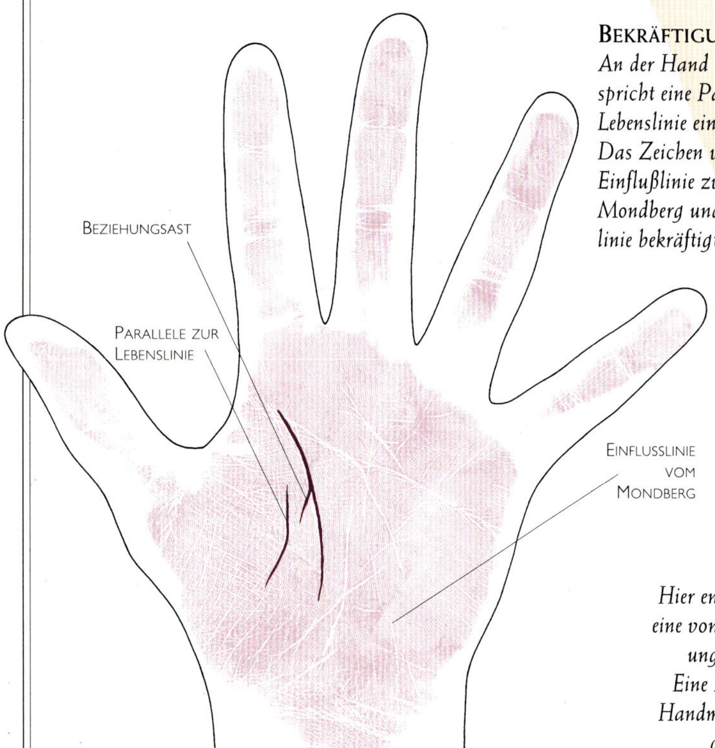

Bekräftigung
An der Hand links verspricht eine Parallele zur Lebenslinie eine Beziehung. Das Zeichen wird von einer Einflußlinie zwischen Mondberg und Schicksalslinie bekräftigt.

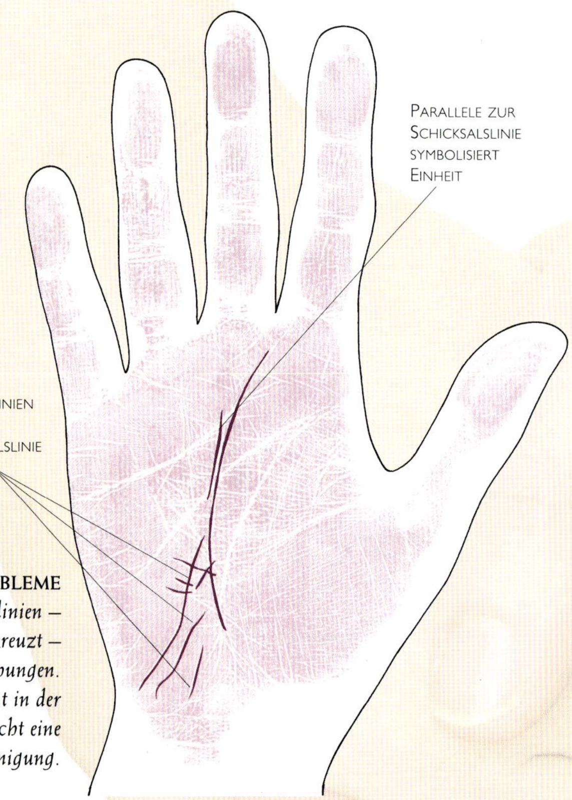

Probleme
Hier enthüllen Einflußlinien – eine von einem Stab gekreuzt – unglückliche Beziehungen. Eine Parallele beginnt in der Handmitte und verspricht eine glückliche Vereinigung.

Das Innere der Lebenslinie
Suchen Sie im Inneren der Lebenslinie nach Zeichen, die auf Beziehungen hindeuten. Eine Parallele zur Lebenslinie verspricht einen Seelengefährten. Andere Indikatoren sind Äste, die in der Lebenslinie entspringen. Je nach Ihrem Alter bezeichnen sie den Beginn einer Beziehung oder die Geburt eines Kindes.

Einflusslinien
Einflußlinien symbolisieren Beziehungen. Sie entspringen auf dem Mondberg und führen zur Schicksalslinie. Unglückliche Affären sind an Linien erkennbar, welche die Schicksalslinie kreuzen oder verfehlen. Linien, die parallel zur Schicksalslinie verlaufen oder mit ihr verschmelzen, versprechen Glück.

Hennafarbene Hände

IN INDIEN FÄRBEN BRÄUTE IHRE HÄNDE MIT HENNA.

BEI der traditionellen Sikh- oder Hinduhochzeit ist es Brauch, der Braut mit Henna kunstvolle Muster auf Handteller, Handgelenk und Handrücken zu malen. Es gehört zum Zeremoniell, daß der Bräutigam die Hände der Braut genau betrachtet. In den ausgeklügelten Mustern ist sein Name versteckt, den er finden muß, damit die Ehe glücklich wird.

GLÜCK
Um dem Paar Glück zu bringen, schmücken auch die Freundinnen und Verwandten der Braut die Hände mit Henna.

DIE ZEITLICHE EINORDNUNG

ZEITSKALEN der Lebens- und der Schicksalslinie (*siehe Seite 58 und 74*) lassen sich auf die Einflußlinien und Beziehungsäste anwenden. Die Hand dieser Frau zeigt, daß eine lange Beziehung scheiterte, als sie 34 war. Es gibt jedoch Anzeichen für eine glücklichere Beziehung ab 39.

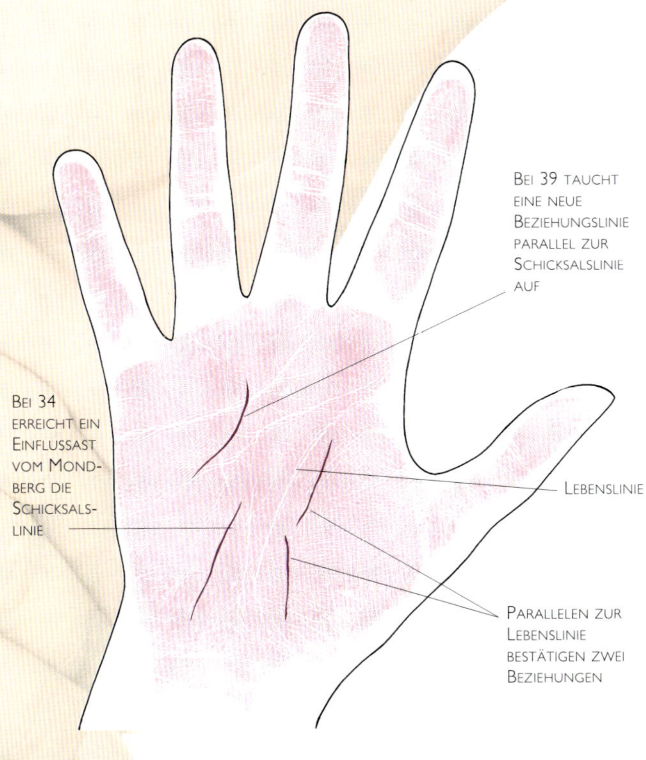

HÖHEN UND TIEFEN DER LIEBE

UNSERE Hände registrieren erfreuliche und unerfreuliche Ereignisse. So wie es Zeichen für glückliche Verbindungen gibt, finden sich auch Problemzonen auf der Hand. Wir können uns also auf schwierige Lebensphasen vorbereiten.

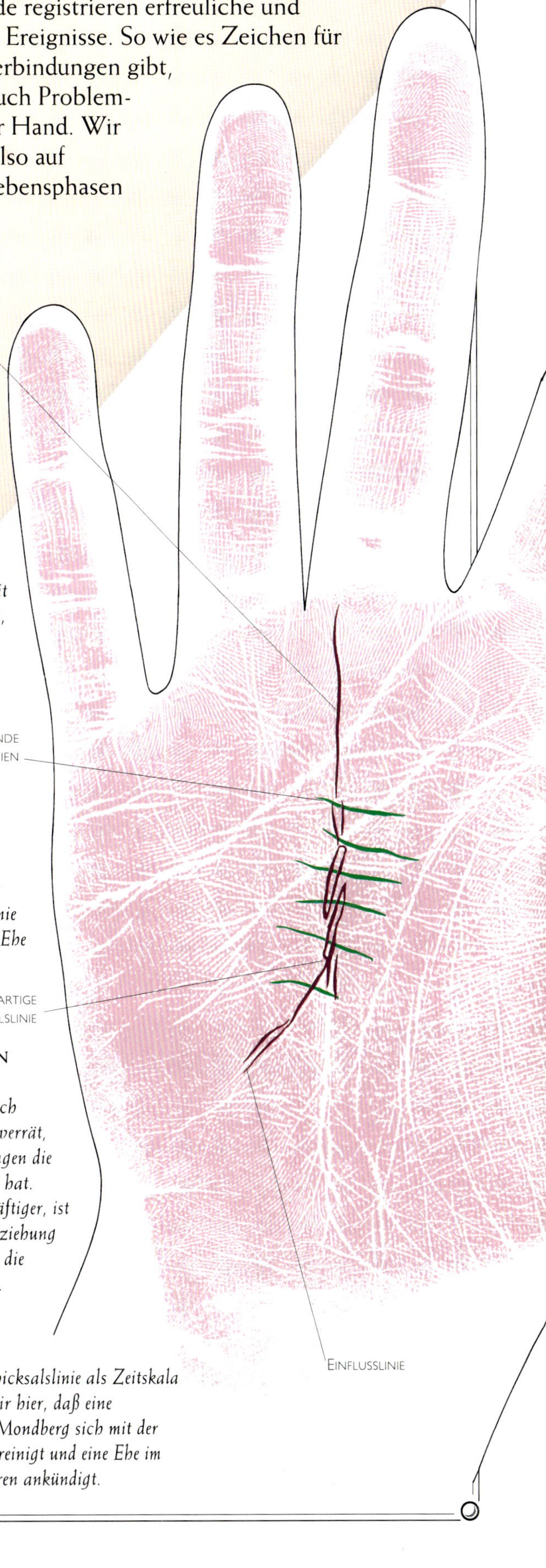

HAPPY END
Nach einer schwierigen Ehe ließ diese Frau sich Mitte 40 scheiden. Fünf Jahre später heiratete sie wieder, diesmal mit größeren Chancen, wie die stärkere Schicksalslinie zeigt.

PROBLEME
Mehrere Stäbe kreuzen die Schicksalslinie. Zusammen mit der unterbrochenen Linie verkünden sie eine Ehe voller Probleme.

AUSWIRKUNGEN
Die Qualität der Schicksalslinie nach einer Verbindung verrät, welche Auswirkungen die Beziehung auf Sie hat. Wird die Linie kräftiger, ist der Einfluß der Beziehung positiv. Hier wird die Linie kettenförmig.

EHE
Wenn wir die Schicksalslinie als Zeitskala benutzen, sehen wir hier, daß eine Einflußlinie vom Mondberg sich mit der Schicksalslinie vereinigt und eine Ehe im Alter von 32 Jahren ankündigt.

Passen Sie zueinander?

WIE kommen Sie mit Ihrem Partner aus? Passen Sie wirklich zu ihm? Diese Fragen können Sie beantworten, wenn Sie die Hände vergleichen.

Untersuchen Sie die Form, den Bau und die Linien, und Sie erkennen Unterschiede und Ähnlichkeiten, die viel über die Beziehung verraten.

Suchen Sie Ihre Hand in der waagrechten, die des Partners in der senkrechten Reihe.

Die vier Handformen

WENN Sie in Händen nach Zeichen der Übereinstimmung suchen, beachten Sie zuerst, ob die Grundformen der Hände miteinander harmonieren oder Gegensätze bilden. Die Liste unten wird Ihre Verträglichkeit mit anderen Handformen offenbaren. Horizontale Reihe: eigene Handform; senkrechte Spalte: Partner.

	Erd-Hand	Luft-Hand	Feuer-Hand	Wasser-Hand	
	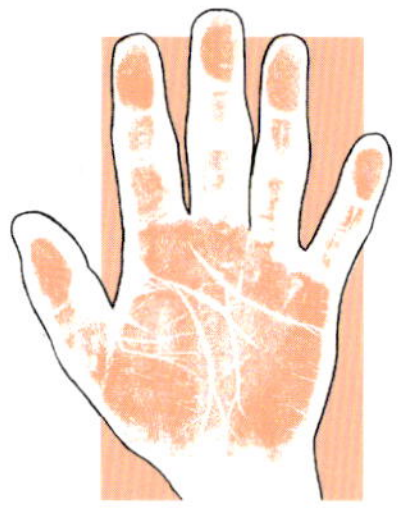	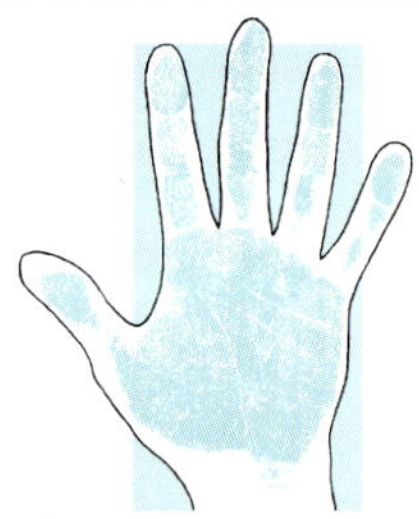	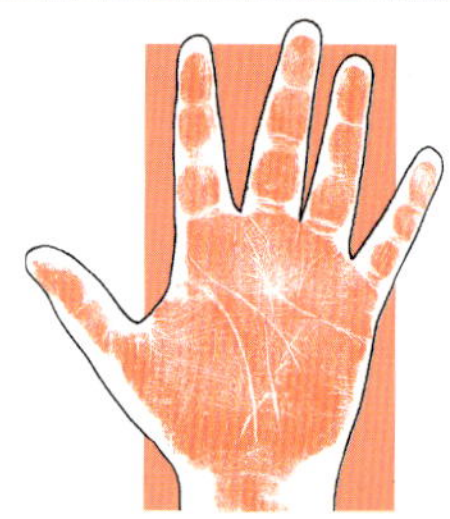	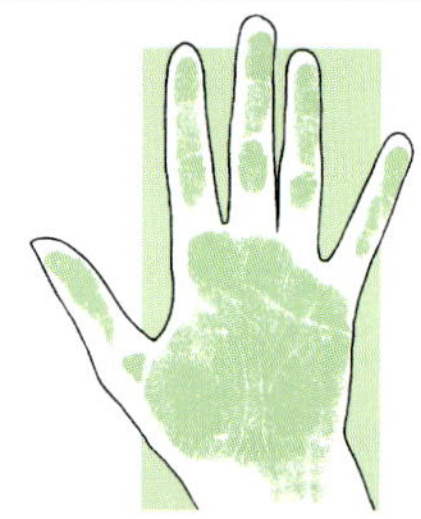	
Erd-Hand	Die Partner passen gut zusammen, da beide hart arbeiten und sich im Alltag schnell anpassen. Eine konventionelle und solide Verbindung.	Eine schwierige Verbindung von Leuten mit unterschiedlicher Lebensauffassung und Einstellung zur Arbeit. Erde findet Luft oberflächlich.	Potentiell günstig. Erde kann von der Begeisterung des Feuers profitieren. Beide haben ähnliche Energiepegel; aber Feuer kann Erde irritieren.	Die ungünstigste Paarung! Wasser kann zwar die Beziehung verfeinern; aber Erde ärgert sich über das „unlogische Denken" des Wasser-Partners.	Erd-Hand
Luft-Hand	Sprachgewandte Luft findet Erde zu ruhig. Luft verlangt Abwechslung, Erde braucht Routine. Ein schwieriges Paar; aber beide können voneinander lernen.	Eine kühle, intellektuelle Beziehung. Leidenschaft und Emotionen sind gebremst, Kreativität wird für Projekte genutzt. Keine sexuelle Eifersucht.	Eine bewegte Partnerschaft. Beide sind lebhaft und gesellig; aber unterschiedliche Bedürfnisse können belasten. Luft empfindet die Eifersucht des Feuers als einengend.	Günstige Kombination für schöpferische Partnerschaft. Luft kann von Wasser profitieren. Die einzige Schwierigkeit: Wasser kann zu besitzergreifend sein.	Luft-Hand
Feuer-Hand	Erde kann die Sprunghaftigkeit des Feuers lindern und helfen, Ideen konstruktiv zu nutzen. Wenn Feuer seine Ungeduld zügelt, verspricht die Partnerschaft Erfolg.	Eine erfolgreiche Verbindung, sofern die Partner kompromißbereit sind. Das Feuer muß der Luft Freiheit geben, die Luft muß das Feuer körperlich bestätigen.	Eine anregende, leidenschaftliche Beziehung mit Höhen und Tiefen. Die Flamme geht nicht aus, wenn beide das Bedürfnis nach Zuwendung achten.	Gute Verbindung. Beide sind leidenschaftlich und zusammen ergeben sie eine „heiße" Partnerschaft. Das Feuer genießt es, die Führung zu übernehmen.	Feuer-Hand
Wasser-Hand	Eine schwierige Verbindung verschiedener Menschen. Aber Erde kann helfen, die Träume des Wassers zu verwirklichen. Wasser findet Erde jedoch unsensibel.	Beide sind schöpferisch veranlagt. Die Luft kann die Weltlichkeit beisteuern, die das Wasser braucht. Mitunter ist die Luft dem Wasser zu distanziert.	Eine vielversprechende Partnerschaft. Beide genießen große Zuneigung und unverhüllte Gefühle. Wasser profitiert vor allem von der Weltlichkeit des Feuers.	Das Zusammentreffen zweier Seelen, die für ihre Kunst leben. Gemeinsamer Idealismus kann jedoch wenig Verständnis für weltliche Dinge aufbringen.	Wasser-Hand

WIE PASSEN DIE LINIEN ZUSAMMEN?

DER Vergleich der Handformen ist der erste Schritt, wenn wir prüfen, wie zwei Menschen zueinander passen. Als nächstes sammeln wir Informationen, die wir aus der Analyse der Kopf-, Lebens- und Herzlinie gewinnen. Dadurch erfahren wir mehr über Unterschiede, die die Handformen andeuten.

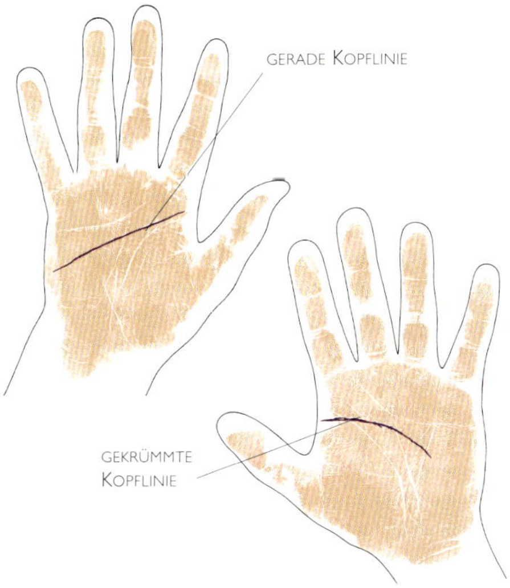

DIE KOPFLINIE

Wenn beide Partner gerade Linien haben, sind sie praktisch veranlagt. Wenn sie beide eine gekrümmte Linie haben, haben sie eine differenziertere Einstellung zum Leben. Sind die Kopflinien verschieden, unterscheiden sich auch die Interessen und Einstellungen. Die Partner mögen sich ergänzen, aber sie haben geistig wenig gemeinsam. (*Siehe Seite 62*).

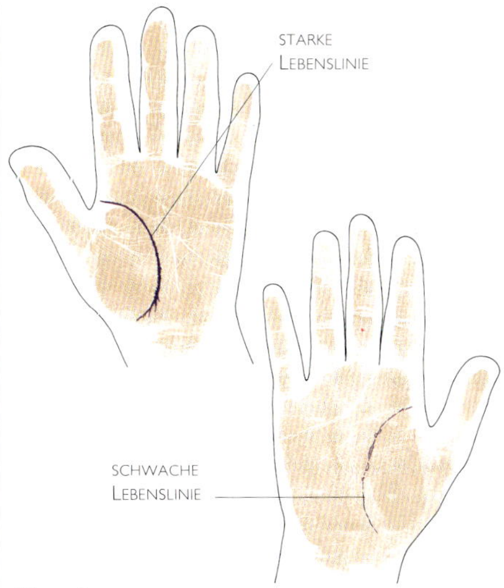

DIE LEBENSLINIE

Beim Vergleich der Lebenslinien kommt es auf Aufbau und Richtung an. Eine kettenförmige Linie verrät Energiemangel, eine ausgeprägte Linie beim Partner zeigt, daß er gesund und robust ist. Bildet die Lebenslinie einen weiten Bogen um den Venusberg, der die Libido symbolisiert, ist sie ein Indiz für Leidenschaft; eine Linie, die eng am Daumen verläuft, enthüllt einen schwachen Geschlechtstrieb (*siehe Seite 54*).

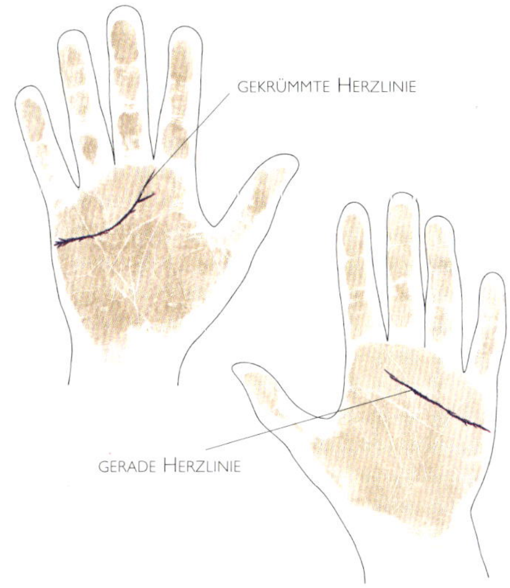

DIE HERZLINIE

Wenn Länge und Richtung der Herzlinien gut zueinander passen, verstehen die Partner die Stimmungen des anderen. Die gerade Herzlinie symbolisiert Vernunft, Zurückhaltung und Passivität in der Liebe, die gekrümmte steht für Leidenschaft und Vitalität (*siehe dazu Seite 67*). Allerdings können Eigenschaften, die einander ergänzen – z.B. Heißblütigkeit und Gelassenheit – eine Beziehung auch stärken.

EINE FALLGESCHICHTE

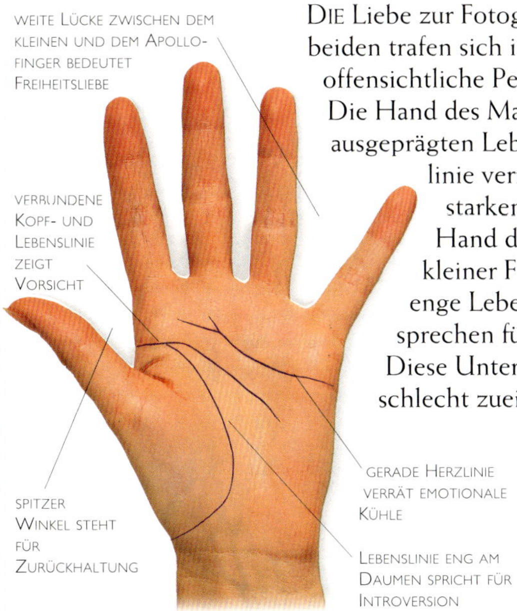

DIE Liebe zur Fotografie führte dieses Paar zusammen. Die beiden trafen sich im örtlichen Fotoclub. Doch bald belasteten offensichtliche Persönlichkeitsunterschiede die Beziehung. Die Hand des Mannes mit dem großen Venusberg, der ausgeprägten Lebenslinie und der gekrümmten Herzlinie verrät Sportlichkeit, Leidenschaft und starken Geschlechtstrieb. Dagegen ist die Hand der Frau „intellektueller". Ein langer kleiner Finger, eine gerade Kopflinie, eine enge Lebenslinie und ein kleiner Venusberg sprechen für Logik und geistige Interessen. Diese Unterschiede zeigen, daß die beiden schlecht zueinander passen.

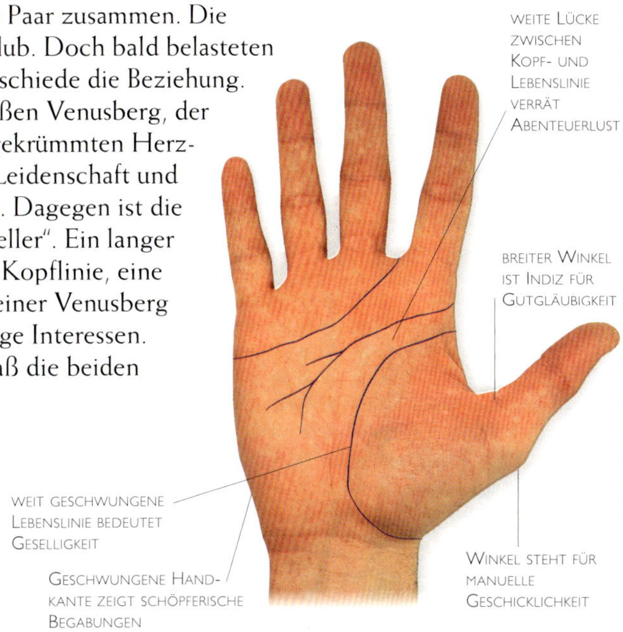

Die Familie

Wird die Entwicklung der Persönlichkeit mehr von den Erbanlagen oder mehr von der Umwelt bestimmt? Handanalysen in Familien zeigen, daß beides wichtig ist. Zweifellos werden ähnliche Persönlichkeitsmerkmale von einer Generation an die andere weitergereicht; denn bestimmte Handformen, Fingermuster und andere Zeichen kommen in Familien gehäuft vor. Aber Linien ändern sich, und die Zeichen verraten eher Anlagen als unabänderliche Ereignisse. Insgesamt deuten diese Faktoren darauf hin, daß wir unser Schicksal selbst schmieden.

Handanalyse in der Familie

Familien sind komplexe Gebilde. Manche Mitglieder kommen besser miteinander aus als andere, manche sind sich ähnlich, und andere entpuppen sich als „schwarze Schafe". Wenn wir die Hände der Familienangehörigen analysieren, können wir die Gründe dafür zumindest teilweise herausfinden.

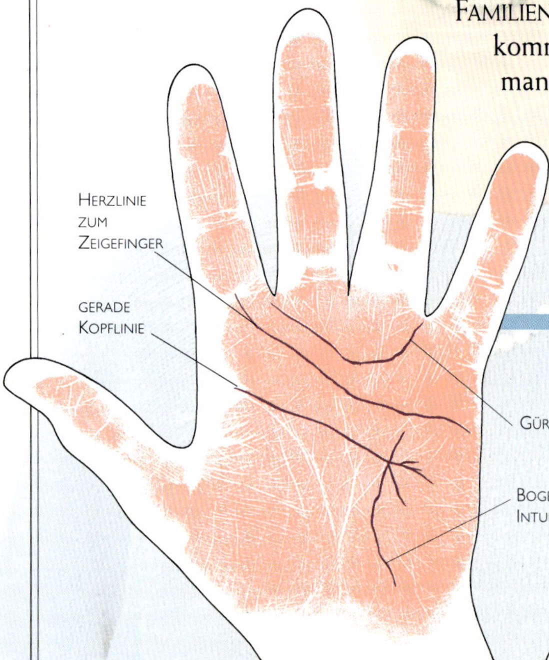

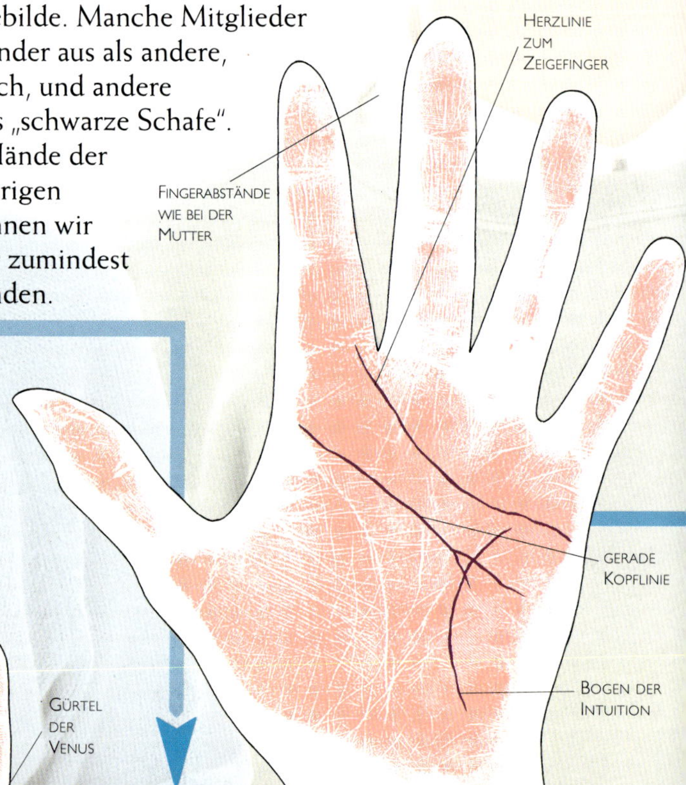

Die Mutter der Mutter

Die Hand enthält den Gürtel der Venus und den Bogen der Intuition. Der Enkel besitzt den Gürtel, die Tochter den Bogen. Mutter und Tochter haben ein sehr ähnliches Temperament und auch ihre Kopf- und Herzlinien ähneln sich.

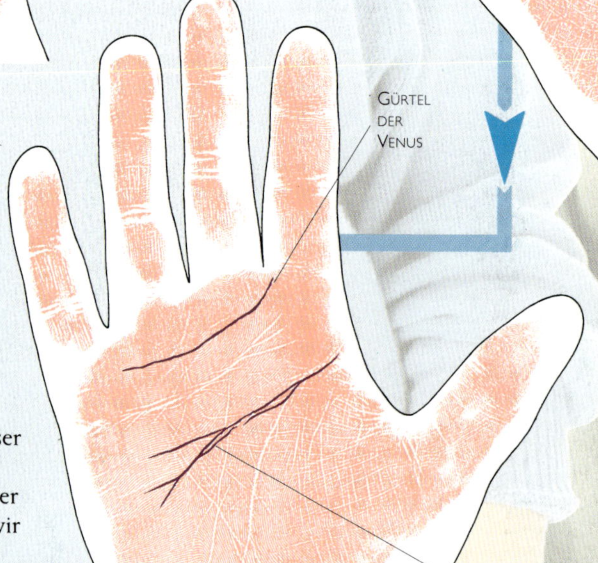

Der ältere Sohn

Der Gürtel der Venus zeigt, daß dieser Mann viel mit seiner Großmutter gemeinsam hat. Intellektuell schlägt er jedoch nach dem Vater. Das sehen wir an den Kopflinien, die gleich gebaut sind und mehrere lange Inseln enthalten – ein Indiz dafür, daß beide zeitweise radikal eingestellt waren.

Mutter

Was Intellekt und Temperament angeht, so ähnelt die Frau ihrer Mutter. Die Kopflinien sind gerade und verraten praktisches Talent. Die Herzlinien haben den gleichen Verlauf und führen zum Zeigefinger, was auf hohe Ansprüche hindeutet. Selbst die Haltung der Finger und die Daumenwinkel zeigen gleiche Einstellungen. Der seltene Bogen der Intuition zeigt, daß beide Frauen sehr fürsorglich sind.

Das genetische Erbe der Hand

DIE CHROMOSOMEN BESTIMMEN, MIT WELCHEM HANDTYP WIR GEBOREN WERDEN.

UNSERE Gene legen nicht nur die Augenfarbe und die Größe fest, sondern auch die Form der Hände, die Rillenmuster der Haut und die Linien auf den Handflächen. Nirgendwo spiegeln unsere Erbanlagen sich deutlicher wider als in den Fingerabdrücken, die sich mitunter bei mehreren Mitgliedern einer Familie gleichen.

STAMMBAUM
Mit Hilfe der Handabdrücke können wir einen Stammbaum zeichnen. Typische Zeichen und Ähnlichkeiten lassen sich in der Form und im Bau der Hände der Familienmitglieder feststellen.

DIE MUTTER DES VATERS
Diese Hand besitzt eine ungewöhnliche Kopflinie, die sich zuerst nach oben zur Handmitte wölbt, dann nach unten zum Mondberg. Sie bestätigt die Kreativität und die manuelle Geschicklichkeit der Frau. Dieses Zeichen finden wir weder bei ihrem Sohn noch beim älteren Enkel, wohl aber in ähnlicher Form beim jüngeren Enkel.

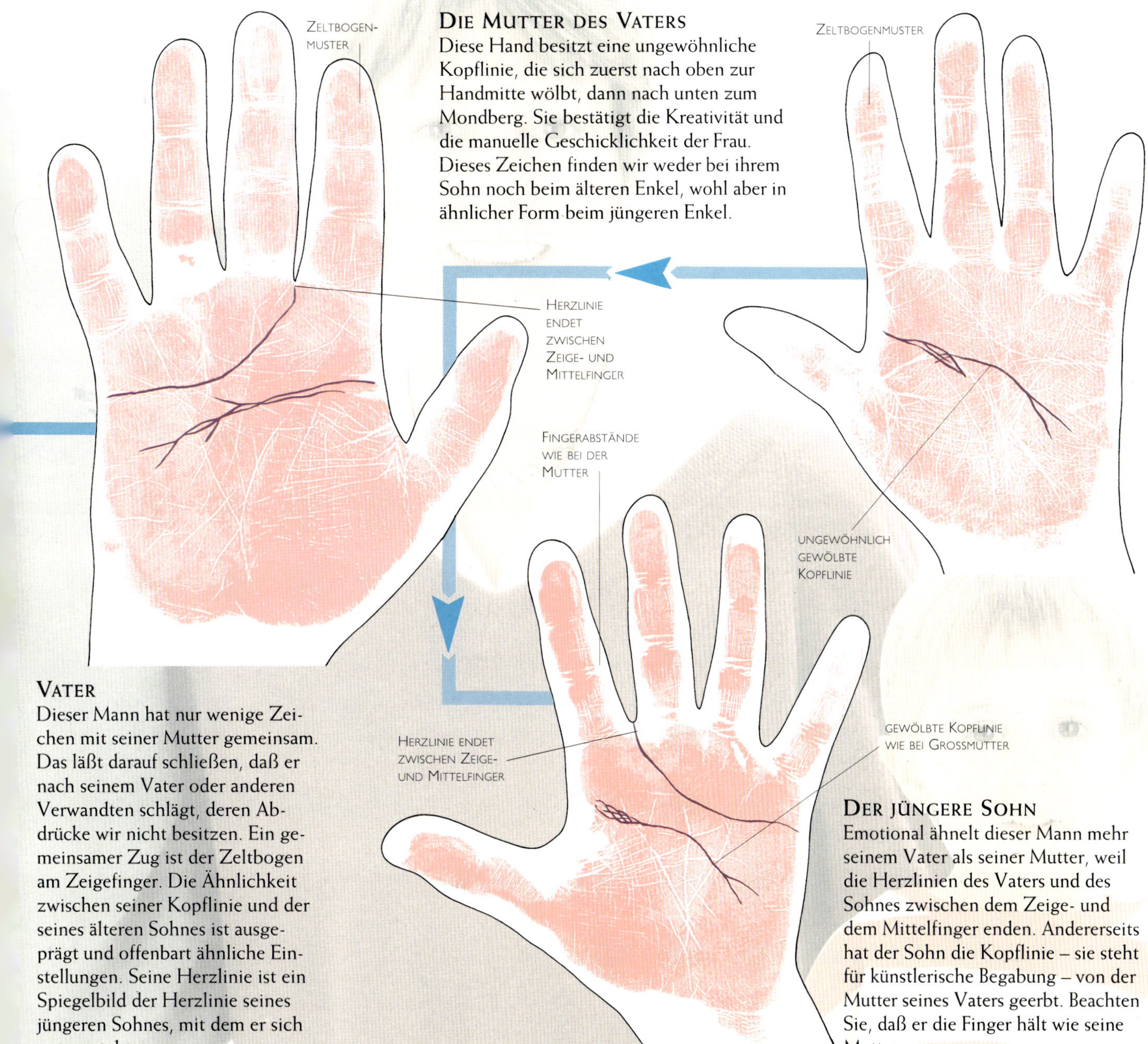

VATER
Dieser Mann hat nur wenige Zeichen mit seiner Mutter gemeinsam. Das läßt darauf schließen, daß er nach seinem Vater oder anderen Verwandten schlägt, deren Abdrücke wir nicht besitzen. Ein gemeinsamer Zug ist der Zeltbogen am Zeigefinger. Die Ähnlichkeit zwischen seiner Kopflinie und der seines älteren Sohnes ist ausgeprägt und offenbart ähnliche Einstellungen. Seine Herzlinie ist ein Spiegelbild der Herzlinie seines jüngeren Sohnes, mit dem er sich gut versteht.

DER JÜNGERE SOHN
Emotional ähnelt dieser Mann mehr seinem Vater als seiner Mutter, weil die Herzlinien des Vaters und des Sohnes zwischen dem Zeige- und dem Mittelfinger enden. Andererseits hat der Sohn die Kopflinie – sie steht für künstlerische Begabung – von der Mutter seines Vaters geerbt. Beachten Sie, daß er die Finger hält wie seine Mutter.

Der Beruf

Wenn Sie den richtigen Beruf suchen, ist die Handanalyse nützlich, weil die Hände Interessen und Talente verraten. Um Ihre Eignung für einen bestimmten Beruf einzuschätzen, müssen Sie die wichtigen Informationen sammeln und bewerten. Zunächst gewinnen Sie aus der Form der Hand einen allgemeinen Eindruck, dann weisen die Linien und Zeichen Sie auf Details hin. So verschaffen Sie sich ein klares Bild von dem Beruf, in dem Sie Erfüllung finden können.

Die vier Handformen

Die Form der Hände gibt uns grundlegende Informationen über unsere Persönlichkeit und erste Hinweise auf jene Bereiche der Arbeitswelt, die zu uns passen. Genaueres erfahren wir von den Fingerabdrücken und Linien.

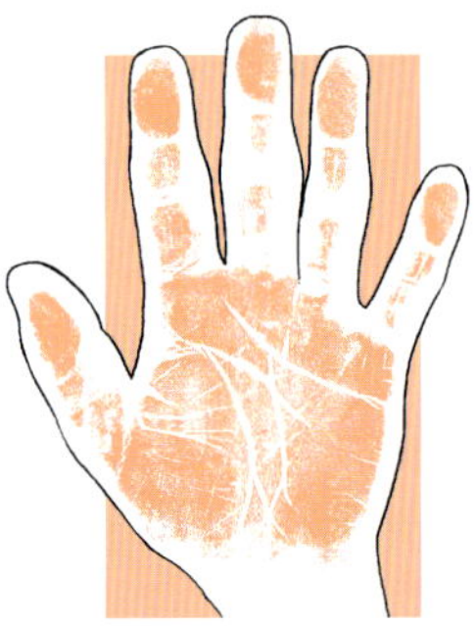

Die Erd-Hand

Sie eigenen sich am besten für Arbeiten im Freien und in der Industrie. Sie sind geschickt mit den Händen, und was Ihnen an Phantasie fehlt, machen Sie durch praktische Begabung wett. Sie brauchen Sicherheit am Arbeitsplatz.

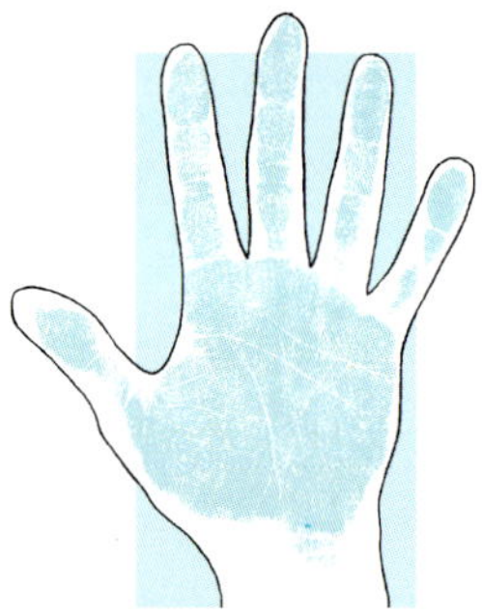

Die Luft-Hand

Kommunikation ist Ihre Stärke, und Sie arbeiten gerne in der Ausbildung, bei den Medien, im Verkauf, im Reisegewerbe oder in der Politik. Sie gehen geschickt mit Maschinen, Computern und Elektronik um.

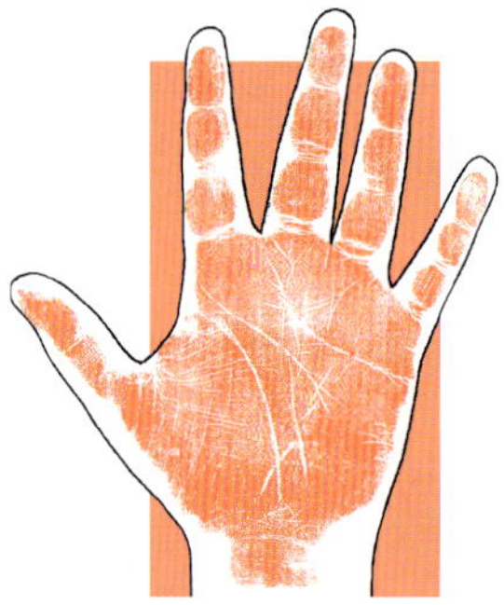

Die Feuer-Hand

Sie können ein Führer und Organisator sein. Sie neigen sehr zur Welt der Unterhaltung und der darstellenden Künste. Herausforderungen und Abenteuer liegen Ihnen, und Sie können unter Streß gut arbeiten.

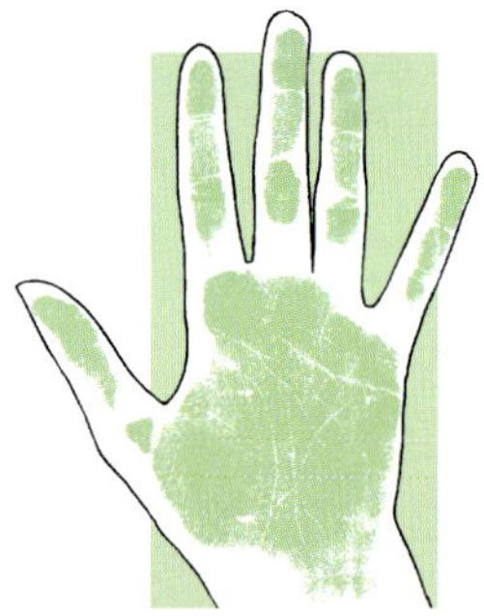

Die Wasser-Hand

Ihnen liegt die Arbeit in den Pflegeberufen und in der Kunst. Sie können ein ausgezeichneter (schulmedizinischer oder alternativer) Therapeut sein, fühlen sich aber als Künstler, Schriftsteller oder Designer ebenso wohl.

Hände im Wettkampf

Die Handform zeigt, daß jeder Beruf andere Fertigkeiten verlangt.

Vergleichen Sie die Hand Gari Kasparows mit der Hand Muhammad Alis. Beide mußten in ihren Wettkämpfen schnell reagieren und die Reaktionen des Gegners vorausberechnen. Kasparows schlanke Hände und knotige Finger zeigen, daß er einen scharfen Verstand und schnelle Reaktionen besitzt. Alis Hand ist an der Baiss fleischig und verrät Stehvermögen und gute instinktive Reaktionen.

Kasparow
Mit 22 Jahren war Kasparow 1985 der jüngste Schachweltmeister aller Zeiten.

Ali
Muhammad Ali gewann dreimal die Weltmeisterschaft im Schwergewicht.

Die Berge

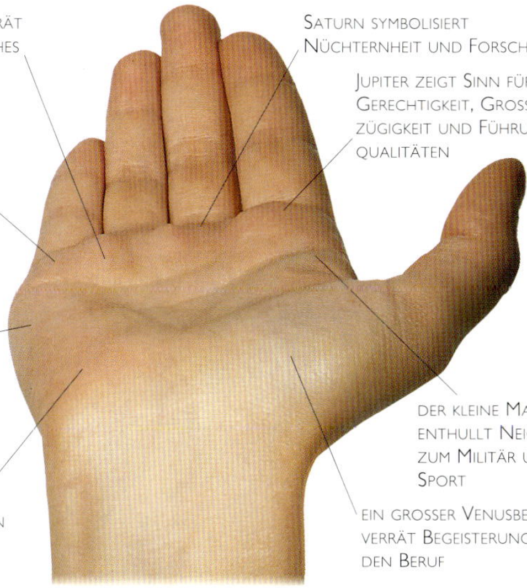

Die Berge sind die Speicher für unsere Energie und zeigen, wo unsere Begabungen liegen. Ein hoher Berg ist meist ein Indiz für gutes Urteilsvermögen und Fachkunde. Ein großer Berg bestätigt Ihnen großes Talent, das Sie jedoch nicht richtig nutzen. Ein flacher Berg weist auf unterentwickelte Interessen hin.

Muster auf Fingerabdrücken

Die Muster auf den Fingern verraten das genetische Erbe. Durch Training können wir die Persönlichkeit ändern und entwickeln; doch die Fingerabdrücke verraten immer unsere fundamentalen Instinkte.

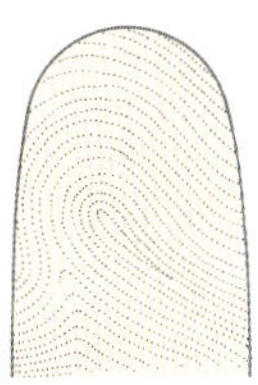

Schleifen
Sie eignen sich am besten für Arbeiten im Team in einer abwechslungsreichen und anregenden Umgebung.

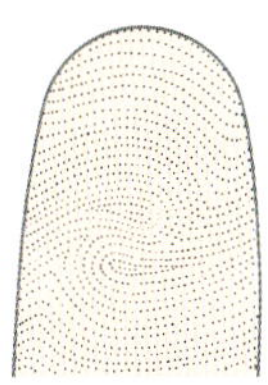

Mischformen
Sie sehen beide Seiten des Bildes und können ein sehr guter Verhandler, Berater oder Richter sein.

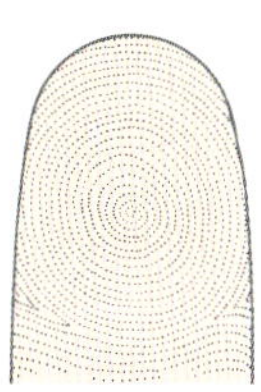

Wirbel
Das Zeichen des Experten und des Spezialisten! Sie arbeiten besser allein als im Team und möchten Ihre Umgebung selbst bestimmen.

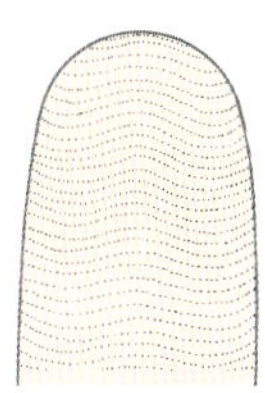

Bögen
Sie können in Berufen, die geschickte Hände erfordern, Hervorragendes leisten: als Bauer, Handwerker, Ingenieur oder Chirurg.

Die Finger

Die Finger verraten, wie wir unsere Begabungen nutzen, wie wir Aufgaben lösen, Pflichten erfüllen und den Anforderungen des Berufs genügen.

Die Fingerlänge

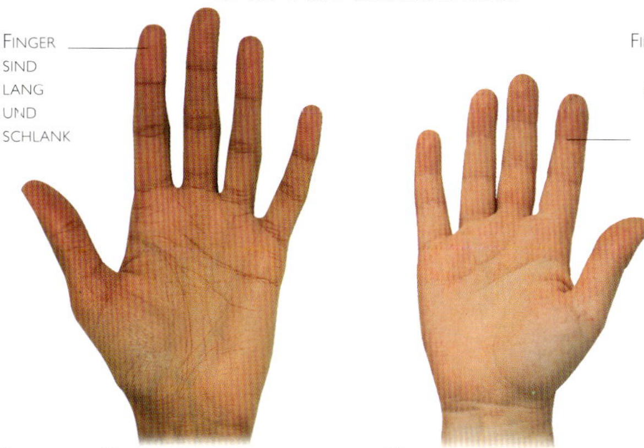

Lange Finger
Sie sind ein Genie, wenn es um Details geht. Dank Ihrer Sorgfalt sind Sie am besten für Berufe geeignet, die exaktes, analytisches Denken erfordern. Sie glänzen besonders, wenn eine Aufgabe Präzision und gute Koordination verlangt. Ihre Gründlichkeit macht Sie allerdings langsam.

Kurze Finger
Sie können Informationen schnell verarbeiten. Als inspirierter Denker lösen Sie Aufgaben oft intuitiv, und Sie sehen das Ganze hinter den Einzelheiten. Sie können ausgezeichnet planen, sind aber ungeduldig und nehmen gerne jede Abkürzung, die Sie schneller ans Ziel bringt.

Fingergelenke

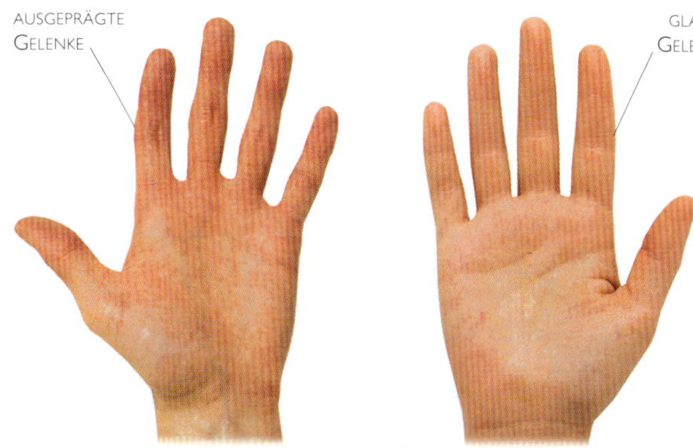

Ausgeprägte Gelenke
Ausgeprägte Gelenke sind typisch für Analytiker. Sie können sehr gut Fakten ausgraben und Informationen bewerten. Sie sind ein Problemlöser und neigen zu Berufen, die logisches Denken erfordern. Geeignete Bereiche sind Wissenschaft, Forschung und Philosophie.

Glatte Gelenke
Sie neigen dazu, Informationen intuitiv aufzunehmen. Anstatt ein Problem zu durchdenken, ziehen Sie es vor, Ihrem Instinkt zu folgen. Für Sie sind Berufe geeignet, die schnelle Einschätzungen der Lage verlangen. Sie arbeiten gut mit anderen zusammen und bevorzugen schöpferische Berufe.

DER BERUF IN DEN LINIEN

DIE Form der Hand hat Ihnen gezeigt, in welchen Bereichen der Arbeitswelt Sie sich wohlfühlen.

Nun können Sie damit beginnen, das Bild abzurunden, indem Sie Informationen hinzufügen, die die Hauptlinien Ihnen geben. Diese Linien beschreiben Ihre geistigen Anlagen und enthüllen sogar, wann Sie wahrscheinlich den Beruf wechseln werden.

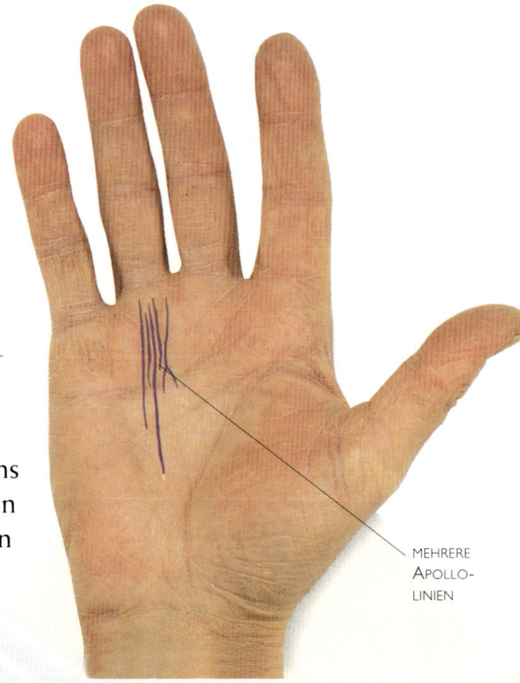

DIE APOLLOLINIE

DIE Finanzen und ungenügende Ausbildung zwingen uns oft, einen Beruf auszuüben, der unseren Begabungen nicht entspricht. Wie wir unter diesen Umständen zurechtkommen, zeigt die Apollolinie.

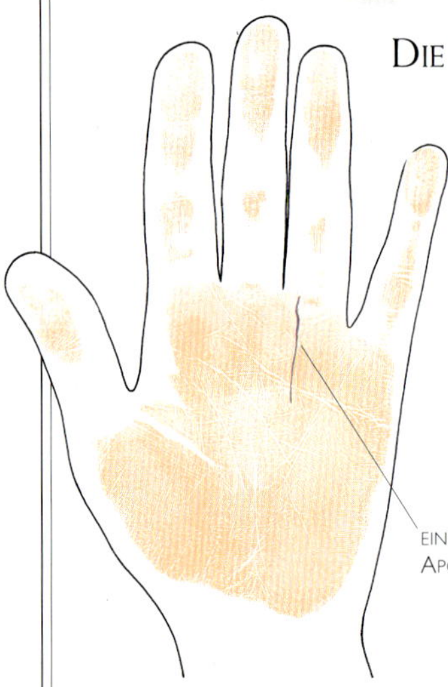

DIE EINZELNE APOLLOLINIE

Die Apollolinie zeigt, wie zufrieden Sie mit Ihrer Arbeit sind. Wenn sie stark ist, sind Sie glücklich und finden in Ihrem Beruf Anerkennung und Erfüllung.

MEHRERE APOLLOLINIEN

Mehrere Apollolinien symbolisieren viele Talente. Sie haben die Fähigkeit und das Bedürfnis, mehrere Berufe auszuüben. Das liegt vielleicht daran, daß Sie sich leicht langweilen, oder Sie sind derart begabt, daß Sie Ihre Aufmerksamkeit mühelos teilen können. Flexible, anpassungsfähige Arbeiter, die ihren Beruf gerne wechseln, haben mehrere Apollolinien.

DIE KOPFLINIE

SOBALD Sie wissen, welche Anforderungen ein Beruf stellt, sollten Sie Ihre Kopflinie genau ansehen. Das ist eine der besten Methoden, um Ihre Eignung für einen Beruf festzustellen. Die Kopflinie enthüllt, wie Sie denken, und beschreibt Ihre geistigen Fähigkeiten. Auch Eltern und Berufsberater sollten die Kopflinie untersuchen, wenn sie einem Jugendlichen helfen möchten.

DIE GEKRÜMMTE KOPFLINIE

Die beiden Grundformen dieser Linie verraten uns, ob der Träger sich für naturwissenschaftliche Berufe eignet oder eher schöpferisch veranlagt ist. Eine gekrümmte Kopflinie symbolisiert laterales Denken. Wir finden sie bei guten Kommunikatoren, die der Kunst zuneigen. Auch eine Beschäftigung bei den Medien, in der Werbung oder im Design kommt für sie in Betracht.

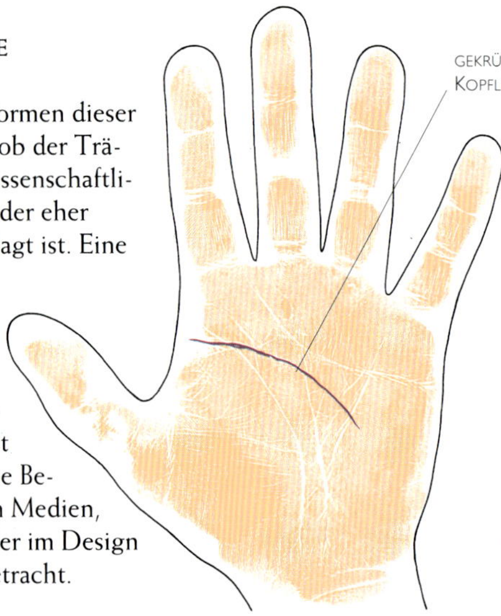

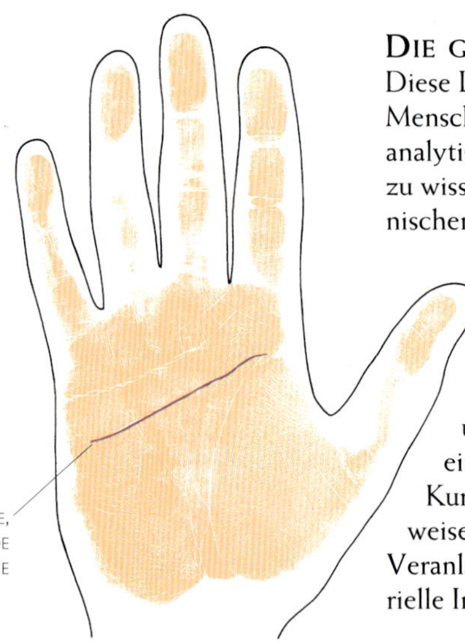

DIE GERADE KOPFLINIE

Diese Linie ist typisch für Menschen, die logisch und analytisch denken. Sie neigen zu wissenschaftlichen, technischen oder kaufmännischen Berufen. Sehr lange Kopflinien zeigen, daß der Träger sich gut auf eine Aufgabe konzentrieren kann, und oft versprechen sie eine akademische Karriere. Kurze, gerade Kopflinien weisen auf eine praktische Veranlagung und eher materielle Interessen hin.

DIE SCHICKSALSLINIE

WENN wir für unsere berufliche Zukunft planen, ist die Schicksalslinie eine Fackel in der Nacht. Sie enthüllt den Verlauf des Berufslebens, unseren Fortschritt, Erfolge und Enttäuschungen sowie künftige Berufswechsel. Zeichen auf der Schicksalslinie können Sie zeitlich einordnen (*siehe Seite 75*).

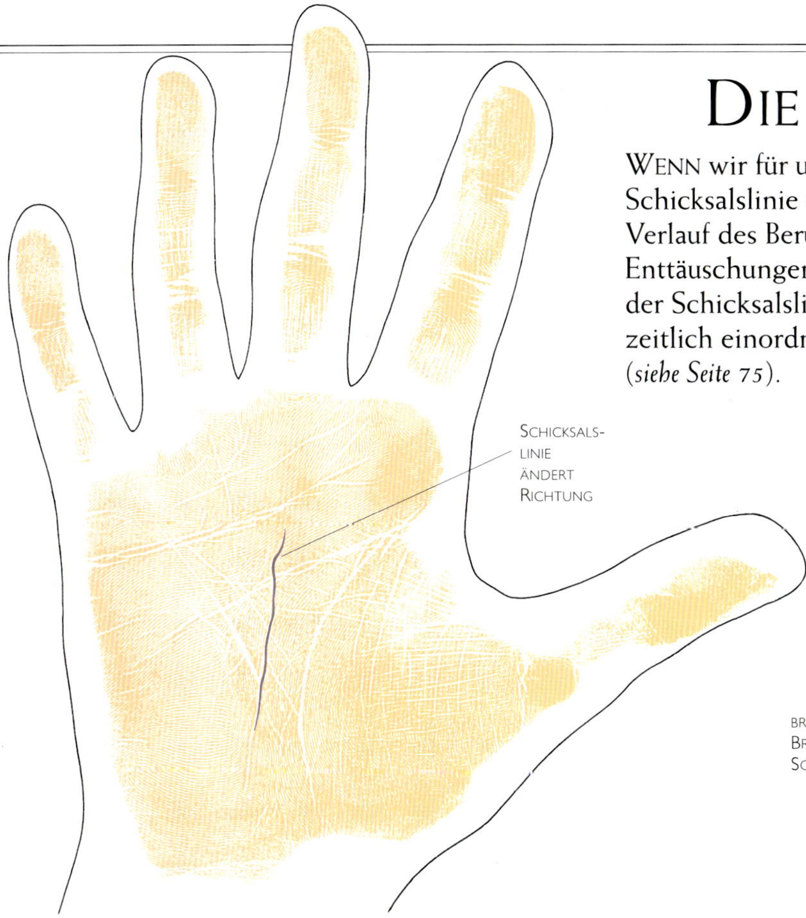

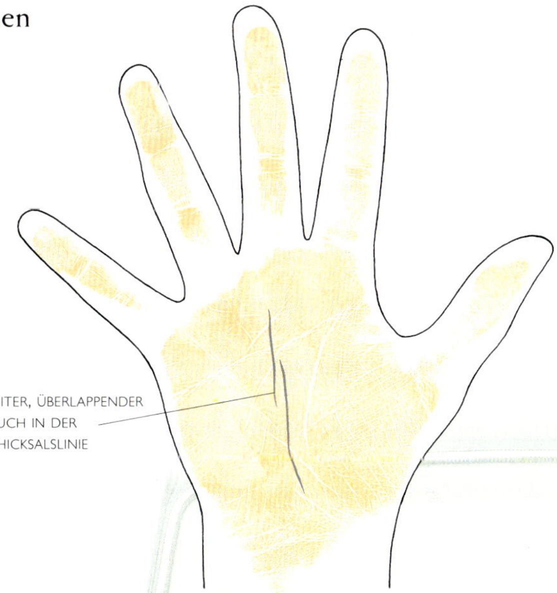

DIE SCHICKSALSLINIE ÄNDERT DIE RICHTUNG

Wenn die Schicksalslinie ihre Richtung ändert, steht Ihnen ein Wandel bevor. Da die Linie nicht unterbrochen ist, müssen Sie jedoch nicht mit einem neuen Beruf oder einem Wechsel des Arbeitsplatzes rechnen. Die Linie bestätigt vielmehr, daß Sie Ihre Stelle behalten, aber eine neue Aufgabe bekommen oder befördert werden.

DER BREITE, ÜBERLAPPENDE BRUCH

Eine gebrochene Schicksalslinie symbolisiert eine Veränderung. Es gibt zwei Arten von Brüchen. Hier überlappen sich die Enden der Linien, weil die Trägerin selbst beschlossen hat, den Arbeitsplatz zu wechseln. Die Breite des Bruchs zeigt, wie groß die Veränderung ist. Hier ist die Bruchstelle breit, weil die Trägerin auch den Beruf gewechselt und in einen anderen Landesteil gezogen ist.

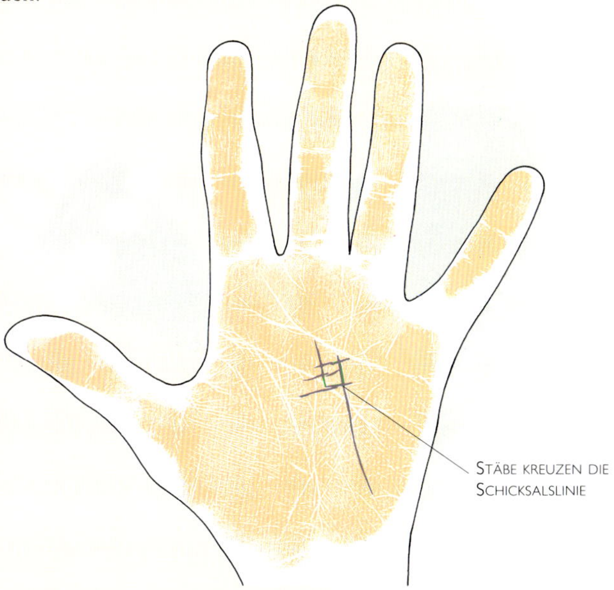

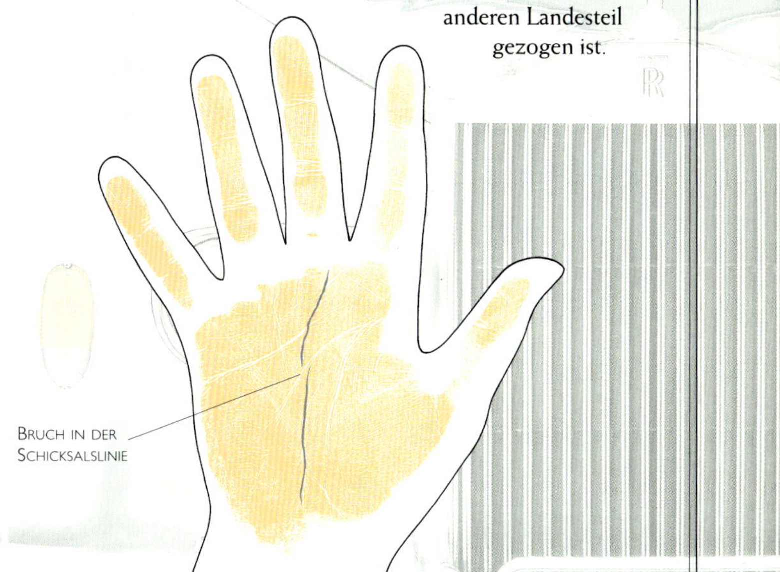

STÄBE KREUZEN DIE SCHICKSALSLINIE

Ein Stab, der die Schicksalslinie kreuzt, warnt vor Hindernissen. Sorgen oder Ärger mit einem Vorgesetzten können die Arbeit stören. Hier war das Hindernis eine Kollegin. Die gebrochene Schicksalslinie zeigt, daß die Trägerin den Arbeitsplatz wechselte, und die Stärke der neuen Linie bestätigt, daß dieser Schritt richtig war.

DIE VOLLSTÄNDIG GEBROCHENE SCHICKSALSLINIE

Während ein überlappender Bruch auf eine geplante Veränderung hinweist, verrät der vollständige Bruch einen Wandel, den der Betroffene nicht beeinflussen kann. Vielleicht muß er die Arbeit wegen einer Krankheit aufgeben, oder er fällt einem „Personalabbau" zum Opfer.

Der Beruf in den Handflächen

JEDER Beruf verlangt bestimmte Qualifikationen. Ein Buchhalter muß sich zum Beispiel mit Zahlen auskennen, eine Modedesignerin braucht künstlerisches Talent. Vielleicht könnte auch ein Mathematiker eine Modekollektion entwerfen; aber an der Börse dürfte er erfolgreicher sein. Der Designerin macht die Buchhaltung ihrer Firma vielleicht keine Mühe; doch als Bankkauffrau wäre sie am falschen Platz.

Bestimmte Zeichen an den Händen verraten solche Begabungen und zeigen uns, für welche Berufe wir uns am besten eignen.

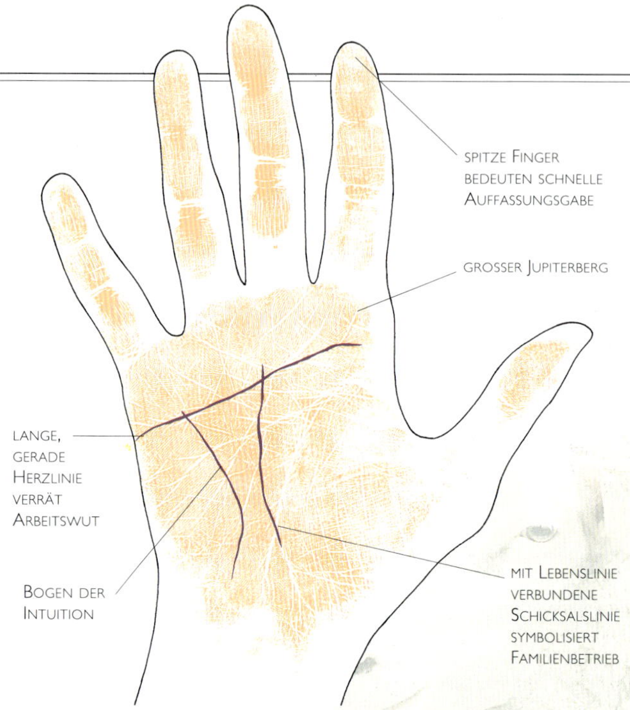

Der Leiter einer Firma

Ein großer Jupiterberg symbolisiert Führungsqualitäten. Ein feiner Bogen der Intuition bedeutet Voraussicht und die Fähigkeit, schnell zu entscheiden. Der Streß, der mit dieser anspruchsvollen Arbeit einhergeht, spiegelt sich in den zahlreichen Linien des Handtellers und den Streßzeichen an den Fingerspitzen wider.

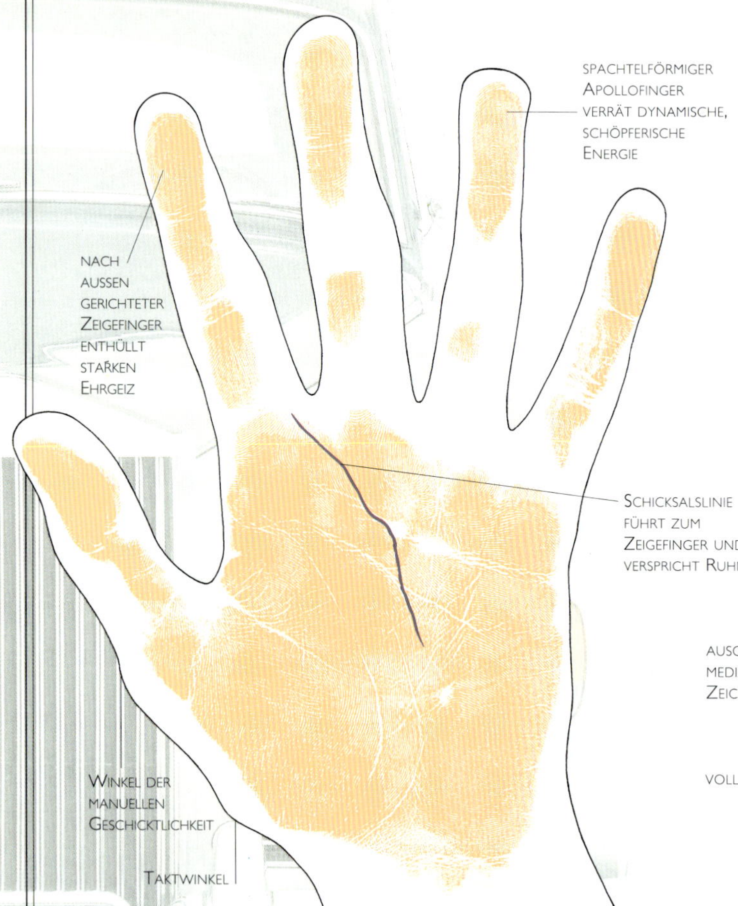

Der Musiker

Dieser Geiger hat einen ausgeprägten Taktwinkel an der Handwurzel, und der Winkel der manuellen Geschicktlichkeit an der Daumenwurzel spricht für geschmeidige Finger. Der große Abstand zwischen den Fingern verrät Leidenschaft für die Musik. Der spitze Daumenwinkel zeugt vom vielen Üben.

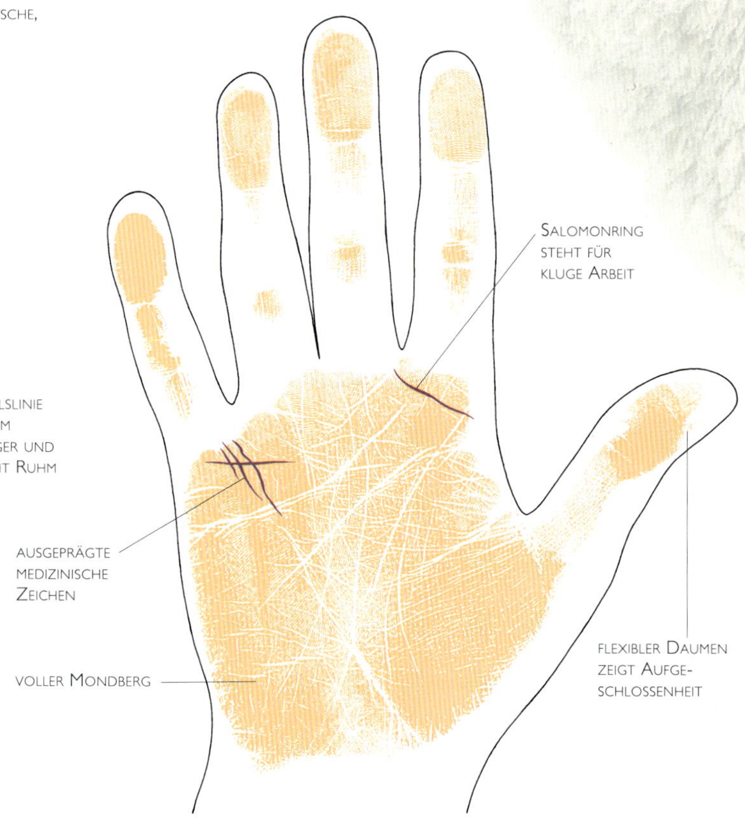

Die Krankenschwester

Die medizinischen Zeichen, typisch für Menschen mit einem medizinischen Beruf, symbolisieren Fürsorglichkeit. Die gebogenen Fingerspitzen verraten Nüchternheit, die bei den Patienten Vertrauen erweckt. Der volle Mondberg spricht für Verständnis und Mitgefühl.

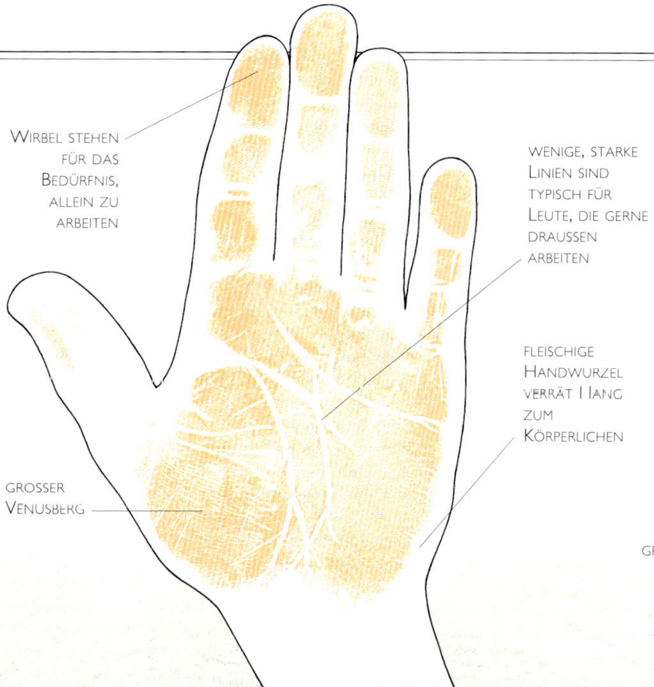

Der Bauer

Die Hand dieses Bauern verrät Naturliebe und Geschick im Umgang mit Tieren, Voraussetzungen für Erfolg in der Landwirtschaft. Beachten Sie den kräftigen Daumen und die fleischige Handwurzel – beides spricht für körperliche Kraft. Der große Venusberg symbolisiert Ausdauer und Vitalität, die für diesen Beruf notwendig sind.

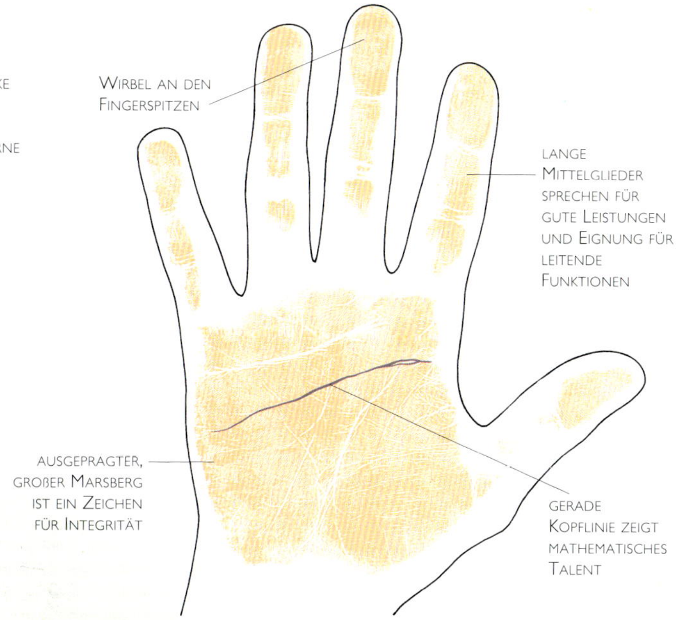

Der Bausachverständige

Die lange, gerade Kopflinie zeigt, daß der Träger über analytische Fähigkeiten verfügt. Die quadratische Handfläche und die stumpfen Finger verraten praktische Begabung. Wirbel an allen Fingern bestätigen, daß der Mann sich auf eine Aufgabe konzentrieren kann. Der starke, ausgewogene Daumen spricht für Entschlossenheit.

Das Model

Die langen, eleganten Linien der Wasserhand finden wir oft bei Menschen, die in der Mode- oder Schönheitsindustrie arbeiten. Die schlanke Hand des Models verkörpert Anmut und Eleganz; die dünnen Finger – drei davon spitz – sprechen für Kultiviertheit und guten Geschmack. Beachten Sie die fragmentierte Schicksalslinie: ein Hinweis auf die Risiken des Berufs.

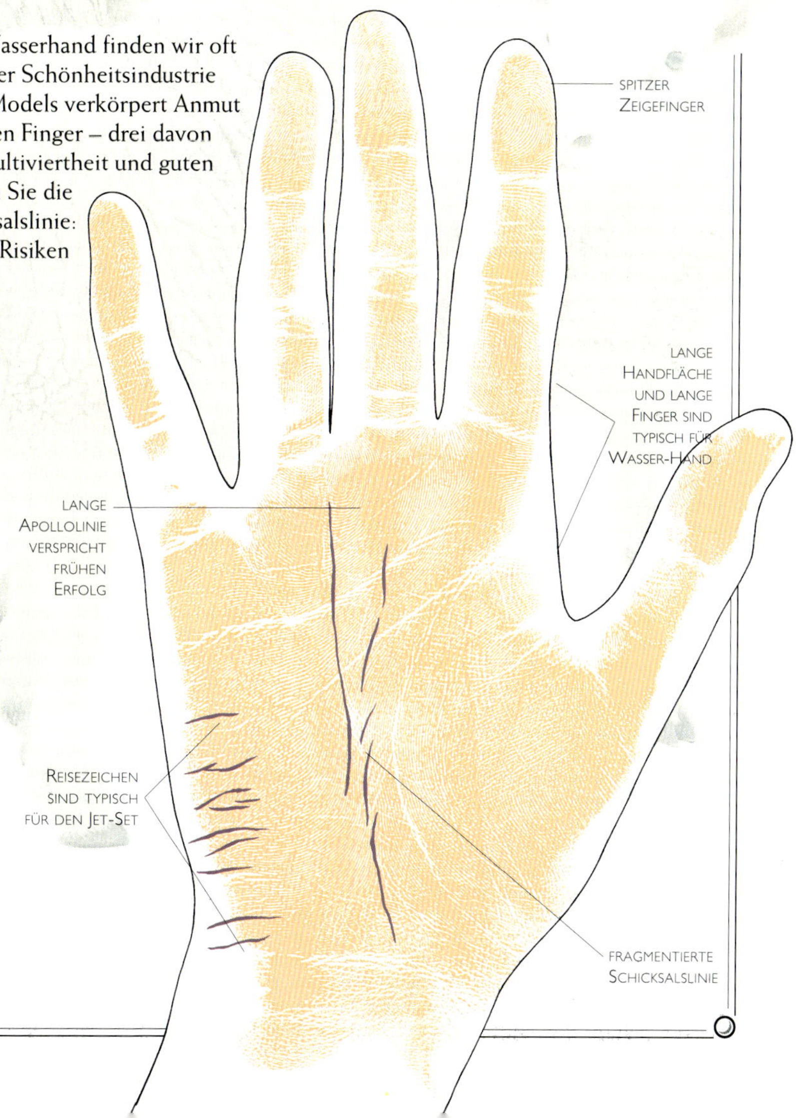

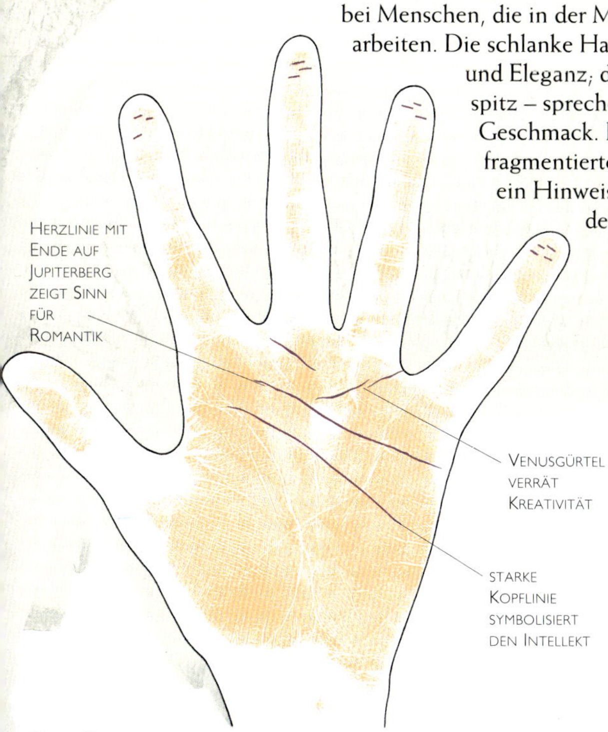

Die Schriftstellerin

Der lange kleine Finger spricht für literarische Begabung und Neugier. Die Kopflinie ist ausgeprägt und verrät, daß der Kopf das Herz regiert. Beachten Sie die geöffneten Finger, die auf Lebhaftigkeit und Aufgeschlossenheit gegenüber neuen Ideen hinweisen. Der spitze Daumenwinkel ist typisch für die Disziplin, die eine erfolgreiche Autorin braucht.

DIE GESUNDHEIT

SEIT Jahrhunderten kennen Ärzte den Zusammenhang zwischen dem Zustand der Hände und der Gesundheit. Die moderne medizinische Forschung bestätigt, daß bestimmte Merkmale der Finger auf eine Neigung zu Herzkrankheiten hindeuten. Das ist jedoch nicht alles. Die Hände sind Register, die uns über den Gesundheitszustand und Anfälligkeiten informieren. Wichtig ist jedoch, daß die Zeichen nur auf Tendenzen hinweisen, nicht auf Krankheiten als unabänderliches Schicksal.

DIE VIER HANDFORMEN

PSYCHOLOGEN haben bewiesen, daß bestimmte Menschen zu bestimmten Krankheiten neigen. Verspannte, karrieresüchtige Leute werden öfter herzkrank als ruhige, entspannte Typen. Diese Befunde zeigen, daß die Persönlichkeit die Gesundheit beeinflußt – und die Persönlichkeit spiegelt sich in den Händen wider.

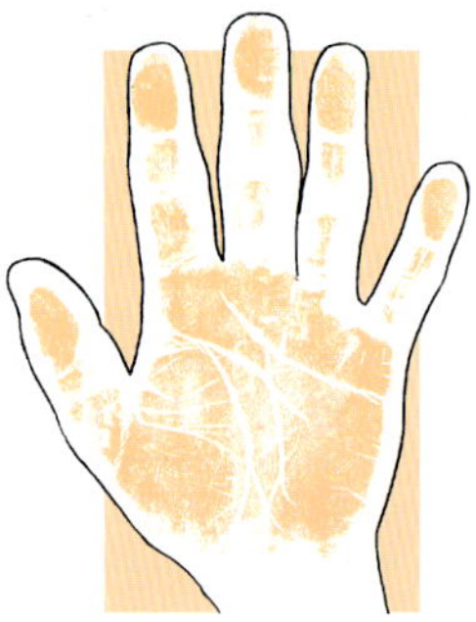

DIE ERD-HAND
Sie neigen zu Magen- und Darmkrankheiten, weil Sie sich Sorgen machen und ein Genießer sind. Bauen Sie Streß ab, vermeiden Sie Übergewicht. Körpertraining und viel frische Luft sind für Ihr Wohlbefinden wichtig.

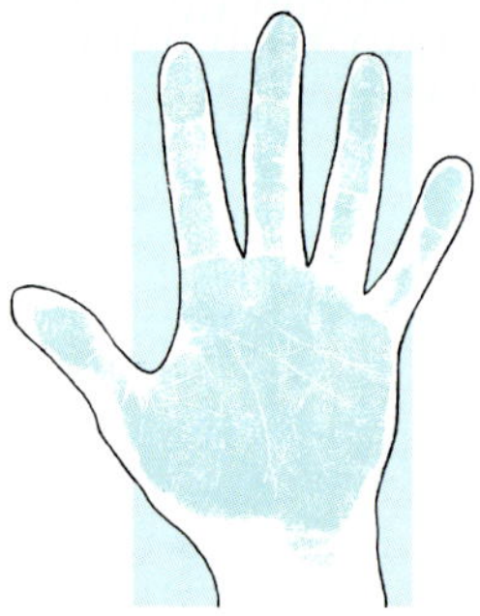

DIE LUFT-HAND
Nervliche Anspannung und Probleme mit den Atemwegen sind typisch für die Luft-Hand. Überaktivität unterdrückt die Bedürfnisse der Nerven und führt oft zu Erschöpfung. Sie müssen sich regelmäßig geistig entspannen.

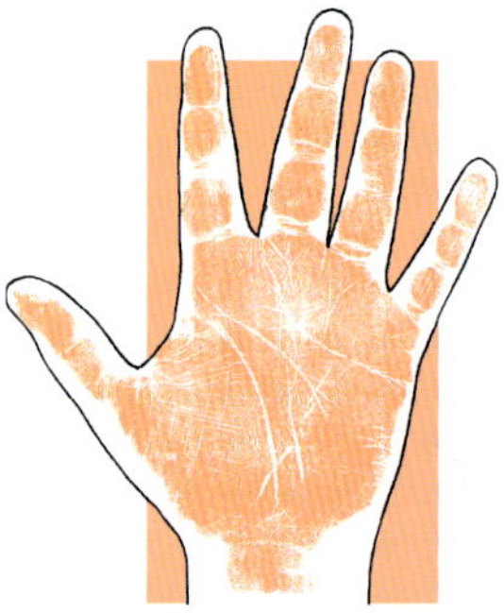

DIE FEUER-HAND
Dynamische Feuer-Hände sind anfällig für Herz- und Gefäßkrankheiten. Hast und Impulsivität können zu Unfällen und Verletzungen führen. Sie müssen lernen, sich selbst zu zügeln, sonst droht ein Zusammenbruch.

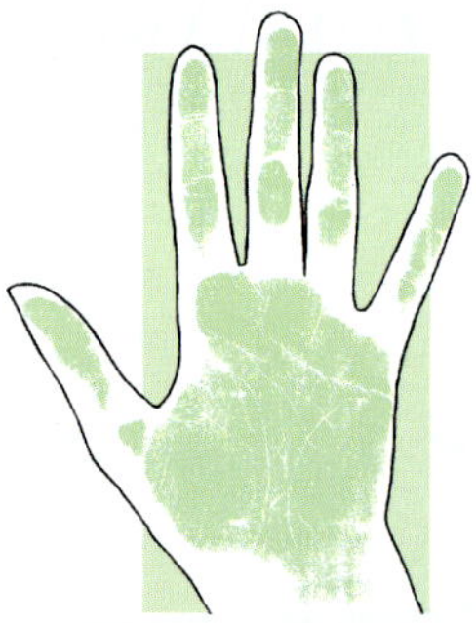

DIE WASSER-HAND
Ein zartes Nervensystem macht Sie anfällig für seelische Störungen, Allergien und Rheuma. Sie müssen eine Neigung zu Arzneimittelmißbrauch oder Alkoholabhängigkeit überwinden.

DIE MAUS

WENN Sie die Hand zur Faust ballen und den Daumen auf die gekrümmten Finger pressen, wölbt sich der Muskel hinter dem Daumen und bildet einen Hügel, den man „Maus" nennt. Je fester die Maus ist, desto robuster und widerstandsfähiger sind Sie. Eine weiche Maus weist auf geringe Vitalität hin. Beginnt der Muskel zu verschwinden, kann das eine frühe Warnung vor Diabetes sein.

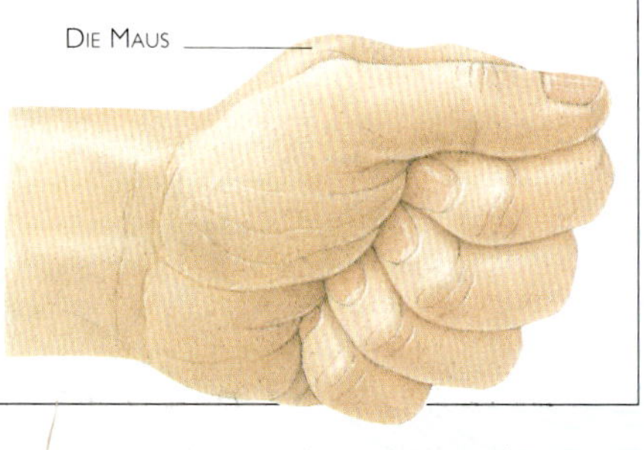

Flecken auf dem Handteller

HABEN SIE EINEN FLECK AUF DEM HANDTELLER?

MANCHE Menschen haben auf der Handfläche einen kleinen braunen Fleck, der einem Leberfleck ähnelt. Er scheint sich in tieferen Hautschichten zu befinden und ist meist im unteren Teil der Hand oder an der äußeren Handkante zu sehen. Man sagt, er deute auf einen Kupfermangel hin.

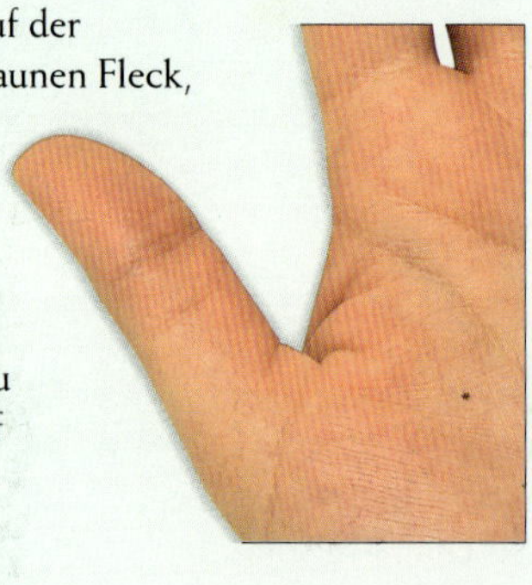

Die Konsistenz der Handfläche

Ein guter Muskeltonus im Polster, das die Hand bedeckt und die Berge elastisch macht, ist ein Zeichen für gute Gesundheit. Eine elastische Hand deutet auf Widerstandsfähigkeit gegen Krankheiten und leichte Genesung hin.

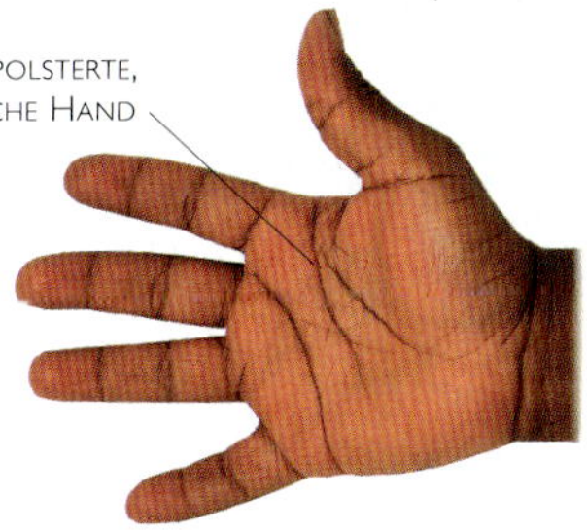

Dicke Handfläche

Diese dicke, gut gepolsterte, aber elastische Hand spricht für Robustheit. Eine dicke Hand mit weichen, teigigen Bergen verrät Energiemangel und ein Ungleichgewicht in der Schilddrüse. Harte, dicke Handteller sind ein Zeichen für mangelnde Sensibilität und unterdrückte Gefühle.

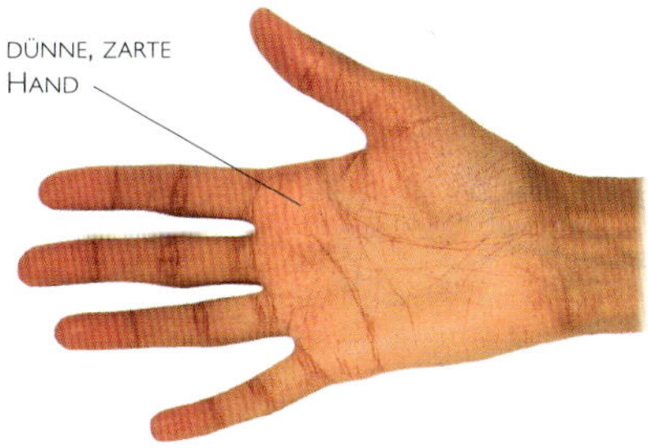

Dünne Handfläche

Dünne, zarte Hände verraten Anfälligkeit und begrenzte Energie. Die dünne Hand dieser Frau ist eine Warnung: Sie lebt von ihren Reserven, und wenn sie krank werden sollte, kann es lange dauern, bis sie sich vollständig erholt und wieder fest auf den Füßen steht.

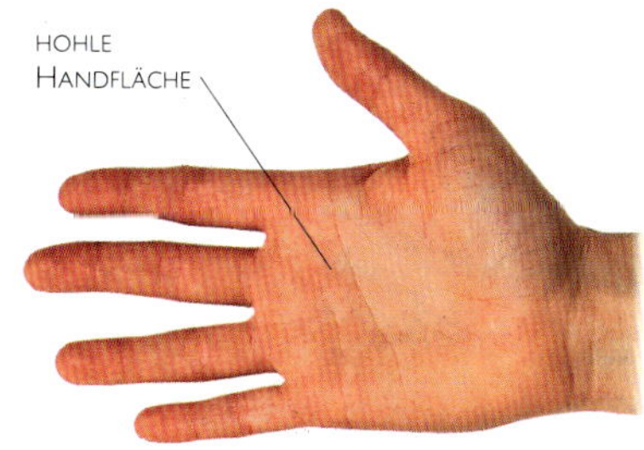

Hohle Handfläche

Wenn die Berge gut gepolstert sind, kann die Handfläche hohl aussehen, vor allem wenn der Venus- und der Mondberg dominieren. Sind alle Berge durchschnittlich groß und der Handteller erscheint dennoch hohl, haben Sie wenig Kraftreserven und Ausdauer

Zeichen auf den Fingerspitzen

Jeder Finger symbolisiert einen bestimmten Aspekt des Lebens und einen Körperteil. Zeichen auf den Fingerspitzen können daher wertvolle Hinweise auf die Gesundheit liefern. Kurze, waagrechte Striche verraten Streß, senkrechte Linien Hormonprobleme. Beide Zeichen verschwinden nach der Genesung.

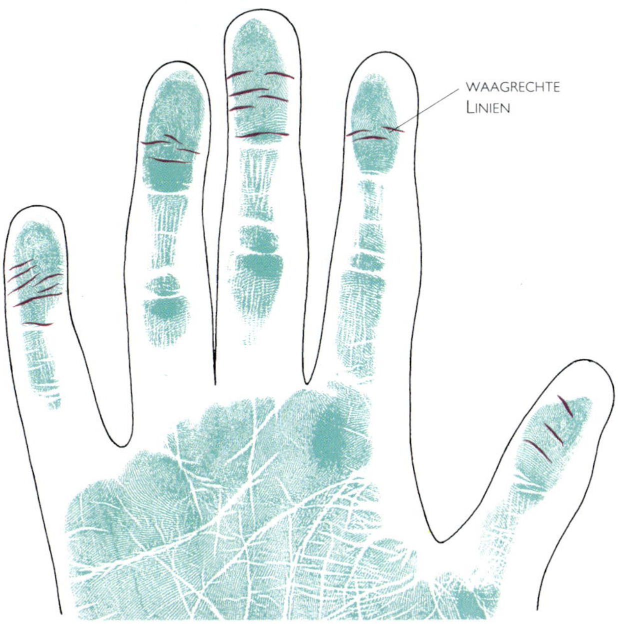

Waagrechte Linien

Waagrechte Striche auf der Spitze des Zeigefingers deuten auf eine Vertrauenskrise hin. Am Mittelfinger verraten sie Sorgen über Heim und Sicherheit, am Apollofinger zeigen sie, daß Sie nicht glücklich sind. Wenn Mittel- und Ringfinger stärker als die anderen Finger von waagrechten Strichen gezeichnet sind, ist Ihre Beziehung oder Ehe bedroht. Waagrechte Linien auf der Spitze des kleinen Fingers sind ein Indiz für gestörte Kommunikation oder sexuelle Probleme.

Senkrechte Linien

Es gibt Hinweise für eine Verbindung zwischen den Fingern und dem endokrinen System. Der Zeigefinger ist mit der Hirnanhangdrüse verbunden, und darum deuten senkrechte Linien an der Spitze auf Störungen dieses Organs hin. Senkrechte Striche auf dem Mittelfinger haben mit der Zirbeldrüse zu tun. Der Ringfinger hängt mit dem Thymus zusammen, und senkrechte Linien auf seiner Spitze sprechen für Probleme mit dem Herzen und den Gefäßen sowie Blutdruckstörungen. Senkrechte Striche auf dem kleinen Finger sind ein Indiz für eine gestörte Schilddrüse.

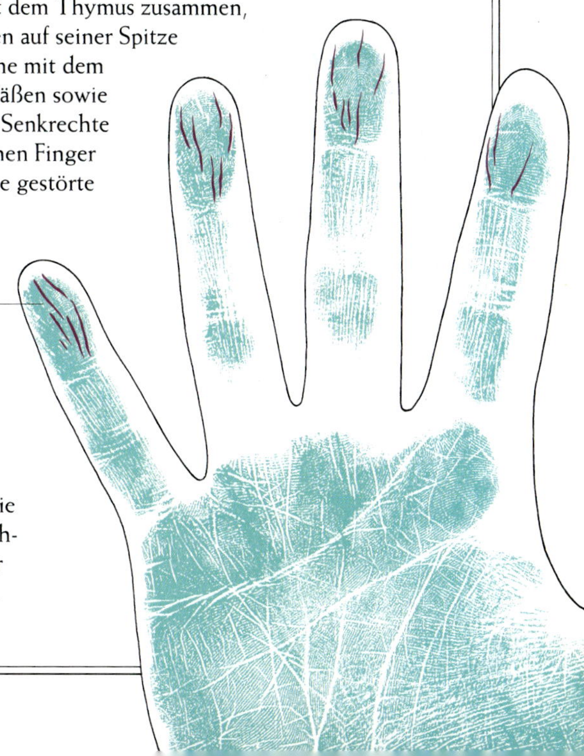

Hautmuster und Gesundheit

Das allgemeine Erscheinungsbild der Linien und Rillen auf den Handflächen liefert wertvolle Hinweise auf das Wohlbefinden. Erschöpfung, drohende Krankheiten und Anfälligkeiten sind hier erkennbar, ehe sich klinische Symptome einstellen. Dadurch wird es möglich, Vorkehrungen zu treffen und die Gesundheit rechtzeitig wiederherzustellen.

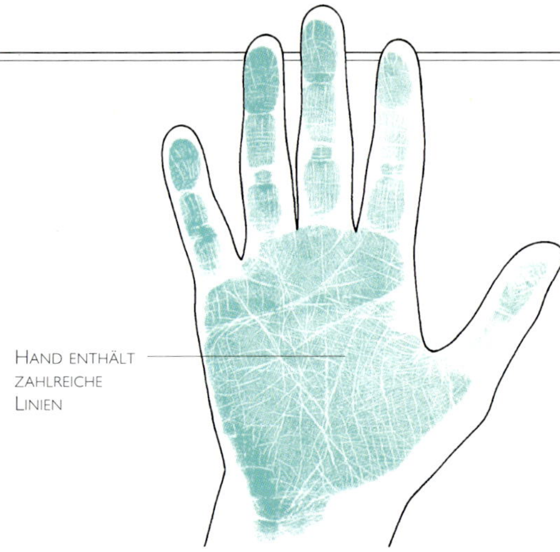

Die volle Hand

Eine Hand, die dicht mit Linien bedeckt ist, nennen wir „volle" Hand. Sie ist ein Zeichen dafür, daß die Nerven angespannt sind und daß Sie unter Streß stehen. Vielleicht geht die Phantasie mit Ihnen durch, und die Folge sind Angst und psychosomatische Störungen, die durch Streßabbau beseitigt werden können.

Die leere Hand

Die leere Hand enthält nur die Hauptlinien, und die Handfläche ist nicht mit Linien übersät. Das Nervensystem ist in Ordnung, und Sie sind ruhig und fähig, den Streß des Lebens zu bewältigen.

Unterbrochene Linien

Klare, starke Linien spiegeln robuste Gesundheit wider. Unterbrochene Linien enthüllen folglich, daß die Gesundheit angegriffen ist. Eine Reihe von Inseln oder Ketten auf der Kopf- oder Herzlinie sind Indizien für ein biochemisches Ungleichgewicht aufgrund eines Mineralstoffmangels. Auf der Lebenslinie verraten sie geringe Vitalität und eine schwache Konstitution.

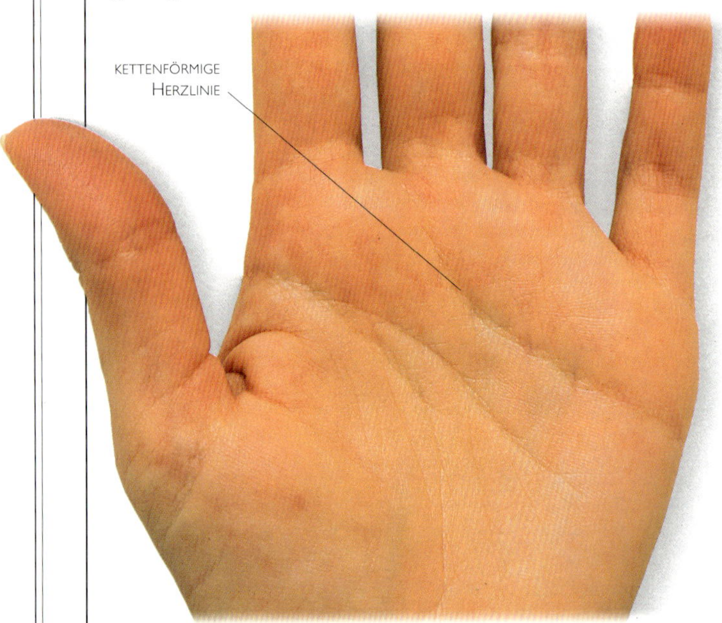

Hautrillen

Angeborene Störungen wie das Down-Syndrom spiegeln sich in den Hautrillen wider. Wissenschaftler haben auch andere Zusammenhänge festgestellt.

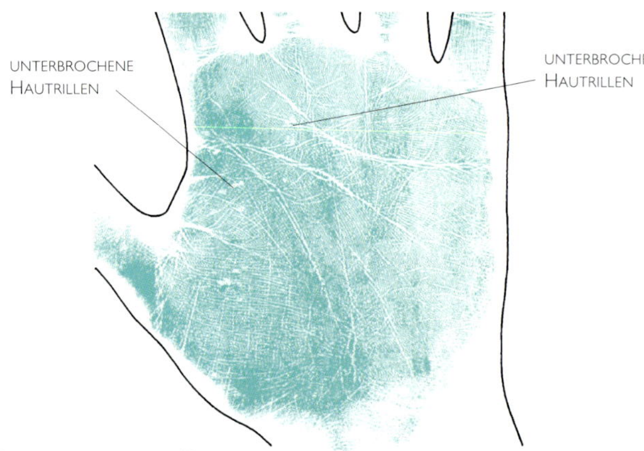

Beschädigte Rillen

Der Zustand der Hautrillen enthüllt den Allgemeinzustand des Nerven- und des Immunsystems. Die Rillen und die gesamte Handfläche enthalten nämlich Nervenendigungen, die Signale zum Gehirn senden und elektrische Impulse von dort empfangen. Sind diese Systeme durch Krankheiten geschwächt oder durch neurologische Störungen überlastet, brechen die Rillen. Die weißen Flecken oben – mit dem bloßen Auge fast nicht erkennbar – sind in Wahrheit gebrochene Rillen nach einer Chemotherapie.

ZEICHEN, DIE AUF KRANKHEITEN HINWEISEN

MAN hat beobachtet, daß bestimmte Zeichen an den Händen auf Krankheiten hinweisen. Manche Zeichen sind angeboren, andere bilden sich durch negative Umwelteinflüsse. Alle machen jedoch nur auf Anfälligkeiten aufmerksam. Das bloße Vorhandensein eines Zeichens bedeutet nicht, daß sich unweigerlich eine „ausgewachsene" Krankheit entwickeln wird. Stützen Sie eine Diagnose nie auf ein einzelnes Merkmal, selbst wenn es auffällig ist. Holen Sie im Zweifel den Rat eines Arztes ein.

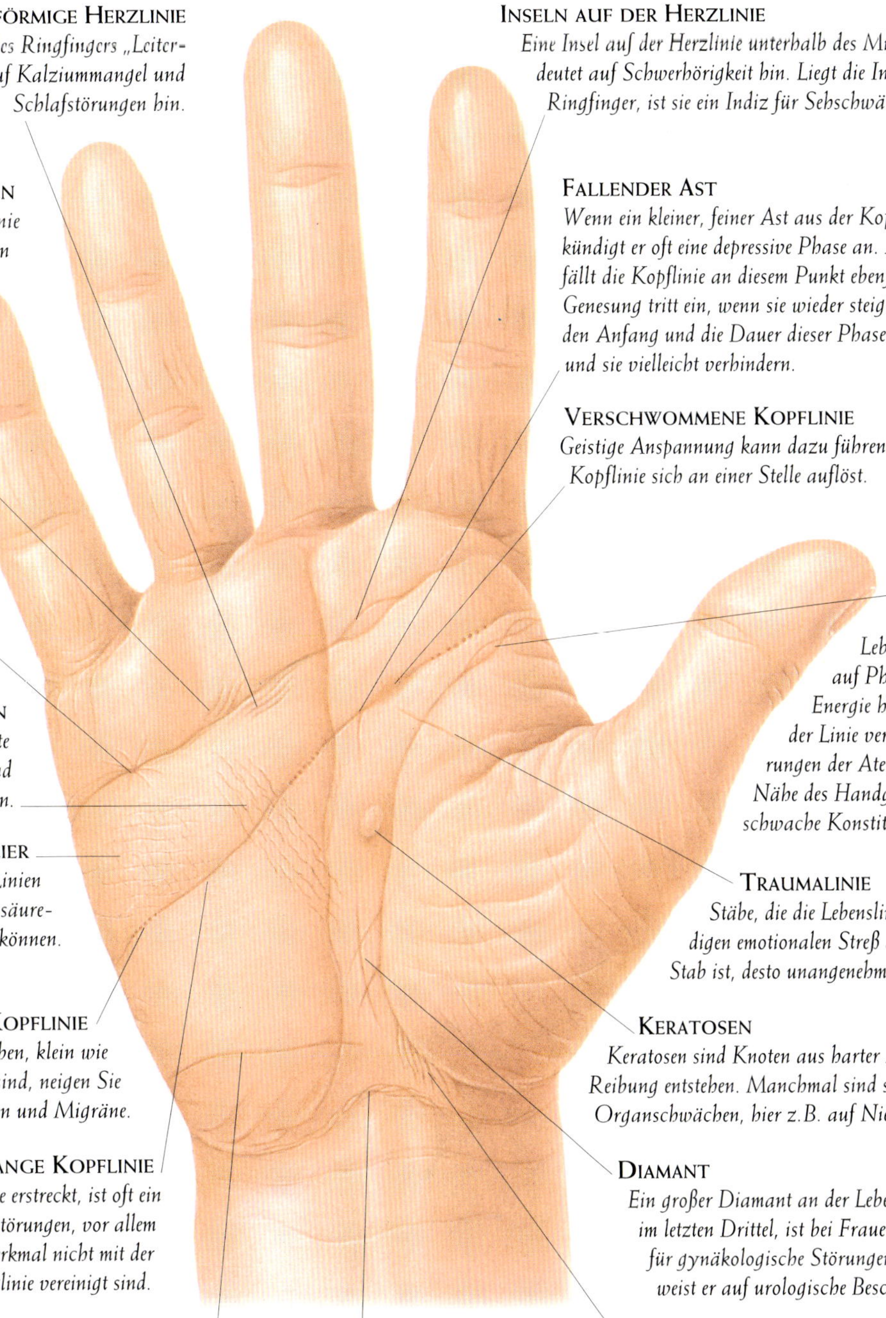

LEITERFÖRMIGE HERZLINIE
Manchmal sehen wir knapp unterhalb des Ringfingers „Leitersprossen" an der Herzlinie. Das deutet auf Kalziummangel und Schlafstörungen hin.

DENTALZEICHEN
Winzige Linien knapp über der Herzlinie unterhalb des Ringfingers und des kleinen Fingers sind Indizien für Zahnprobleme. Verwechseln Sie diese Linien nicht mit den größeren medizinischen Zeichen.

STERN AUF DER LINIE
Ein Stern auf einer Linie steht für körperlichen oder seelischen Schock. Auf der Herzlinie kann er ein Hinweis auf eine Herzkrankheit sein. Auf der Kopflinie warnt er vor einem Schlag auf den Kopf, auf der Lebenslinie vor Verletzung oder Operation.

VERDAUUNGSLINIEN
Feine, schräge Linien in der Handmitte enthüllen eine Neigung zu Magen- und Darmstörungen.

SCHLEIER
Feine, oberflächliche, sich kreuzende Linien an der Handkante sprechen für Harnsäureablagerungen, die Rheuma auslösen können.

KERBEN IN DER KOPFLINIE
Wenn in der gestreckten Hand Kerben, klein wie Nadelstiche, auf der Kopflinie sichtbar sind, neigen Sie zu Kopfschmerzen und Migräne.

ÜBERLANGE KOPFLINIE
Eine Kopflinie, die sich bis zur Handkante erstreckt, ist oft ein Zeichen für Hyperaktivität und Verhaltensstörungen, vor allem bei Kindern. Verwechseln Sie dieses Merkmal nicht mit der Affenlinie, bei der Kopf- und Herzlinie vereinigt sind.

INSELN AUF DER HERZLINIE
Eine Insel auf der Herzlinie unterhalb des Mittelfingers deutet auf Schwerhörigkeit hin. Liegt die Insel unter dem Ringfinger, ist sie ein Indiz für Sehschwäche.

FALLENDER AST
Wenn ein kleiner, feiner Ast aus der Kopflinie fällt, kündigt er oft eine depressive Phase an. Mitunter fällt die Kopflinie an diesem Punkt ebenfalls. Die Genesung tritt ein, wenn sie wieder steigt. Sie können den Anfang und die Dauer dieser Phase bestimmen und sie vielleicht verhindern.

VERSCHWOMMENE KOPFLINIE
Geistige Anspannung kann dazu führen, daß die Kopflinie sich an einer Stelle auflöst.

INSELN AUF DER LEBENSLINIE
Inseln auf der Lebenslinie weisen auf Phasen geringer Energie hin. Am Anfang der Linie verraten sie Störungen der Atemwege, in der Nähe des Handgelenks eine schwache Konstitution.

TRAUMALINIE
Stäbe, die die Lebenslinie kreuzen, kündigen emotionalen Streß an. Je länger der Stab ist, desto unangenehmer ist das Ereignis.

KERATOSEN
Keratosen sind Knoten aus harter Haut, die oft durch Reibung entstehen. Manchmal sind sie ein Hinweis auf Organschwächen, hier z.B. auf Nierenstörungen.

DIAMANT
Ein großer Diamant an der Lebenslinie, etwa im letzten Drittel, ist bei Frauen ein Zeichen für gynäkologische Störungen. Bei Männern weist er auf urologische Beschwerden hin.

ALLERGIELINIE
Eine lange Linie, die von der Handkante zum Mondberg reicht – man nennt sie Via Lascivia –, weist auf eine Neigung zu Allergien hin.

GEBOGENE RASZETTE
Wenn die oberste Raszette sich bei einer Frau in die Handfläche hinaufwölbt, leidet die Trägerin oft an gynäkologischen Störungen, die sich vor allem bei einer Entbindung ungünstig auswirken können.

FRANSEN
Fransen an der Kopf- oder Lebenslinie zeigen Energieverschwendung an. Sie treten meist am Ende der Linie auf.

WEITERE HINWEISE AUF DIE GESUNDHEIT

DIE Hände spiegeln den Zustand des Herz- und Gefäßsystems wider und liefern daher wertvolle Hinweise auf die Durchblutung und den Allgemeinzustand. Eine abnorme Farbe oder Temperatur ist ein Symptom, das bei der Diagnose mehrerer Krankheiten hilft. Die Farbe und der Zustand der Nägel deuten ebenfalls auf bestimmte Krankheiten körperlichen oder seelischen Ursprungs hin.

DIE FINGERNÄGEL

DIE Nägel wachsen ständig. Störungen der Blutzufuhr wirken sich daher auf den Zustand der Nägel aus und rufen aufschlußreiche Symptome hervor.

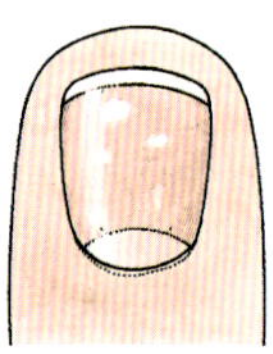

FLECKEN
Weiße oder graue Flecken können auf Müdigkeit oder Streß zurückzuführen sein. Auch Zinkmangel kommt in Betracht.

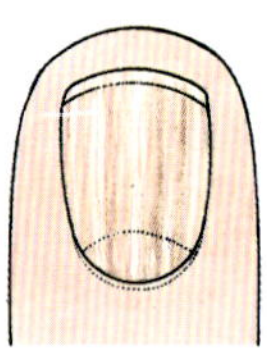

SENKRECHTE RILLEN
Rillen von der Nagelhaut zur Spitze hängen mit Verdauungsstörungen zusammen, z.B. mit Kolitis oder Rheuma.

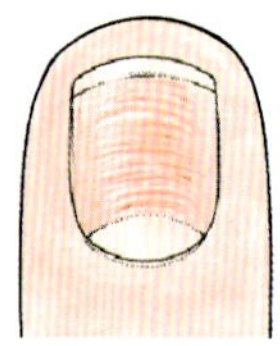

WAAGRECHTE RILLEN
Die Ursache dieser Rillen ist ein Trauma, zum Beispiel eine Krankheit, emotionaler Streß oder plötzlicher Nährstoffmangel.

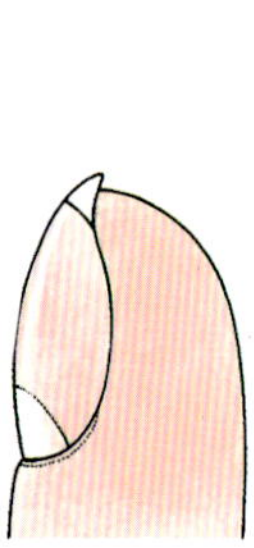

GEKRÜMMTE NÄGEL
Nägel, die sich über die Fingerspitze krümmen, sehen wir oft bei Rauchern. Sie weisen auf Störungen der Atemwege hin.

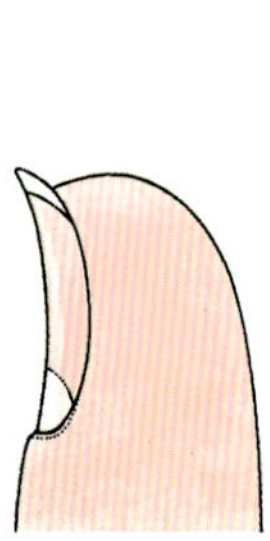

KONVEXE NÄGEL
Konvexe Nägel sind in der Mitte tiefer und krümmen sich nach oben. Die Ursache sind Nährstoffmängel, Anämie oder Störungen der Schilddrüse.

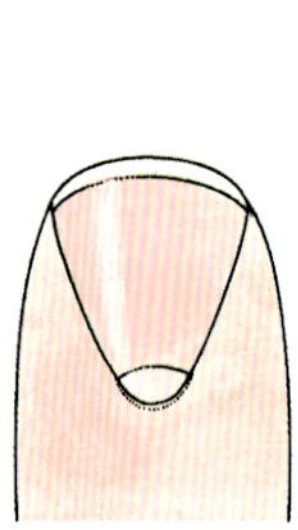

FÄCHERNÄGEL
Fächerförmige Nägel finden wir bei Streßgeplagten. Sie sind eine Warnung und fordern uns auf, für Entspannung zu sorgen.

FARBE UND TEMPERATUR DER HÄNDE

FARBE und Temperatur hängen von der Durchblutung ab. Allerdings müssen wir auch die Lufttemperatur und die vorherige körperliche Aktivität berücksichtigen. Nach einem Aerobic-Training sind heiße Hände normal, nicht aber nach längerem ruhigem Sitzen.

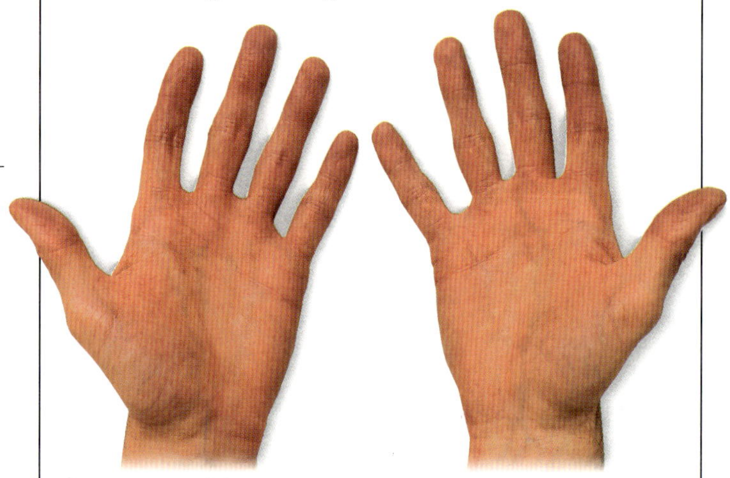

SEHR ROTE HÄNDE
Heiße, rote Hände und Nägel deuten auf Fieber, Bluthochdruck oder Rheuma hin, aber auch auf ein cholerisches Temperament. Drüsen- und Leberstörungen sowie Gicht führen ebenfalls zu roten Händen. Bei Frauen kann eine rötliche äußere Handkante ein frühes Zeichen für eine Schwangerschaft sein.

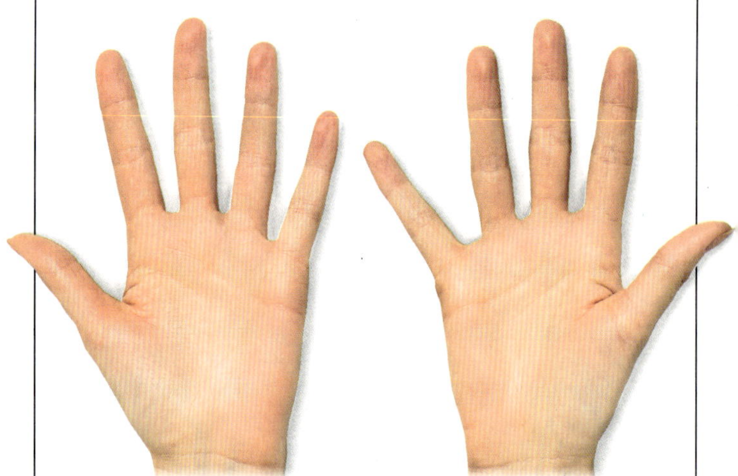

SEHR BLASSE HÄNDE
Kalte, blasse Hände und Nägel hängen mit Anämie zusammen. Ein plötzlicher Eisenmangel nach der Menstruation kann dazu führen, daß die Hauptlinien bei gestreckter Hand weiß aussehen. Lustlosigkeit geht oft mit blassen Händen einher. Nach einem Schock können die Hände bleich werden, manchmal auch blau. Eine anhaltende Blaufärbung der Haut oder der Nägel, Zyanose genannt, kann ein Symptom für Störungen des Kreislaufs oder der Atemwege sein.

HANDMASSAGE

HANDMASSAGE ist heute als nützliche Therapie bei Schmerzen anerkannt. Sie fördert das Wohlbefinden und dämpft oder stimuliert die Reaktionen des Körpers. Eine regelmäßige Handmassage, die sich am Shiatsu und an der Reflexologie orientiert, trägt dazu bei, den Organismus gesund zu erhalten.

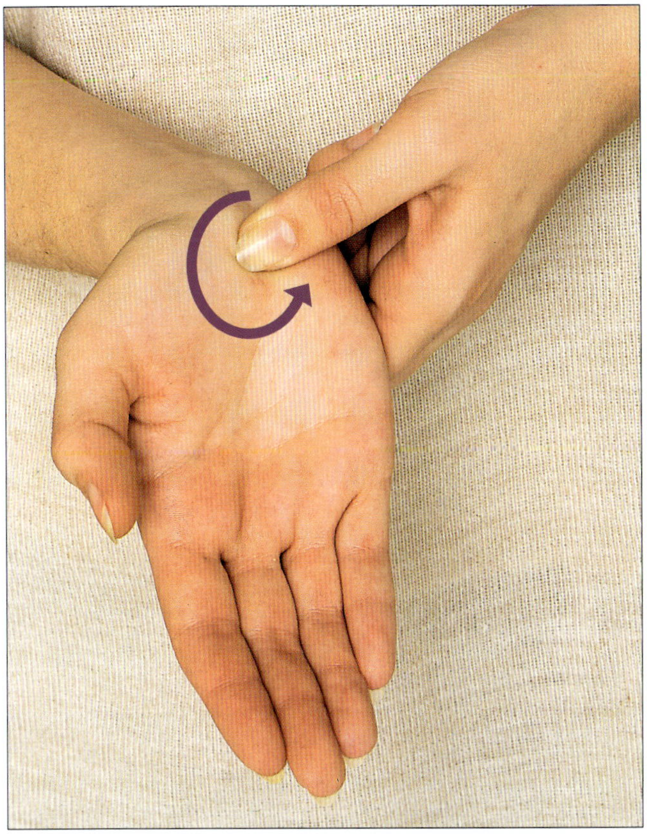

1 Massieren Sie mit festem Druck. Drücken regt die Durchblutung an, Reiben wirkt eher entspannend. Massieren Sie immer auf das Herz zu. Bearbeiten Sie jede Hand einzeln, und beginnen Sie, indem Sie mit der Daumenspitze Kreise auf der Handwurzel machen. So lockern Sie Muskeln und Bänder.

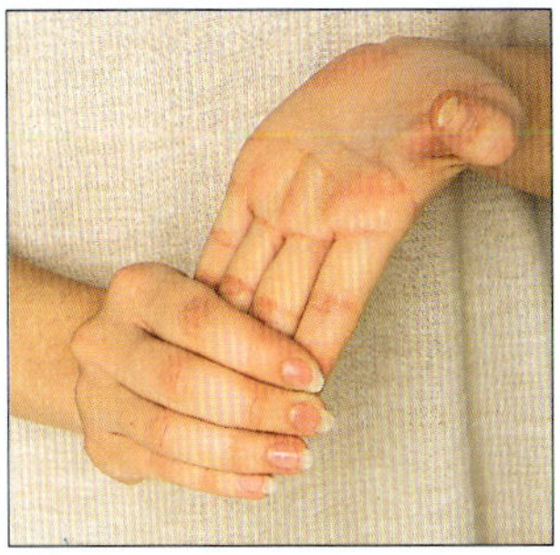

2 Halten Sie die Finger fest, und ziehen Sie sie nach unten, bis Sie die Spannung im Handgelenk spüren. Seien Sie vorsichtig, wenn Sie an Rheuma leiden.

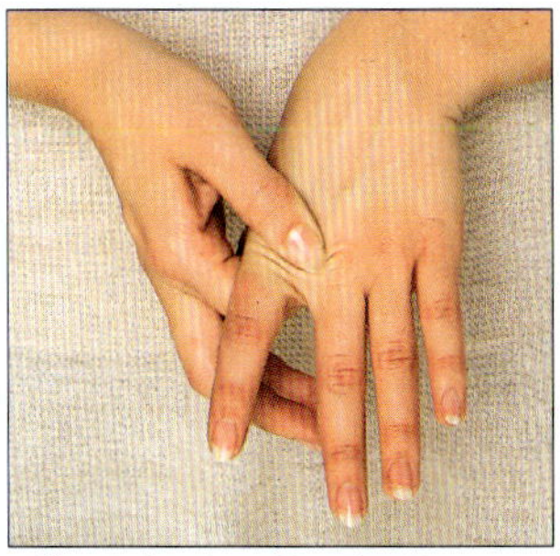

3 Schieben Sie die Daumenspitze zwischen die Sehnen auf dem Handrücken. Drücken Sie fest zu, und ziehen Sie den Daumen nach unten zum Handgelenk.

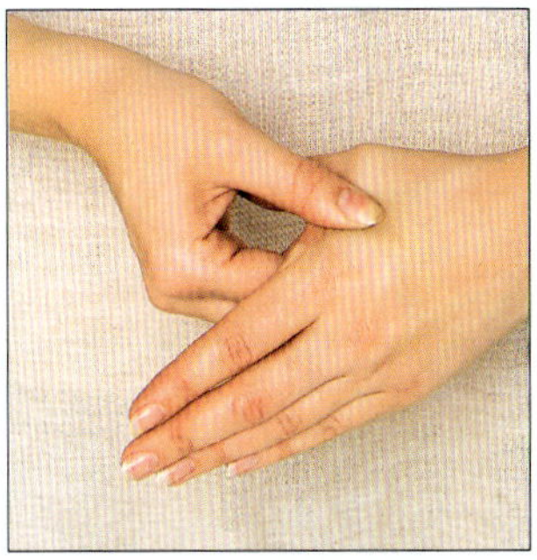

4 Drücken und reiben Sie die Haut zwischen den Fingern, vor allem zwischen dem Daumen und dem Zeigefinger. So lösen Sie Giftablagerungen auf.

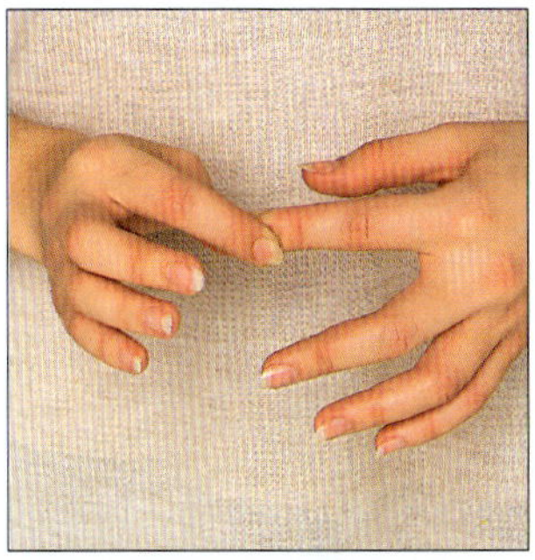

5 Drücken und reiben Sie die Fingerspitzen mit kreisförmigen Bewegungen, zuerst von einer Seite zur anderen, dann von vorne nach hinten.

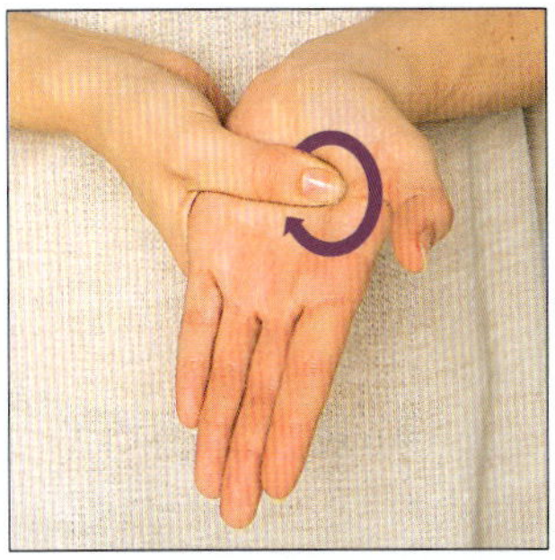

6 Legen Sie einen Handrücken auf die Finger der anderen Hand, und massieren Sie die Handfläche kräftig mit dem Daumen von einer Seite zur anderen.

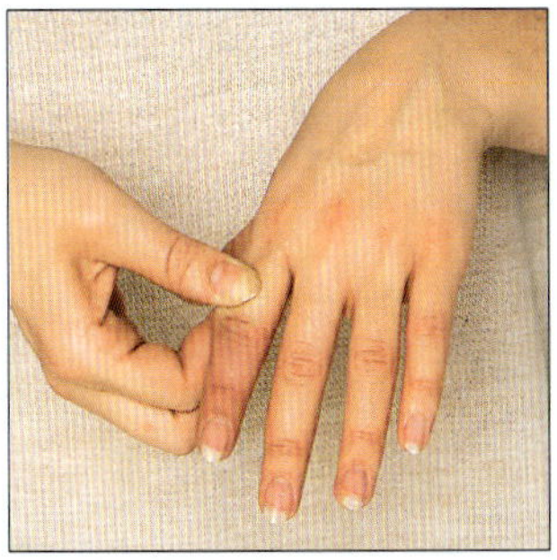

7 Massieren Sie nun jeden Finger von der Spitze nach unten, zuerst die untere Seite, dann den Rücken. Vergessen Sie nicht, auch den Daumen zu massieren.

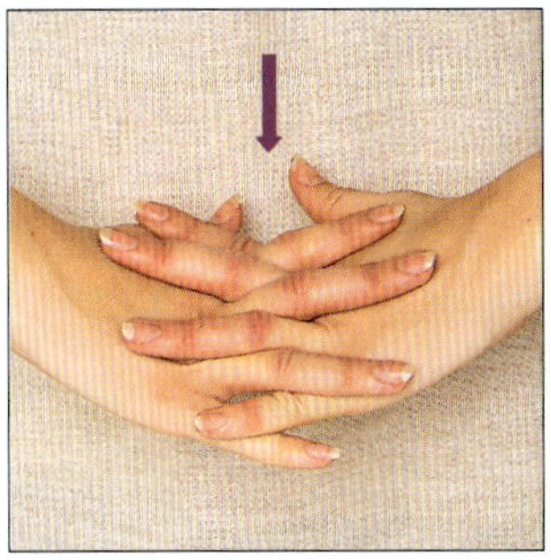

8 Wenn Sie beide Hände massiert haben, verschränken Sie die Finger und dehnen die Hände, bis Sie die Spannung an den Fingerwurzeln spüren.

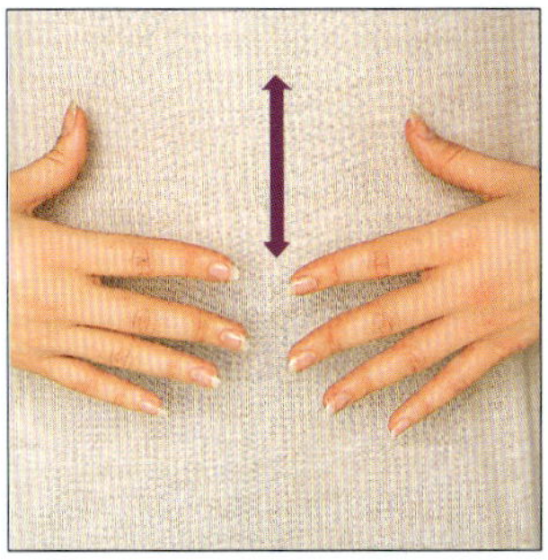

9 Reiben Sie die Hände aneinander, und strecken und beugen Sie die Finger, als wollten Sie einen Ball werfen. Schütteln Sie dann die Hände kräftig, bis sie prickeln.

GELD UND GLÜCK

GELD und Glück gelten oft als Brüder; aber in der Chirologie müssen wir beide auseinanderhalten. Der Bau der Hände enthüllt unsere Einstellung zum Reichtum. Gut gepolsterte Hände zeigen beispielsweise, daß wir bereit sind, hart zu arbeiten; teigige Hände enthüllen Faulheit und Freude am guten Leben. Glück ist ein viel spezifischerer Zustand, der sich an ausgeprägten Zeichen an der Hand ablesen läßt.

DIE VIER HANDFORMEN

JEDER reagiert anders auf Geld und Reichtum. Die Linien und Zeichen an der Hand halten die finanzielle Situtıon ein Leben lang fest; die Handform verrät unsere Einstellung zum Geld und wie wir damit umgehen.

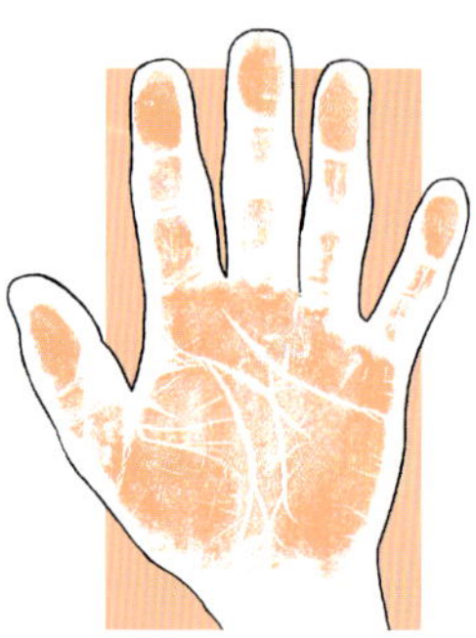

DIE ERD-HAND

Sie verdienen Ihr Geld langsam und durch eigene, harte Arbeit. Sie sind vorsichtig und klug und neigen dazu, regelmäßig einen kleinen Betrag zu sparen, bis Sie eine sichere Rücklage haben.

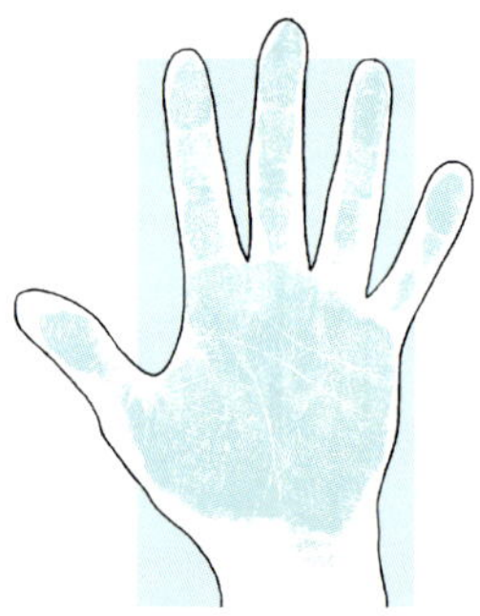

DIE LUFT-HAND

Sie haben Geschäftssinn und kennen sich mit Finanzmärkten und Geldanlagen aus. Geld hin und her zu bewegen und jeden Vorteil zu nutzen, macht Ihnen Spaß.

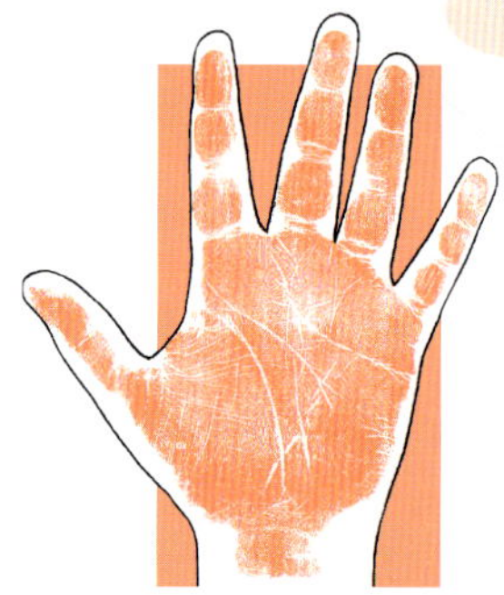

DIE FEUER-HAND

Sie ziehen Geld durch Intuition oder Glück an; aber Ihre finanzielle Lage ist sehr wechselhaft. Sie streuen Ihre Geldanlagen gerne und neigen zum Spekulieren.

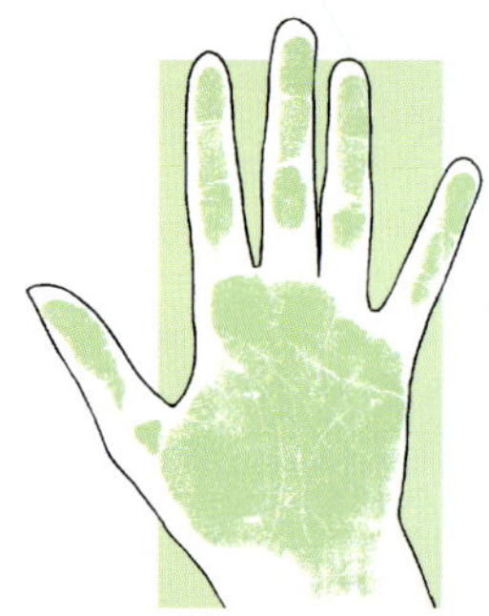

DIE WASSER-HAND

Sie sind nicht materialistisch gesinnt und nicht an Geschäften interessiert. Sie bereichern lieber die Seele als das Bankkonto. Dennoch kann Ihre Kreativität Sie reich machen.

DIE RISIKOBEREITSCHAFT

DER Ausdruck „Das Geld zerrinnt mir zwischen den Fingern" stammt aus dem Handlesen. Die Finger verraten eine Menge über den Umgang mit Geld. Ein gerader Zeigefinger ist ein Zeichen für Integrität und guten Willen. Ein Zeigefinger, der zum Daumen geneigt ist, verrät Abenteuerlust – auch in bezug auf Geldanlagen. Ist der Zeigefinger zum Mittelfinger geneigt, ist er ein Indiz für Vorsicht, und wenn beide Finger eng beieinander stehen, gehen Sie mit Geld kein Risiko ein. Ein kurzer Mittelfinger enthüllt mangelnde Vertrauenswürdigkeit und unverantwortlichen Umgang mit Geld.

DIE HAND DES SPIELERS

Ein langer Ringfinger, vor allem einer, der länger ist als der Mittelfinger, ist das Zeichen des Spielers. Andere Merkmale der Hand zeigen, ob der Betreffende ein guter Rechner oder tollkühn ist. Diese Hand gehört einem raffinierten Kartenspieler.

Das Glück in der Hand

UNTER den Zeichen, die den Erfolg symbolisieren, ist der Stern der herausragende Glücksbringer, jedoch nur – das ist sehr wichtig –, wenn er auf dem Jupiter-, Apollo- oder Merkurberg, oben auf der Schicksalslinie oder auf der Apollolinie erscheint.

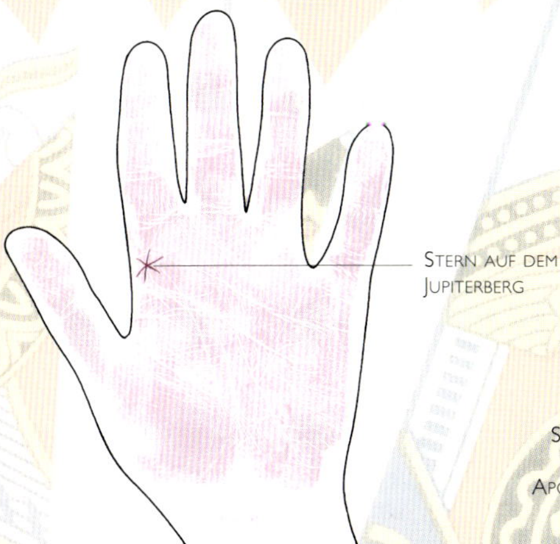

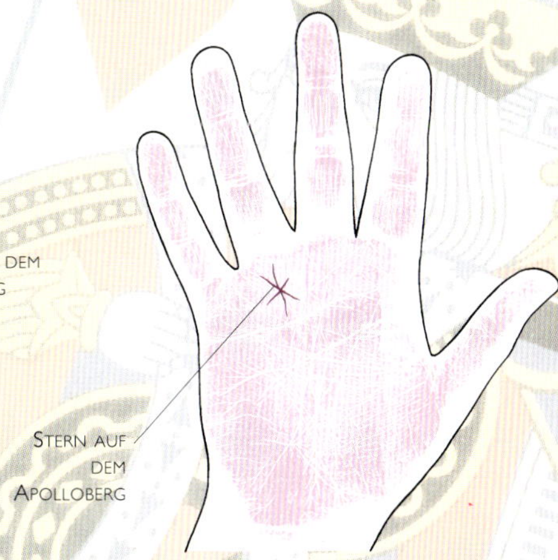

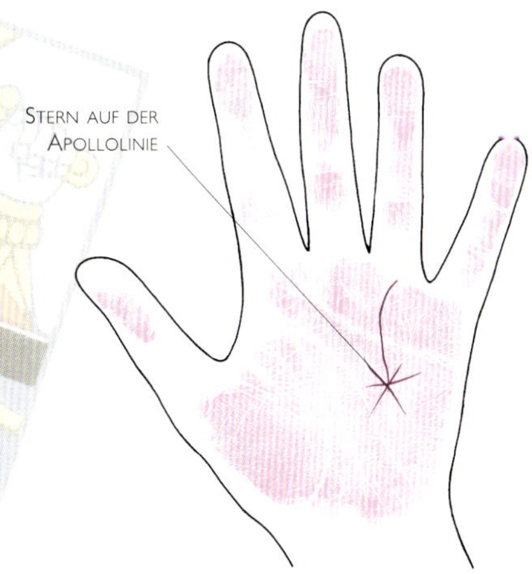

Stern auf dem Jupiterberg
Einer der günstigsten Plätze für einen Stern ist wohl der Jupiterberg; denn hier verspricht er Erfolg und Geld. Dieser Mann genoß Wohlstand, ging eine vorteilhafte Ehe ein und erwarb hohes Ansehen.

Stern auf dem Apolloberg
Ein Stern auf dem Apolloberg verrät außergewöhnliche Talente, die dem Träger (hier ein bekannter Schauspieler) wahrscheinlich Ruhm und Wohlstand bringen. An dieser Stelle ist der Stern ein Zeichen für schöpferische Brillanz.

Stern auf der Apollolinie
Der freie Stern symbolisiert Talente, die Erfolg bringen. Ein Stern auf der Linie verkündet ein glückliches Ereignis. Hier steht der Stern für einen Lottogewinn, die stärker werdende Linie für das damit verbundene Glück.

Vorzeichen und Warnungen

DIE Handlinien registrieren unsere finanziellen Erfolge oder Niederlagen sowie die Launen des Glücks. Die Lebenslinie zeigt, ob wir die Kraft und die Vitalität besitzen, um unsere Ziele zu erreichen, und die Kopflinie verrät unseren Geschäftssinn. Die Schicksals- und die Apollolinie verzeichnen unseren Fortschritt und zeigen, wann wir mit Gehaltserhöhungen, Erbschaften oder Glücksfällen rechnen dürfen. Diese Linien warnen auch vor Fallstricken, in die wir aus Unachtsamkeit oder Pech geraten können. Dank dieser Hinweise können wir uns gegen finanzielle Rückschläge wappnen.

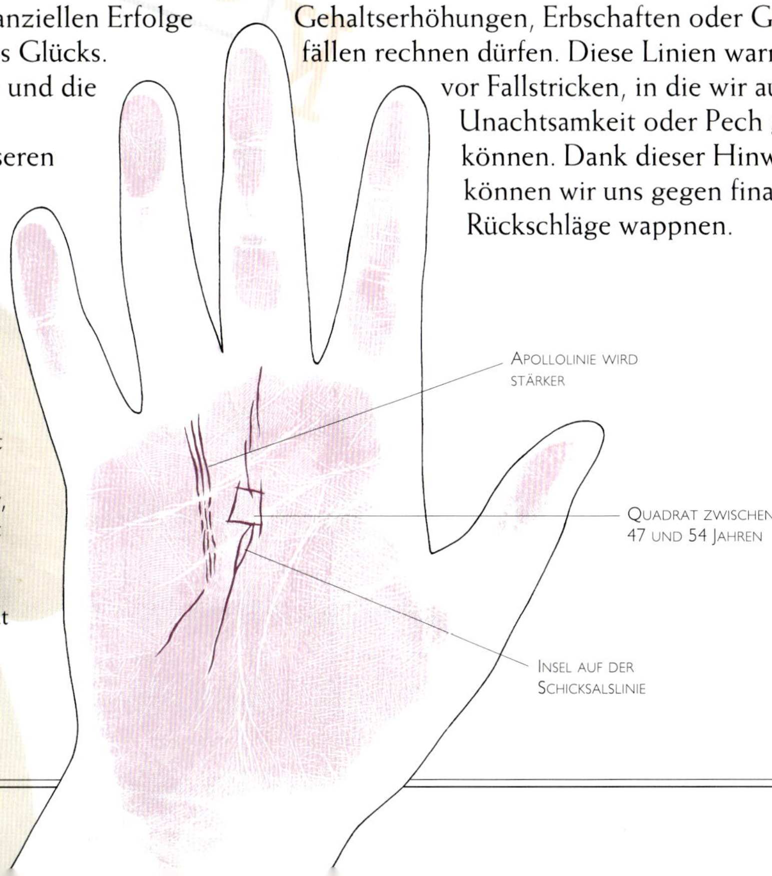

Fallgeschichte
Hätte diese Frau ihre Hand konsultiert, bevor sie einen Bankkredit aufnahm, um ihr Geschäft zu erweitern, wäre ihr die große Insel auf der Schicksalslinie nicht entgangen. Als sie 39 war, brach ihre Firma zusammen, und sie hatte acht Jahre lang finanzielle Probleme. Im Alter von 47 Jahren konnte sie das Geschäft durch harte Arbeit wieder aufbauen, wie das große Quadrat zeigt. Die stärker werdende Schicksals- und Apollolinie bestätigt, daß sie im Alter von 54 Jahren wieder eine erfolgreiche Firma leitete.

Reise und Bewegung

Reisen bildet, sagt man – aber es hinterläßt auch Spuren auf der Hand. Wenn die Reise einen bleibenden Eindruck hinterläßt, bleibt auch ein Zeichen auf der Hand zurück. Jede Reise ist eindrucksvoll, ein Umzug ebenso wie eine Fernreise. Die Zeichen, die Reise und Bewegung symbolisieren, finden wir je nach Art der Reise an verschiedenen Stellen der Hand. Die Reiselinien an der Handkante stehen zum Beispiel für Entdeckungsreisen, die Äste an der Lebenslinie für Umzug.

Die vier Handformen

Manche Menschen werden ruhelos, wenn sie länger an einem Ort bleiben. Andere wiederum halten sich gerne an vertrauten Orten auf. Obgleich die Handlinien die „Bewegungsmuster" jeder einzelnen Person wiedergeben, offenbart die Handform die Grundeinstellung zum Reisen und zu Ortswechseln.

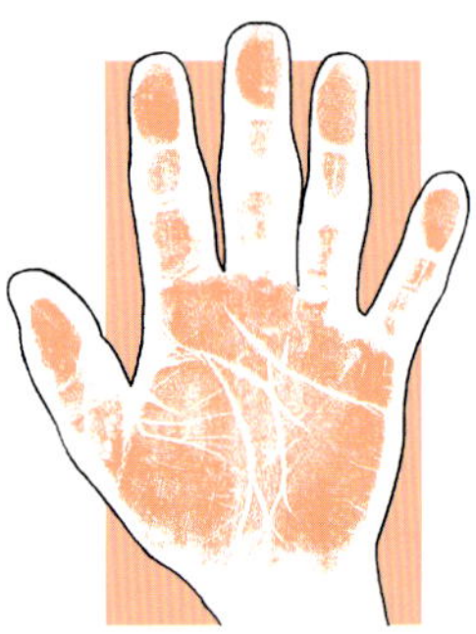

Die Erd-Hand
Sie lieben die Routine und kehren gerne an vertraute Orte zurück. Sie arbeiten gerne im Garten und verbringen Ihren Urlaub lieber auf dem Land als in der Stadt.

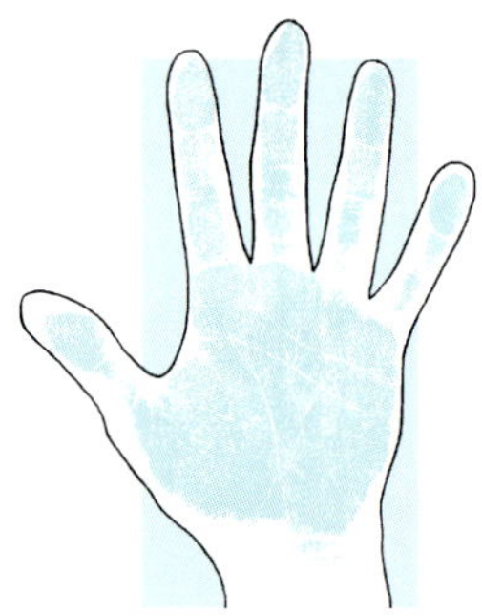

Die Luft-Hand
Sie brauchen Abwechslung und Gesellschaft. Besuche in fremden Ländern reizen Sie sehr. Angehörige Ihrer Gruppe sind die besten Kunden der Reisebüros.

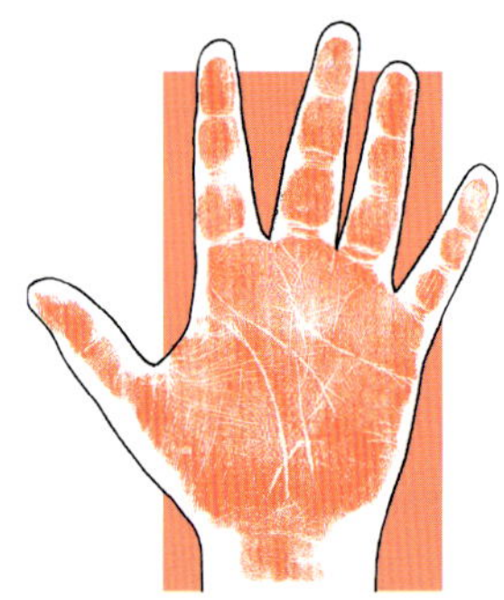

Die Feuer-Hand
Sie sind sehr abenteuerlustig. Sie reisen mit kindlicher Begeisterung, genießen Fahrten in unbekanntem Gelände und freuen sich auf das Neue, das Sie erwartet.

Die Wasser-Hand
Sie suchen auf Reisen Gesellschaft und genießen kulturelle Veranstaltungen, Musikfestivals und historisch interessante Orte. Auch das Mystische zieht Sie an.

Fallgeschichte

Robin Hanbury-Tenison hat an über zwei Dutzend großen Expeditionen teilgenommen und die ganze Welt bereist. Er hat die Sahara mit dem Kamel durchquert und ist an der chinesischen Mauer entlanggeritten. Er hat unter Amazonasindianern gelebt und die Regenwälder von Borneo erforscht. An seiner Hand finden wir alle Zeichen, die für den erfolgreichen Entdecker typisch sind: Ehrgeiz im langen Daumen und im weit gespreizten Zeigefinger, Mut im ausgeprägten kleinen Marsberg, Phantasie in der gut entwickelten Handkante und im tiefen Mondberg – und Reiselust in den vielen Reiselinien an der Handkante.

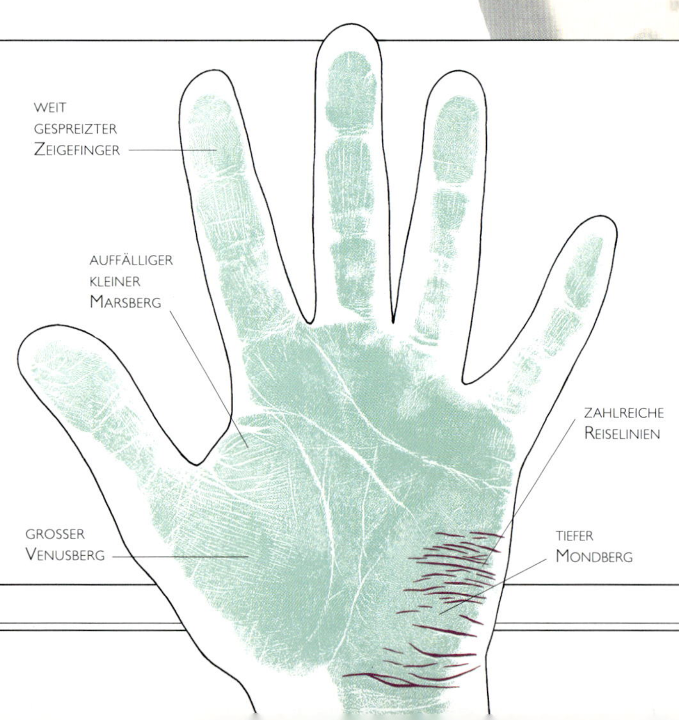

UMZUG

EIN Umzug mit der Familie ist ein großes Ereignis im Leben, einerlei, ob Sie nur ein paar Straßen weiter in ein neues Haus ziehen oder in ein anderes Land, in dem keiner Sie kennt. Die Hand hält solche wichtigen Ereignisse fest.

DAS NEUE HAUS

Der Kauf oder Verkauf eines Grundstücks spiegelt sich oft in einem Ast wider, der von der Lebenslinie zum Saturnberg verläuft. Dieser Berg symbolisiert Heim und Sicherheit. Auch eine Richtungsänderung der Schicksalslinie bestätigt häufig den Umzug. Beide Linien können eine Zeitskala sein (*siehe Seite 58 und 75*).

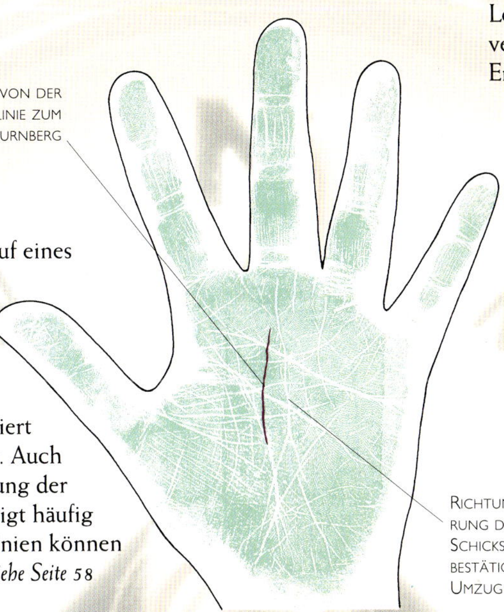

AUSWANDERUNG

Der Mondberg symbolisiert Reisen ins Ausland. Darum finden wir dort einen Hinweis auf eine lange Reise oder Auswanderung. Diese Frau mußte aus Gesundheitsgründen in ein wärmeres Klima ziehen. Ein Ast von der Lebenslinie zum Mondberg verzeichnet ihre Reise von England nach Amerika.

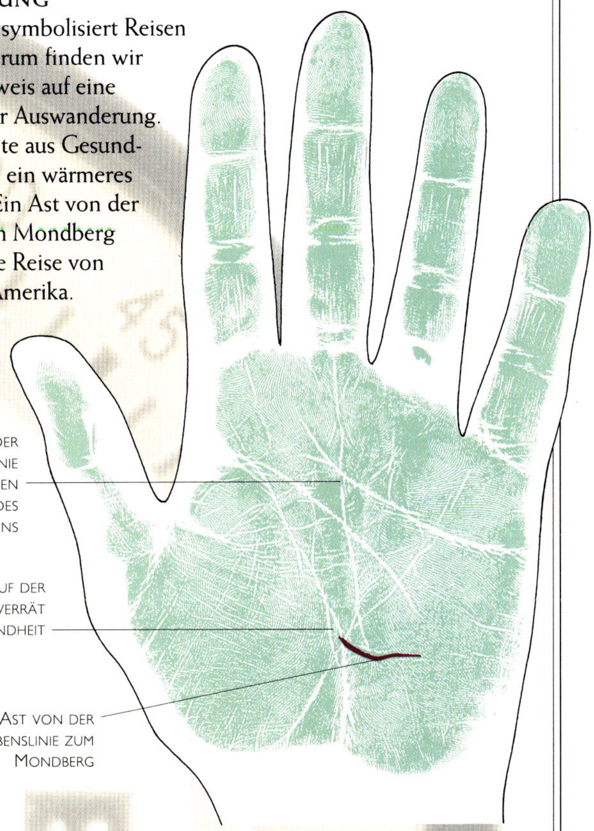

PROBLEME AUF REISEN

SO wie Inseln und Sterne auf den Hauptlinien vor Problemen warnen, machen negative Zeichen auf den Reiselinien an der äußeren Handkante den Reisenden auf mögliche Komplikationen aufmerksam.

INSEL AUF EINER REISELINIE

Eine Insel auf einer Reiselinie warnt vor einem unerwarteten Ausgang einer Reise oder eines Umzugs – vielleicht stranden Sie im Ausland, oder Sie werden im Urlaub beraubt. An der Hand dieser Frau zeigt die Insel Enttäuschung an. Nachdem sie in eine andere Stadt umgezogen war, fühlte sie sich einsam, und das neue Leben erfüllte ihre Erwartungen nicht.

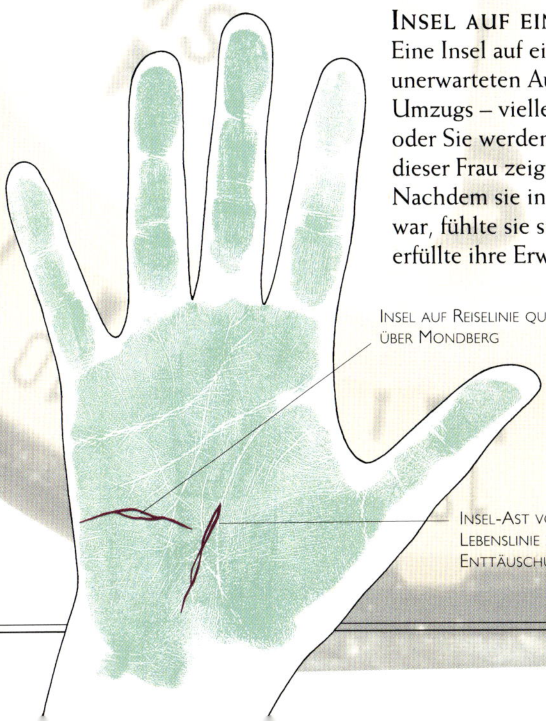

STERN AUF EINER REISELINIE

Ein Stern auf einer Reiselinie warnt vor Gefahren einer Reise. An der Hand dieses Mannes ist das Zeichen sehr deutlich. Es symbolisiert ein traumatisches Erlebnis. Als er an einer Ampel hielt, wurde er von einem Bewaffneten beraubt und gezwungen, durchs ganze Land zu fahren, ehe der Räuber floh.

Der Lebensabend

Manche Leute halten das Rentenalter für die goldene Zeit, weil sie tun können, was ihnen während der Berufstätigkeit mit all der damit verbundenen Hetze und Verantwortung versagt blieb. Andere fürchten sich davor, weil der Beruf ihnen Einkommen, Kameradschaft und – das ist wohl am wichtigsten – Ansehen verschaffte. Ein glücklicher Lebensabend erfordert Planung und finanzielle Vorkehrungen. Die Handanalyse kann Ihnen helfen, Ihre Bedürfnisse zu verstehen, und den Übergang erleichtern.

Die vier Handformen

Die vier Handformen zeichnen ein allgemeines Bild der Lebensauffassung und verraten uns, welche Einstellung wir zum Lebensabend haben. Aus der Handform können wir schließen, wie wir mit dem neuen Leben und seinen Herausforderungen fertigwerden.

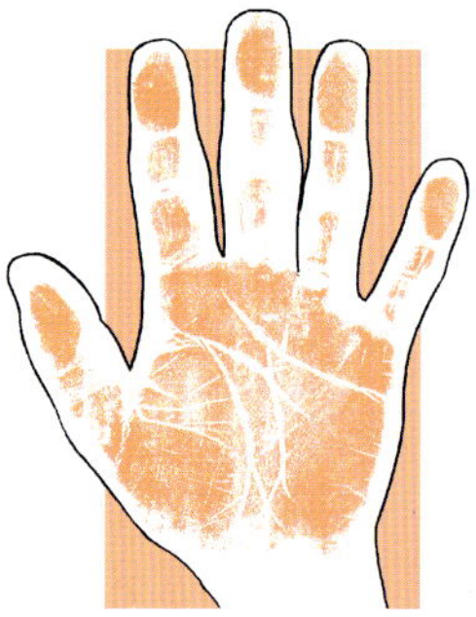

Die Erd-Hand
Menschen mit diesen Händen fällt es am schwersten, den Beruf aufzugeben; denn für sie ist die Arbeit ein Teil des täglichen Lebens. Wenn sie sich viel an der frischen Luft aufhalten, fühlen sie sich wohler.

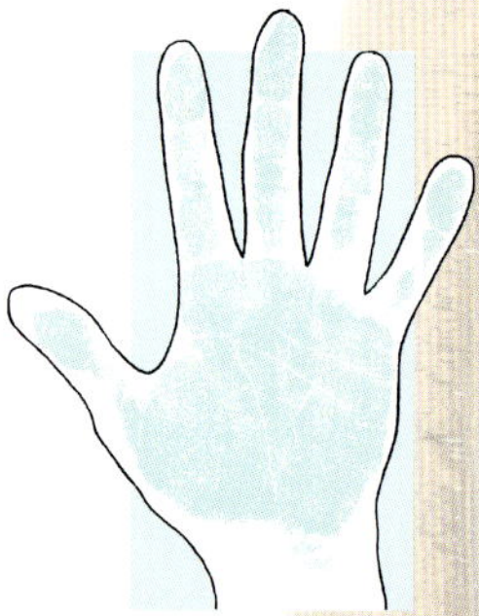

Die Luft-Hand
Als Rentner vermissen Sie den stimulierenden Arbeitsplatz und die angeregten Gespräche mit Kollegen. Bleiben Sie in Kontakt mit Ihren Freunden, und belegen Sie Fortbildungskurse!

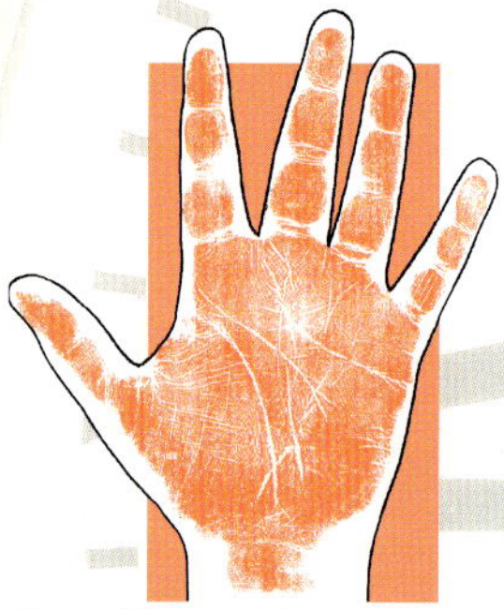

Die Feuer-Hand
Menschen sind für Sie wichtig. Darum vermissen Sie als Rentner Ihre vielen Bekannten. Da Sie sich in der Gruppe wohlfühlen, sollten Sie sich einem Verein anschließen oder ehrenamtlich arbeiten.

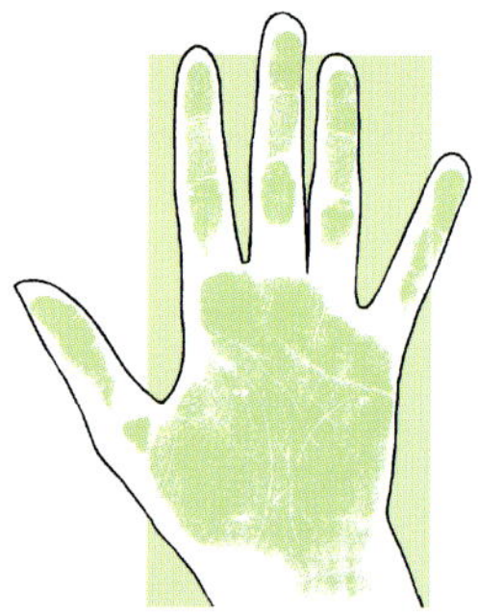

Die Wasser-Hand
Menschen mit diesen Händen macht der Lebensabend die größte Freude. Vom Alltagstrott befreit, genießen sie Kunst und Musik, Lesen und Gedichteschreiben und entwickeln ihre schöpferischen Talente.

Ein Neubeginn

Trauer ist ein unvermeidlicher Teil des Lebensabends. Zwar ist es weder möglich noch moralisch vertretbar, den Tod eines Menschen allein aus der Hand vorherzusagen; aber wir können die Sorge um die Gesundheit eines Partners erkennen. An der Hand dieser Frau entspringt eine Linie hoch oben an der Handkante und fällt auf eine große Insel auf der Schicksalslinie. Sie enthüllt eine schwierige Zeit in ihrem Leben; denn ihr Mann wurde krank und starb. Der folgende Bruch in der Schicksalslinie und die stärkere Linie fünf Jahre später symbolisierten einen Neubeginn. Die Apollolinie wurde zur selben Zeit kräftiger wie die Schicksalslinie und zeigt, daß die Frau neues Glück und eine neue Liebe fand.

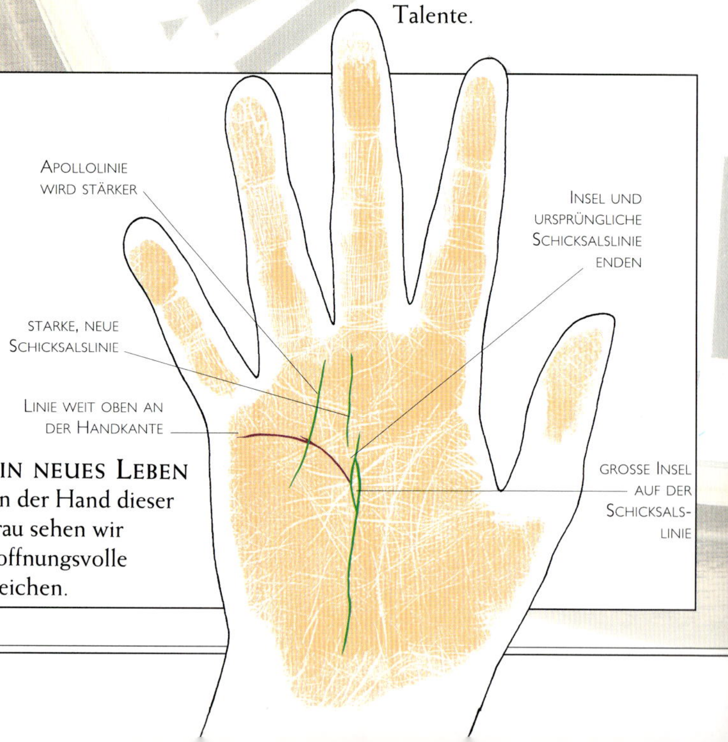

Ein neues Leben
An der Hand dieser Frau sehen wir hoffnungsvolle Zeichen.

Der Lebensabend in den Linien

Der obere Teil der Schicksals- und der Apollolinie sowie das Ende der Lebenslinie zeigen, welche Qualität der Lebensabend hat. Sie ersehen daraus, wann Sie mit Veränderungen rechnen, auf Ihre Gesundheit oder Ihre Finanzen achten, mit neuen Projekten beginnen oder Ihr Leben genießen sollten.

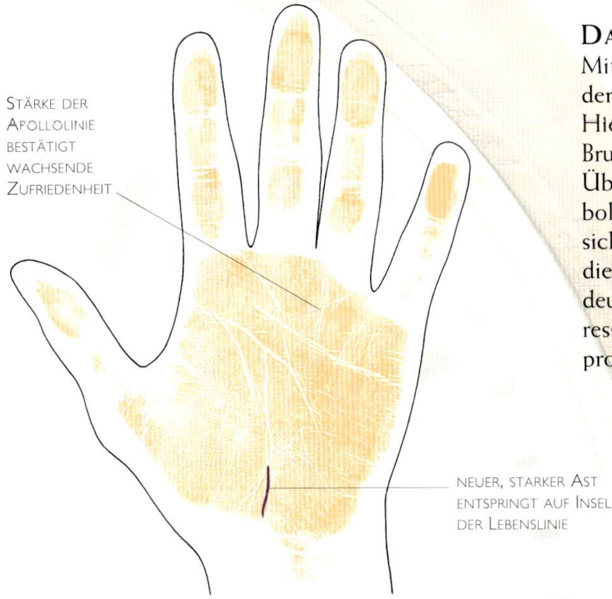

Das Ende der Schicksalslinie

Mit dem Ende des Arbeitslebens verändert sich meist auch die Schicksalslinie. Hier sehen wir einen glatten Bruch, der einen reibungslosen Übergang ins Privatleben symbolisiert. Die Bruchstellen können sich jedoch auch überlappen, oder die Linie ändert die Richtung. Äste deuten eine Erweiterung der Interessen an, Inseln warnen vor Geldproblemen oder Unzufriedenheit.

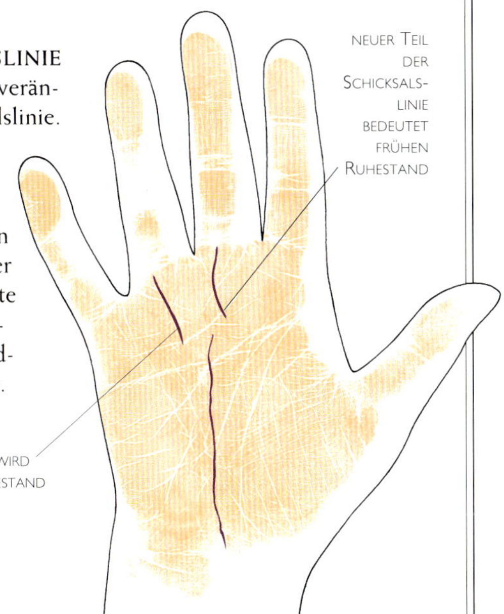

Das Ende der Lebenslinie

Etwa die letzten zwei Fünftel des Lebens gehören dem Ruhestand. Ist dieser Teil der Linie unversehrt, bleiben Sie vital. Inseln weisen auf Krankheiten hin, Äste auf Reisen. An der Hand dieser Frau entspringt ein neuer, starker Ast auf der schwachen Lebenslinie; er zeigt, daß der Ruhestand ihr guttut.

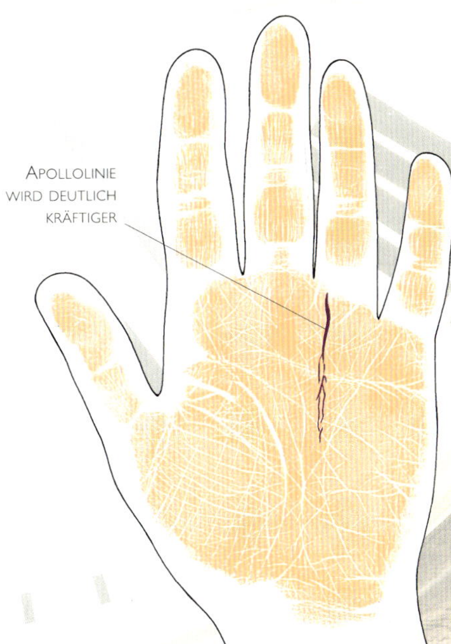

Apollolinie über der Herzlinie

Die Apollolinie verläuft oft oberhalb der Herzlinie und verspricht einen angenehmen Lebensabend, vor allem wenn die Lebenslinie kräftig und gut geformt ist. Drei Parallelen bedeuten nach der Tradition, daß Sie zwar nicht steinreich werden, aber mit Ihrem Geld sehr gut auskommen.

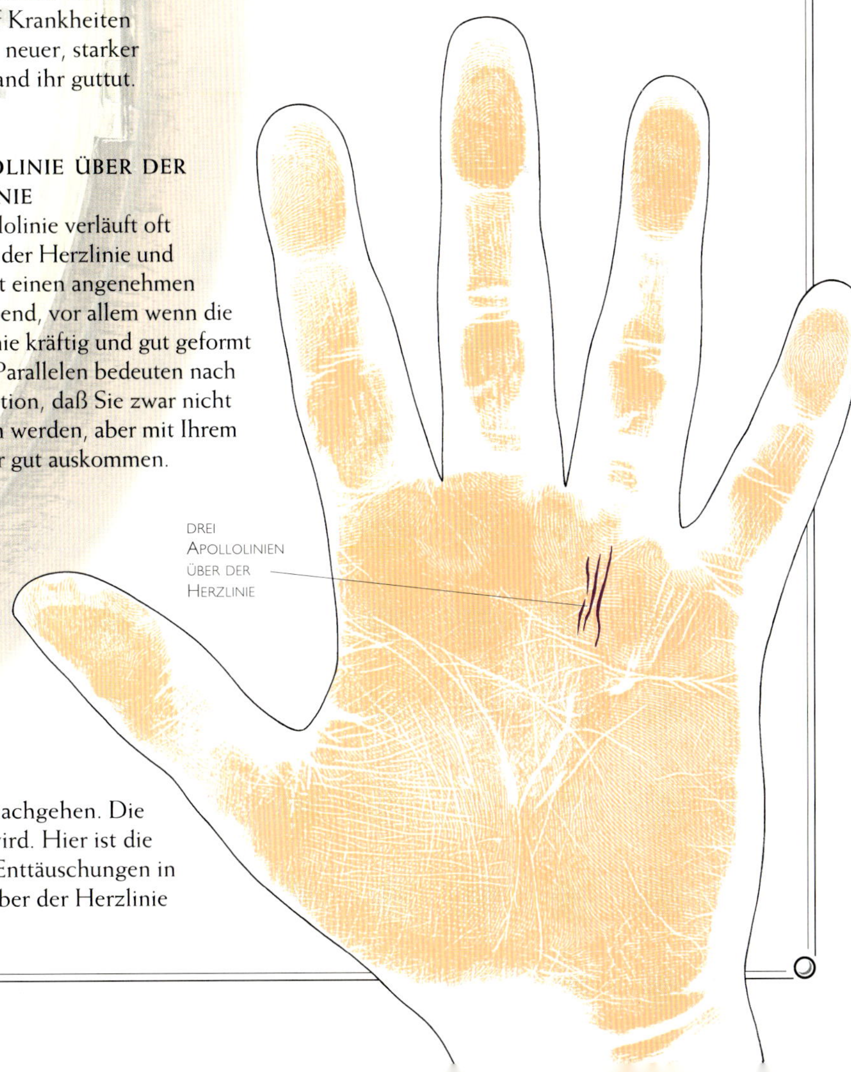

Das Ende der Apollolinie

Im Ruhestand können wir unseren Interessen und Hobbys nachgehen. Die Apollolinie zeigt, wie glücklich und erfüllt das Leben sein wird. Hier ist die Linie von der Handmitte an aufwärts fragmentiert, was auf Enttäuschungen in den 30 bis 50 Jahren hindeutet. Die kräftigere Apollolinie über der Herzlinie verspricht jedoch Zufriedenheit am Lebensabend.

WACHSTUM UND WANDEL

DANK der Handanalyse können wir nicht nur Informationen über unsere Persönlichkeit, unser Potential, unsere Talente und unsere Erbanlagen sammeln, sondern auch unsere Entwicklung und die unserer Lieben im Auge behalten. Wir dürfen jedoch nie vergessen, daß die Handlinien sich ändern und daß sie nur Möglichkeiten, aber kein unabänderliches Schicksal aufzeigen. Die Hände zeigen uns den Weg in die Zukunft und warnen uns frühzeitig vor möglichen Problemen. Wir haben einen freien Willen – wir können die Zeichen deuten und notwendige Vorkehrungen treffen.

DIE ENTWICKLUNG DER LINIEN

DIE Handform sowie die Linien und Zeichen ändern sich während des Lebens. Entscheidungen, unser Wissen, die Umwelt, Einstellungen, die Lebensweise und sogar die Ernährung wirken sich auf unser Leben und somit auch auf die Linien aus.

ALTER: 6 MONATE

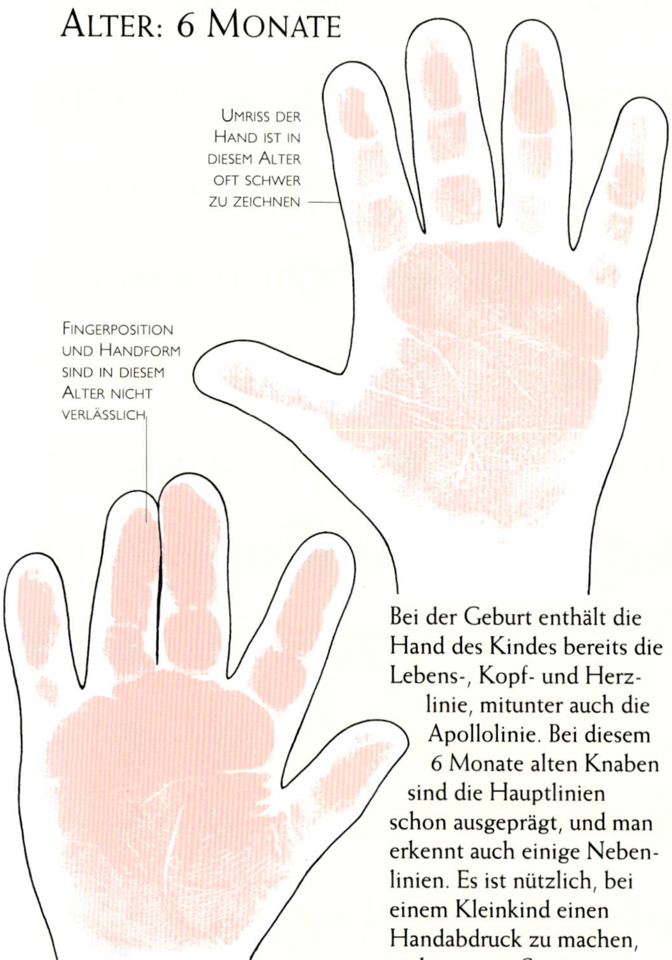

Bei der Geburt enthält die Hand des Kindes bereits die Lebens-, Kopf- und Herzlinie, mitunter auch die Apollolinie. Bei diesem 6 Monate alten Knaben sind die Hauptlinien schon ausgeprägt, und man erkennt auch einige Nebenlinien. Es ist nützlich, bei einem Kleinkind einen Handabdruck zu machen, nicht nur aus Sentimentalität, sondern auch, um die körperliche Entwicklung festzuhalten.

ALTER: 4 JAHRE

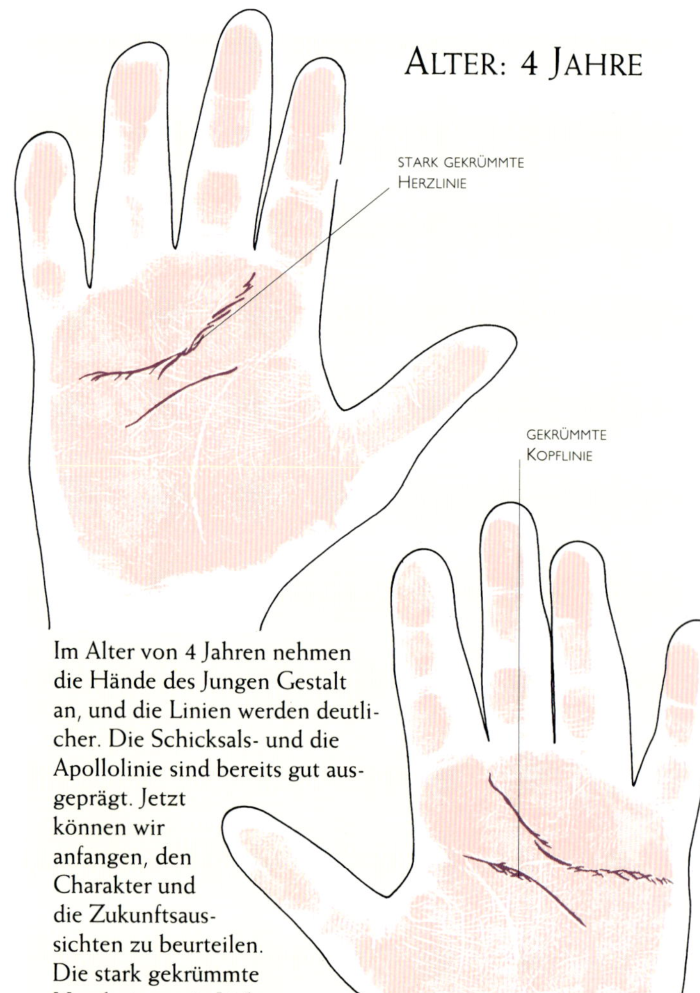

Im Alter von 4 Jahren nehmen die Hände des Jungen Gestalt an, und die Linien werden deutlicher. Die Schicksals- und die Apollolinie sind bereits gut ausgeprägt. Jetzt können wir anfangen, den Charakter und die Zukunftsaussichten zu beurteilen. Die stark gekrümmte Herzlinie verrät Liebenswürdigkeit und Extravertiertheit, die Kopflinie verspricht ein gutes schöpferisches Potential.

ALTER: 5 JAHRE

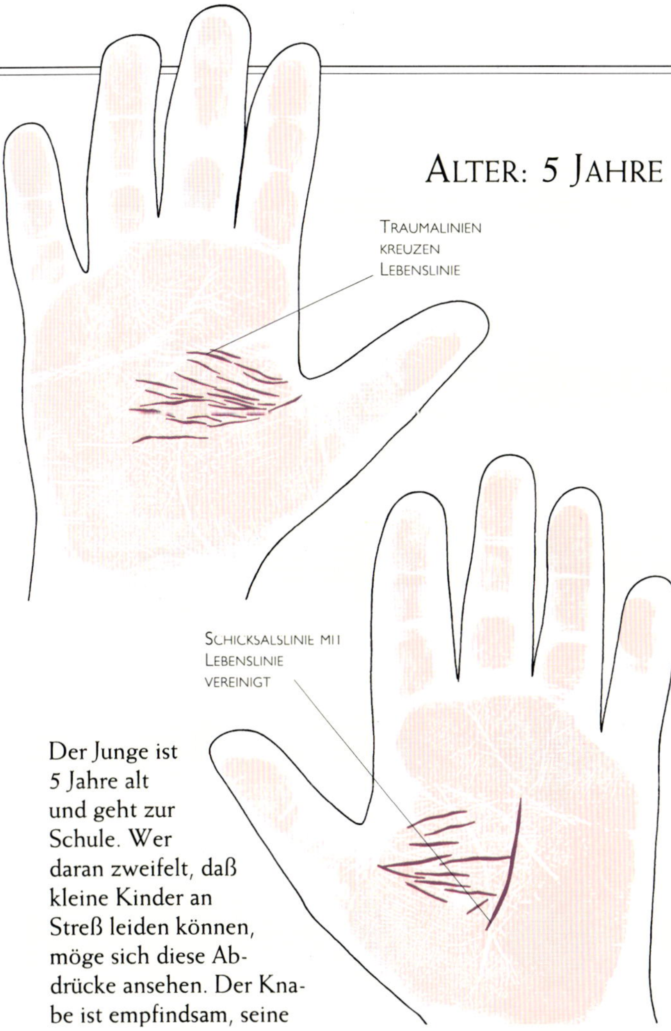

Der Junge ist 5 Jahre alt und geht zur Schule. Wer daran zweifelt, daß kleine Kinder an Streß leiden können, möge sich diese Abdrücke ansehen. Der Knabe ist empfindsam, seine Schicksalslinie entspringt auf der Lebenslinie, was auf eine starke Bindung an die Familie hinweist. Die Trennung von den Eltern ist sehr schmerzhaft, und die vielen Traumalinien auf der Lebenslinie enthüllen seine Angst.

ALTER: 11 JAHRE

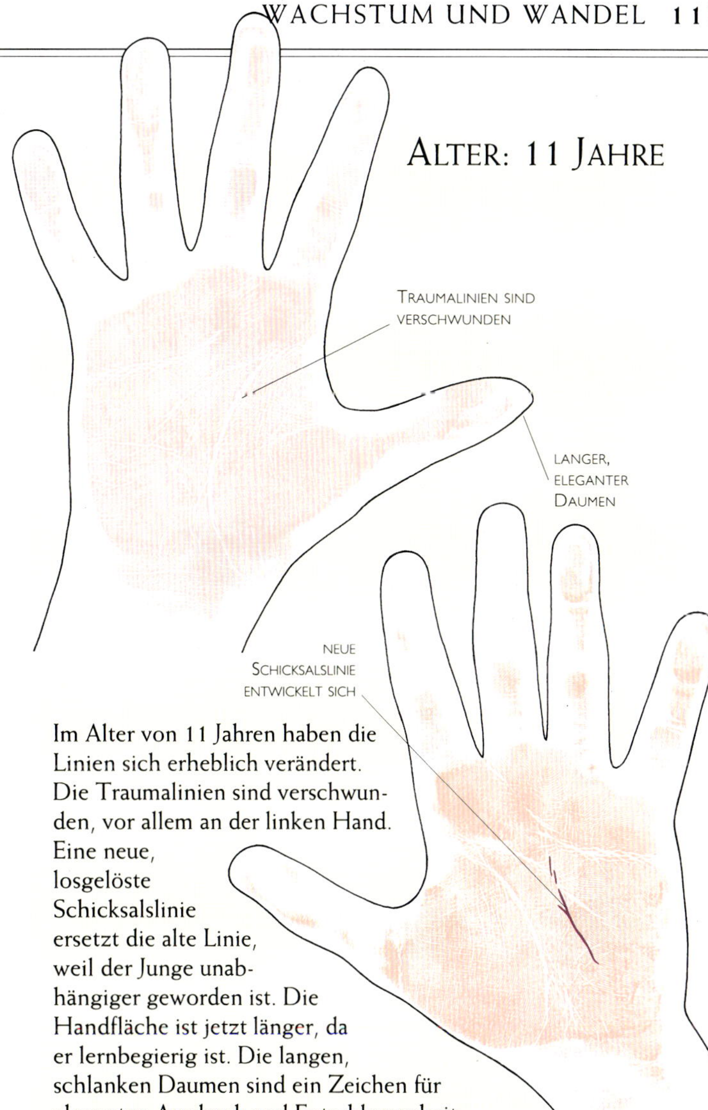

Im Alter von 11 Jahren haben die Linien sich erheblich verändert. Die Traumalinien sind verschwunden, vor allem an der linken Hand. Eine neue, losgelöste Schicksalslinie ersetzt die alte Linie, weil der Junge unabhängiger geworden ist. Die Handfläche ist jetzt länger, da er lernbegierig ist. Die langen, schlanken Daumen sind ein Zeichen für eleganten Ausdruck und Entschlossenheit.

Elektronische Handlinien-Erkennung

DIE MODERNE TECHNIK HAT DIE IDENTIFIZIERUNG DER HAUTMUSTER AUF DEN HÄNDEN REVOLUTIONIERT.

AUSGEKLÜGELTE kriminalistische Methoden nutzen ein Fingerabdruck-Identifikationssystem, das Abdrücke in Sekunden speichert, findet und vergleicht. Hand- und Fingerabdrücke sind jedoch noch vielfältiger einsetzbar, wenn es um die Identifizierung von Personen geht. Zur Zeit werden mehrere Systeme entwickelt, die mit Laserscannern arbeiten. Sie übertragen digitalisierte Bilder auf „schlaue Karten", die man beispielsweise verwenden kann, um in gesicherte Gebäude zu gelangen.

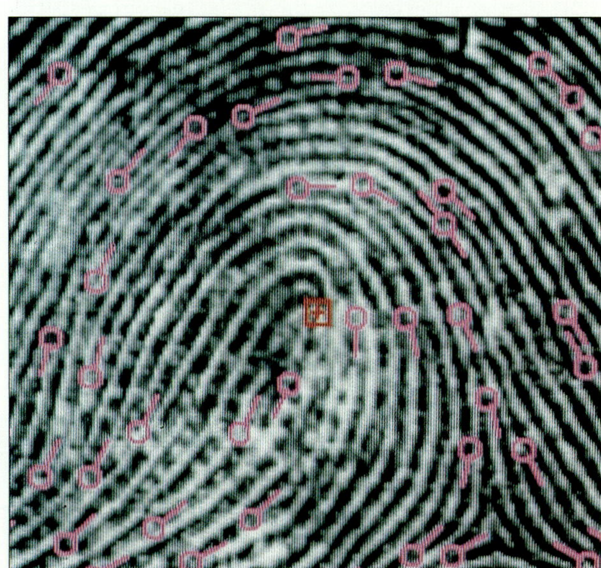

HÄNDE DRAUF!
Neue Systeme, die Handabdrücke von Passagieren abtasten und vergleichen, werden bereits in einigen der belebtesten internationalen Flughäfen benutzt.

GLOSSAR

- AFFENLINIE Verschmelzung der Kopf- und der Herzlinie. Hinweis auf starke Gefühle und genetische Anomalie.
- ALLERGIELINIE *siehe Via Lascivia.*
- APOLLOBERG Berg unter dem Ringfinger, der das Potential für Ruhm und Glück zeigt.
- APOLLOFINGER Der Ringfinger; assoziiert mit Kreativität und Erfüllung.
- APOLLOLINIE Linie, die auf dem Apolloberg endet und Kreativität und Glück symbolisiert.
- APOLLORING Ziemlich seltenes Nebenzeichen am Ringfinger. Bedeutet gehemmte Kreativität.
- BOGEN Muster auf der Fingerspitze, leicht oder stark gekrümmt. Hinweis auf Materialismus und praktisches Talent.
- BOGEN DER INTUITION Nebenzeichen an der äußeren Handkante unter dem kleinen Finger. Steht für scharfe Sinne.
- BRUCH, KLARER Bruch einer Linie ohne Überlappung. Bedeutet erzwungenden Wandel.
- BRUCH, ÜBERLAPPENDER Bruch in einer Linie, wobei die Enden der Linien sich überlappen. Bedeutet bewußt herbeigeführten Wandel.
- CHIROGNOMIE Traditionelle Bezeichnung für das Studium der Handformen.
- CHIROLOGIE Traditioneller Name für Handlesen. Schließt Chirognomie und Chiromantie ein.
- CHIROMANTIE Studium der Handlinien.
- DOMINANTE HAND Bei Rechtshändern die rechte, bei Linkshändern die linke Hand.
- DREIECK Zeichen auf Bergen. Bedeutet Erfolg, der mit Klugheit einhergeht.
- DREISTRAHLE Dreiecke aus Hautrillen am Treffpunkt von drei Hautrillenmustern.
- EBENE DES MARS Flacher Bereich im Zentrum des Handtellers, umgeben von den Bergen.
- ERD-HAND Handtyp: quadratische Handfläche und kurze Finger.
- FEUER-HAND Handtyp: rechteckiger Handteller und kurze Finger.
- GITTER Zeichen auf Bergen, das auf starke Gefühle und Verspannung schließen läßt.
- GÜRTEL DER VENUS Zeichen zwischen der Wurzel des Mittel- und des Ringfingers. Hinweis auf Übersensibilität.
- HANDKANTE, GEKRÜMMTE Deutlich gebogene äußere Handkante.
- HANDKANTE, GERADE Äußere Handkante, die vom Gelenk bis zur Wurzel des kleinen Fingers gerade aussieht.
- HANDKANTE, VORSTEHENDE Äußere Handkante, die sich unter dem kleinen Finger nach außen wölbt und vor dem Gelenk verjüngt.
- HAUPTLINIEN Lebens-, Herz-, Kopf-, Schicksals- und Apollolinie.
- HERZLINIE Waagrechte Hauptlinie auf der Handfläche. Symbolisiert die Emotionen.
- INSEL Zeitweilige Spaltung einer Linie. Hinweis auf Schwäche während der angezeigten Zeitdauer.
- JUPITERBERG Berg unter dem Zeigefinger. Verrät Stärke des Selbstwertgefühls und der Autorität.
- JUPITERFINGER Zeigefinger. Assoziiert mit dem Ich und dem Ansehen.
- KETTE Eine Reihe von Inseln auf eine Linie. Deutet auf Energiemangel hin.
- KOPFLINIE Waagrechte Hauptlinie auf der Handfläche. Symbolisiert den Intellekt.
- KREUZ Zeichen auf einem Berg oder einer Linie. Warnt meist vor Widerstand.
- LEBENSLINIE Hauptlinie, die den Daumen umkreist. Symbol für Gesundheit und Lebensqualität.
- LUFTHAND Handtyp: quadratische Handfläche und lange Finger.
- MARSBERG, GROSSER Berg in der Mitte der äußeren Handkante über dem Mondberg. Steht für Integrität und Ausdauer.
- MARSBERG, KLEINER Berg zwischen dem Daumen und dem Jupiterberg. Symbolisiert Mut und/oder Aggression.
- MARSLINIE Unterstützende Parallele zur Lebenslinie.
- MERKURBERG Berg unter dem kleinen Finger. Indiz für kommunikative Fähigkeiten.
- MERKURFINGER Der kleine Finger. Symbol für Kommunikation.
- MERKURLINIE Nebenlinie, die Gesundheit oder Geschäftssinn enthüllt, je nachdem wo sie beginnt.
- MISCHFORM Muster auf der Fingerspitze, das aus zwei Schleifen besteht, die in entgegengesetzte Richtungen ziehen. Verrät Aufgeschlossenheit.
- MOND Weißer Bogen über der Nagelwurzel.
- MONDBERG Berg an der äußeren Handkante nahe der Handwurzel.
- NEBENLINIEN Weniger bedeutende Linien, die nicht immer vorhanden sind.
- NEPTUNBERG Berg an der Handwurzel zwischen Mond- und Venusberg.
- PASSIVE HAND Bei Rechtshändern die linke, bei Linkshändern die rechte Hand.
- PFAUENAUGE Muster auf den Fingerspitzen, das aus einem Wirbel in einer Schleife besteht. Verspricht Schutz.
- PHALANX Fingerglied.
- QUADRAT Muster, das Schutz bedeutet, außer wenn es auf dem Jupiterberg erscheint, wo es pädagogisches Talent anzeigt.
- RASZETTEN Linien am oberen Teil des Handgelenks. Assoziiert mit der Gesundheit.
- REISELINIEN Querstriche an der Wurzel der äußeren Handkante. Symbolisieren Reisen.
- RILLEN Erhöhte Hautlinien auf der Handfläche, die Muster bilden.
- SALOMONRING Nebenzeichen an der Wurzel des Zeigefingers, das Weisheit symbolisiert.
- SATURNBERG Berg unter dem Mittelfinger. Zeigt die Intensität der Innenschau. Bei Überentwicklung ein Zeichen für Zynismus und Melancholie.
- SATURNFINGER Der Mittelfinger. Assoziiert mit Verantwortung und Sicherheit.
- SATURNRING Nebenzeichen an der Wurzel des Mittelfingers. Verrät Pessimismus.
- SCHICKSALSLINIE Hauptlinie auf der Handfläche. Sie verzeichnet berufliche Fortschritte und Verantwortung.
- SCHLEIFE Muster auf den Fingerspitzen, das entweder zum Daumen oder von ihm weg führt. Auch auf der Handfläche zu finden.
- STAB Kurzer, eine Hauptlinie kreuzender Strich; Symbol für Widerstand.
- STERN Zeichen auf einer Linie oder einem Berg. Symbolisiert Schock oder Erfolg.
- SYDNEYLINIE Kopflinie, die quer über die Handfläche verläuft.
- VENUSBERG Berg an der Wurzel des Daumens. Symbolisiert Vitalität und Sexualität.
- VIA LASCIVIA Linie, die die Wurzel der äußeren Handkante kreuzt. Auch Allergielinie genannt.
- WASSER-HAND Handtyp: rechteckige Handfläche und lange Finger.
- WINKEL DER GUTEN ZEITEINTEILUNG Grundglied des Daumens; Zeichen für Musikalität.
- WINKEL DER MANUELLEN GESCHICKLICHKEIT Vorstehendes zweites Daumengelenk.
- WIRBEL Hautmuster auf den Fingerspitzen und der Handfläche. Indiz für starre Haltungen.
- ZONEN Teile der Hand. Jede Zone symbolisiert einen Aspekt der Persönlichkeit.

Register

A

Affenlinie 63
Allergielinie (*Via Lascivia*) 83, 107
Anatomie der Hand 20–21
Apolloberg 31, 32
  Stern auf dem Berg 111
  Talente 99
Apollofinger *siehe Ringfinger*
Apollolinie 78–81
  Beruf 100
  Lebensabend 115
  Stern auf der Linie 111
Apolloring 69

B

Berge 30–33
  Talente 99
Beruf, Eignung 98–103
Berufswahl 98–103
Beziehungen 90–95
  Herzlinie 66
  Trauer 114
blasse Hände 108
Bogen der Intuition 84

C

Cheiro (*Loius Hamon*) 14
Chiromantiae 13
Coclès, Barthélemy 12, 13, 56

D

Daumen 40–43
  Abdrücke 25
  Gesten 18, 42
  Umriß 35
dominante Hand 10–11
Dreistrahl 49

E

Ebene des Mars 31, 32
Ehelinie 92
Erbanlagen 96–97
Erd-Hand 26
  Beruf 98
  Beziehungen 90, 94
  Geld und Glück 110
  Gesundheit 104
  Reisen 112

F

Familie 96–97
Farbe der Hand 108
Feuer-Hand 28
  Beruf 98
  Beziehungen 90, 94
  Geld und Glück 110
  Gesundheit 104
  Reisen 112
Finger 36–39
  Anatomie 20
  Beruf 99
  Fingergelenke 35
  Fingergesten 18
  Fingerspitzen 20, 38, 105
  Gesundheit 105
  Ringe 69
Fingerabdrücke 46–47
  angeboren 97
  Beruf 99
  Herzkrankheiten 15
  Identifizierung 44–45
Fingernägel 44–45
  Anatomie 21
  Farbe 45
  Gesundheit 44, 108
Flecken auf der Hand 104

G

Galen 13, 20
Geld 110–111
Genetik 96–97
Gesten 15, 16–19
Gesundheit 104–109
  Allergielinie 83, 107
  Fingernägel 44, 108
  Merkurlinie 82
Glückszeichen 111
Gürtel der Venus 84

H

Hamon, Louis (*Cheiro*) 14
Handabdruck 24–25
Händeschütteln 16, 18
Handform 26–29
  Beruf 98, 99
  Beziehungen 90–91, 94
  Geld und Glück 110
  Gesundheit 104
  Lebensabend 114
Handkante 48–49
Handlesen im Orient 15, 71
Handlinien *siehe Linien*
Handmassage 109
Handmuskeln 21, 104
Hartlieb, Johann 13
Hautstruktur 21
Herzlinie 66–69
  bei der Geburt 27
  Unterschiede 77
Hippokrates 13

J

Jupiterberg 30, 32
  Stern auf dem Berg 111
  Talente 99
Jupiterfinger *siehe Zeigefinger*

K

Keratosen 107
Kinderhände 116–117
kleiner Finger 36–37
  Emotionen 91
  Form 39
  Gesundheit 105
  Ringe 69
Knöchel 35
Knochen der Hand 20
Kopflinie 60–65
  Beruf 100
  bei der Geburt 27
  Unterschiede 76
Körpersprache 16–19

L

Lebensabend 114–115
Lebenslinie 54–59
  bei der Geburt 27
  Lebensabend 115
  Unterschiede 77
Linie der Einheit 92
Linien 52–85
  bei der Geburt 27, 52, 116
  Veränderungen 89, 116–117
  Unterschiede 76–77
Linkshänder 10–11
Luft-Hand 27
  Beruf 98
  Beziehungen 90, 94
  Geld und Glück 110
  Gesundheit 104
  Reisen 112

M

Marsberg, großer 30, 32
  Talente 99
Marsberg, kleiner 31, 32
  Talente 99
Marslinie 83
Merkurberg 31, 32
  Talente 99
Merkurfinger *siehe kleiner Finger*
Merkurlinie 82
Mittelfinger 36, 37
  Form 39
  Geld 110
  Gesundheit 105
  Ringe 69
Mondberg 31, 32
  Reisen 113
  Talente 99
Muster *siehe Zeichen*

N

Nägel *siehe Fingernägel*
Nebenlinien 53, 82–85
Neptunberg 30

P

passive Hand 10–11
Polydaktylie 37
Purkinje, Jan 46

R

Radscha-Schleife 49
Raszetten 84
Rechtshänder 10–11
Reichtum 110–111
Reiselinien 83, 112–113
Reisen 112–113
Rillenmuster *siehe Fingerabdrücke*
Ringfinger 36
  Form 39
  Gesundheit 105
  Ringe 69
  Risikobereitschaft 110
rote Hände 108
Ruhestand 114–115

S

Salomonfinger *siehe Jupiter- bzw. Zeigefinger* 30, 32
Salomonring 85
Saturnberg 36, 37
  Talente 99
Saturnfinger *siehe Mittelfinger*
Saturnring 85
Schicksalslinie 70–75
  Beruf 101
  Lebensabend 115
  Unterschiede 77
Schleifen 49
Shiatsu 79
Sydneylinie 63
Spieler-Hand 110
Stigmata 73

T

Temperatur der Hände 108
Trauer 114
Tröpfchen 38

U

Umriß der Hand 34–35
Unterschiede zwischen den Händen 76–77

V

Venusberg 30, 32
  Emotionen 91
  Talente 99
Via Lascivia (*Allergielinie*) 83, 107

W–Z

warnende Zeichen 111
Wasser-Hand 29
  Beruf 98
  Beziehungen 90, 94
  Geld und Glück 110
  Gesundheit 104
  Reisen 112
Wirbel 49
Zeichen 105–107
  auf der Handfläche 48–49
  auf Hauptlinien 52–53
  auf Nebenlinien 53, 82–85
  Gesundheit 105–107
Zeichen, angeborene 96–97
Zeichensprache 19
Zeigefinger 36–37
  Form 39
  Gesundheit 105
  Ringe 69
Zonen der Hand 33

Danksagungen

Illustrationen
Anatomische Illustrationen von Philip Wilson
Computerillustrationen von Ken McMahon von Pelican Graphics
Linienillustrationen von Will Giles and Sandra Pond

Umschlag
Karen Cochrane und Stephen Dew

Spezialfotos
Andy Crawford, Steve Gorton, Garry Ombler, Dave King
Retusche von Ken McMahon von Pelican Graphics

Sonstige Fotos
Paul Bricknell, Gordon Clayton, Philip Gatward, Barnabus Kindersley, Stephen Oliver, Matthew Ward

Umschlagentwurf
Neal Cobourne

Register
Karin Woodruff

Redaktionelle Beratung
Sharon Lucas

Bildersuchdienst
Christine Rista

Hauptmodel für die Hände: Kirsty Ashton Bell
Ausserdem danken wir:
Zirrina Austin, Anna Benjamin, Andy Crawford, Mark Davis, Ursula Dawson, Carla De Abreu, Steve Gorton, Angela Marie Graham, Paul Greenleaf, Tracy Hambleton-Miles, Phil Hunt, Stephen Josland, Peter Kindersley, Laura Langley, Tracie Lee, Sarah Lillicrapp, Anna Lord, Sharon Lucas, Krystyna Mayer, Daniel McCarthy, Annabel Morgan, Rachael Parfitt, Marianne Petrou, Gurinder Purewall, Nerina Ramcharran, James Rankin, Tim Ridley, Kevin Ryan, Jane Sarluis, Tim Scott, Tracey Strudwick, Martha Swift, Harjinder Singh Tattal, Amanda Tomeh, Alison Verity, Jo Walton

Bildnachweis
Der Verlag dankt folgenden Institutionen für ihre freundliche Erlaubnis, ihre Fotos nachzudrucken:
o: oben; m: Mitte; u: unten; l: links; r: rechts
Advertising Archives: 17ol; Bridgeman Art Library: 83ul, /Galleria dell' Accademia, Venedig 10u, Hever Castle Ltd. 37ur, Lambeth Palace Library, London 18or, Phillips Auctioneers 49ml, Pinacoteca Capitolina, Palazzo Conservatori, Rom 11um, Museum und Galerie des Vatikans, Rom 17ul; Bruce Coleman: Stefano Amantini 15ur, John Concalosi 10o, Christian Zuber 61um; Mary Evans Picture Library: 19ol; Image Select: Ann Ronan Collection 14or, 68ml; Images Colour Library: 12or, 12ul, 13or, 13ul, 14ul, 56ml, 62ml, 71ol, 73or, 97or; Popperfoto: 16or, 19ur; Rex Features: 28ul, 42or, 79or, 81ol, /Nils Jorgensen 93ml, 98ul, Philip Reeve 45ur, Sten Rosenlund 27ur, SCL 98ur, Sipa Press 16ul, 17or, 28um, Today 29ur; Science Photo Library: Peter Menzel 47ur, Petit Format/Nestle 27um, Philippe Plailly 117ur; South American Pictures: Tony Morrison 65or; University College London: 61ul.

Umschlag vorne: alle Bilder von Dorling Kindersley.
Umschlag hinten: Bruce Coleman: John Cancalosi ol; Images Colour Library: or, mr, ul; Dorling Kindersley: ml.
Umschlagklappen: Images Colour Library.

Dank der Autorin
Ich bin folgenden Personen zum Dank verpflichtet: Stephen Carter für seinen Rat zum Shiatsu; Graham Hughes, FFS, der mir seine wertvolle Zeit opferte, um mich mit der neusten kriminalistischen Technik vertraut zu machen; Philip Wilson für seine hervorragenden anatomischen Zeichnungen; Kevin Ryan für seine Geduld und Nachsicht und seine brillante künstlerische Einsicht; Tracie Lee, die dieses komplizierte Thema so schnell im Griff hatte und mit unheimlicher Begabung zwischen den Zeilen las; David Lamb, der die Flamme am Leben hielt und mich die ganze Zeit über unterstützte; meinen Klienten und all jenen, die mit Begeisterung ihre Handabdrücke beigesteuert haben; und vor allem meinen Freunden und meiner Familie, die bereitwillig einsprangen, wann immer ich „nur noch einen Abdruck" brauchte.

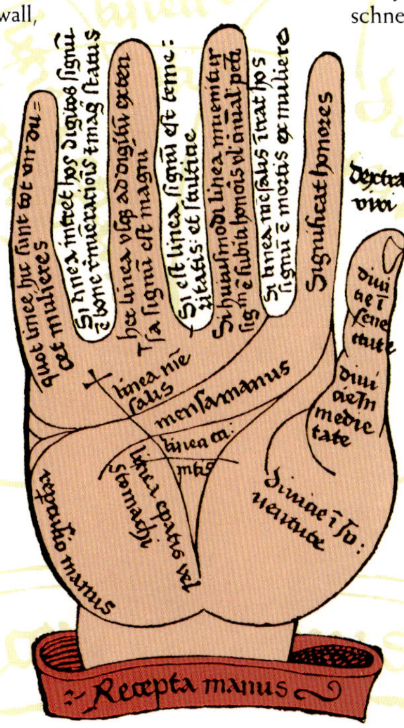